朴庸镇 程珮玲 编

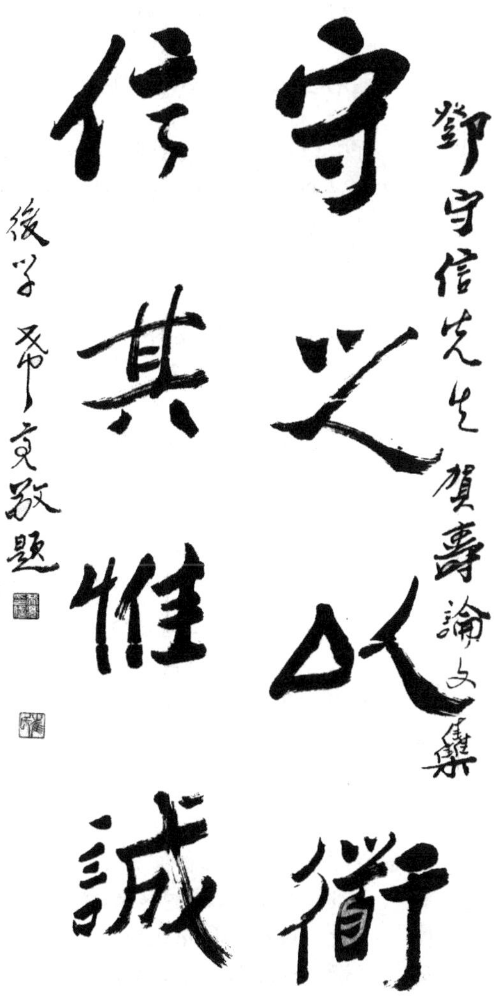


# 邓守信教授
# 七十五华诞贺寿
# 论文集



北京语言大学出版社
BEIJING LANGUAGE AND CULTURE
UNIVERSITY PRESS

**图书在版编目（CIP）数据**

守之以道　信其惟诚：邓守信教授七十五华诞贺寿论文集 / 朴庸镇，程珮玲编．— 北京：北京语言大学出版社，2015.2

ISBN 978-7-5619-3949-9

Ⅰ．①守…　Ⅱ．①朴…　②程…　Ⅲ．①邓守信—纪念文集　Ⅳ．①K825.5-53

中国版本图书馆 CIP 数据核字（2015）第 029071 号

---

**书　　名**：守之以道　信其惟诚：邓守信教授七十五华诞贺寿论文集
SHOUZHIYIDAO XINQIWEICHENG：DENG SHOUXIN JIAOSHOU QISHIWU HUADAN HESHOU LUNWENJI
**中文编辑**：王亚莉　王巧燕
**英文编辑**：侯晓娟
**责任印制**：姜正周

---

**出版发行**：北京语言大学出版社
**社　　址**：北京市海淀区学院路 15 号　　**邮政编码**：100083
**网　　址**：www.blcup.com
**电　　话**：编辑部　8610-8230 3647/3592/3395
国内发行　8610-8230 3650/3591/3648
海外发行　8610-8230 0309/3651/3080
读者服务部　8610-8230 3653
网上订购　8610-8230 3908　service@blcup.com
**印　　刷**：北京京华虎彩印刷有限公司
**经　　销**：全国新华书店

---

**版　　次**：2015 年 2 月第 1 版　　2015 年 2 月第 1 次印刷
**开　　本**：787 毫米 × 1092 毫米　1/16　**印张**：21.5
**字　　数**：351 千字
**书　　号**：ISBN 978-7-5619-3949-9 / H · 14221
**定　　价**：65.00 元

---

# 目　录


1　出版源起

2　邓守信先生简介

4　向邓守信教授七十五华诞致贺　/ 吕必松

6　邓守信教授贺寿论文集贺词　/ 曾金金

8　我的恩师邓守信教授　/ 陈俊光

**对外汉语教学及汉语第二语言习得研究**

3　现代汉语“掉”之教学语法——以韩籍学生为例　/ 边瑄植

23　影响现代汉语副词教学难度的因素　/ 陈立芬

47　简论汉语阅读能力测试的测试目标及范围　/ 金美顺　朴良淑

69　华语非母语学习者写作使用定式篇章标记语语篇功能分析　/ 李明懿

95　《老乞大》的特殊语言现象——呈现中介语特色的例子　/ 朴庸镇　程珮玲

123　汉语成词能力探讨与教学应用　/ 王楚蓁

139　对外华语教材断词标音异同之探析　/ 巫宜静

163　现代汉语“跟”的多义性分析及教学启示　/ 叶信鸿

**汉语语言学及方言研究**

187　汉语的理想词类系统及其预测句法效益的能力　/ 陈立元

225　网络新闻留言中的不礼貌言语行为研究　/ 黄苕冠

249　汉语存现句的信息结构及其生成方式　/ 卢俊宏

275　闽南方言词汇文白读音选择之社会性成因探讨——以台湾地区为例　/ 欧德芬　李菁菁　蒲彦汝

326　谢　辞

# 出版源起

邓守信教授育英无数，不仅在汉语语言学方面作出了巨大贡献，也为对外汉语教学界呕心沥血，开创了先锋。邓教授所提之具前瞻性的研究成果更是给予了后辈诸多重要性的启发。本人负笈至台湾求学时，亦有幸在邓守信教授的谆谆教导之下顺利完成博士论文。时至今日，无论在从事教学方面还是在学术研究上，承自师长的宝贵知识仍受用无穷。

邓守信教授为我们种下的知识种子，如今已茁壮成长并开花结果。今逢师长七十五华诞，谨代表曾濡沐师长教诲的同窗及师兄弟们，以刊本书略表恩情。

感恩邓教授谆谆教诲

祝愿邓教授万寿无疆

朴庸镇

二〇一四年春于韩国国立全北大学

# 邓守信先生简介

邓守信教授为英国牛津大学语言教育学硕士，美国加州大学柏克莱分校语言学博士，是享誉国际的现代汉语语言学家及对外汉语教育家。

邓守信教授长年以来推动汉语教学不遗余力，不仅在语言理论及教学应用方面的研究卓越，亦开发出“汉语拼音标调 (pintone)”软件，赴美期间历任美国麻州大学亚洲语文学系教授兼系主任 、美国麻州五院校亚洲中心主任、全美中文教师学会会长、全美中文教师学会学报及通讯主编、美国剑桥出版社亚洲语言出版编辑委员会主编、美国应用语言学中心以及美国外语学会中文能力测验顾问等职。

返回台湾后，邓守信教授又协助台湾师范大学创设华语文教学研究所，并担任创所所长，其后历任台湾师范大学国语教学中心主任、台湾华语文教学学会会长等职，亦曾客座北京语言大学、中国人民大学、香港中文大学、泰国皇太后大学等知名院校。近年邓守信教授着力于对外汉语教学语法的研究，并且以对外汉语教学以及第二语言习得角度，率先提出一套具备语言理论基础的教学语法系统，打破了理论语法和教学实务之间的藩篱与扞格，为相关领域的学者提供了最佳的研究方针。

**代表著作**

**专　　书：**《汉语及物性关系的语意研究》《汉语语法论文集》《对外汉语教学语法》

**汉语教材：**《今日台湾》、*Advanced A Plus Chinese*

**字典、词典：**《汉字三千》《汉英汉语近义词用法词典》《现代汉字词典》

# 向邓守信教授七十五华诞致贺

吕必松

《守之以道，信其惟诚——邓守信教授七十五华诞贺寿论文集》即将与读者见面，这是他的弟子们为感师恩献给他的一份厚礼。作为邓教授的挚友，我不但为此书的出版感到高兴，而且为邓教授在学术和人才培养上取得的成就感到骄傲。

邓教授1972年开始在美国从事汉语研究和汉语二语教学，1995年回国，以台湾师范大学为基地，把培养对外汉语教师作为工作的重点。他把汉语研究、汉语教学、研究和教学人才的培养这三者有机地结合了起来，称得上是理论与实践相结合的楷模。

邓教授从教四十余年，培养了一大批汉语研究和汉语教学的专门人才，真可谓桃李满天下。他转战多地，在多个教学和学术机构担任要职，也编写过多部教材和工具书，并积极参加国际学术会议，真可谓影响达四海。他为汉语和中华文化的国际传播，为汉语和汉语教学研究的学术交流和人才培养，作出了宝贵的贡献。

邓教授的理论研究涉及广泛的领域，后来聚焦于汉语教学语法。他有深厚的语言学根基，又有丰富的汉语二语教学经验，在教学语法的研究上自有独到的见解。我拜读过的邓教授的最新著作《对外汉语教学语法》，就集中反映了他长期研究的最重要的成果。该书从教学、学习和习得、语言对比、偏误分析等多个角度，对汉语教学语法进行了全方位的思考和深入细致的描写。这是一部站得高、接地气的优秀著作，已受到广泛的关注和欢迎。

我与邓教授从相识、相交到互信，持续四十余年。我第一次见到邓教授，是 1973 年首次访美的时候。那年我随中国英语教师考察组访美，访问期间，考察组成员曾被安排作为听众出席一个学术会议。进门后，我第一眼就看见一人正在作学术讲演。当时没有机会面叙，多年后才回想起来，那就是已成为我的好友的邓守信先生。这好像是一种缘分。1990 年，我在美国俄亥俄州立大学作学术访问期间，应邓教授之邀，专程去麻州大学访问。作为该校东亚语言与文学系主任，邓教授给了我特别热情的接待和款待。那次访问不但使我受到学术启发，而且让我对邓教授踏实而不守旧、坦诚而不张扬的品格产生了敬意。后来我们有多次机会在国际学术会议上相聚，在北京相聚的时间更多。交往越多，友谊越深。

《守之以道，信其惟诚——邓守信教授七十五华诞贺寿论文集》的两位编者朴庸镇、程珮玲，要我为论文集的出版写几句贺辞，我深感荣幸。也想借此机会，祝邓教授健康长寿，在理论研究和人才培养上，取得更加丰硕的成果。

二〇一四年三月十二日

# 邓守信教授贺寿论文集贺词

今年适逢邓守信教授七十五华诞，在此祝愿邓老师：

福如东海，寿比南山

May your fortune be as boundless as the East China Sea and may you live a long and happy life as the Southern Mountain.

“福如东海，寿比南山”是常见的祝寿贺辞，明代四大传奇之一的《荆钗记》即有这样的内容：“齐祝赞，愿福如东海，寿比南山。”在此也以这句吉祥话向邓老师祝寿，祝愿邓老师福气满盈，福气犹如东海之水源源不绝；健康长寿，福寿双全犹如南山长久。

2014 年 4 月 19 日  语法理论与华语教学的对话暨邓守信教授七十五华诞贺寿论坛在台湾师范大学举行，由台湾师范大学华语文教学系主办，台湾师范大学国语教学中心及台湾大学国际华语研习所协办，现场大师云集，讨论热烈精彩。

左起为笔者、叶德明教授、施玉惠教授、陈俊光教授、邓守信教授、屈承熹教授。

论坛会后举行了温馨热闹的庆生晚宴，海内外学者、校友齐聚一堂为邓老师贺寿：祝福邓老师所有的生日愿望都能马上实现！

（感谢校友陈芗宇老师拍摄并提供以上照片。）

Happy Birthday! Teng Laoshi.

台湾师范大学华语文教学系暨研究所 曾金金

# 我的恩师邓守信教授

与邓老师结缘，始于我就读于东海外文系时。那时，老师自任教的美国麻州大学（University of Massachusetts at Amherst）返回母校担任客座教授。时光飞逝，转瞬间已过了二十余载，在这段人生的黄金岁月中，我始终与老师保持着联系，也得到老师不断的教诲与鼓励。很荣幸地在《守之以道，信其惟诚——邓守信教授七十五华诞贺寿论文集》出版的前夕，我受邀为论文集撰写贺辞。

这二十多年来，邓老师对我的提携之恩，点点滴滴回顾如下。

在我大三的时候，年轻帅气的邓老师正好在东海大学客座。我有幸修习了老师所教授的 Introduction to Linguistics（语言学概论），这个科目是我在文学与外语课程之外，首度接触语言学。课堂上，老师全程以流利的英语授课，在说明语言学理论时，常以英语、汉语和闽南语为例，指出不同语言底下的共同运作规律，让我徜徉在语言学的奥妙中，不断发出又惊又喜的赞叹。原来，不同语言之间竟有如此共通之处。而老师以多语来阐释语言学理论的方式，不仅激发了我对语言学的兴趣，也奠定了我日后从事跨语言研究（cross-linguistic research）的基础。

那段初探语言学的日子，已是二十几年前的往事了，但我总是怀念不已。在课堂上，我享受着与老师讨论的满足与喜悦，虽然每次用英语发问不免有些紧张，但老师始终秉持着“学问无阶级”的理念，一一耐心回答。他说在探讨真理时，老师和学生是平等的。有一次，邓老师在分析“I am happy to see you”的树型图时，指出“‘happy’ is the verb of the sentence”。有位同学马上说：“No,‘happy’ is an adjective”。邓老师回答说：“Yes. And an adjective is a verb" [1]，该同学立即回答："ridiculous"。邓老师听了后，露出微笑，继续上课。如今，邓老师和我成为同事，但老师仍时常提醒我"学问无阶级"的这个理念，他开阔的胸襟和恢弘的气度，影响了我的教学与学术研究之路，让我一生受用不尽。

在上过大学部的"语言学概论"后，由于我对语言学的浓厚兴趣，邓老师特准我上修他在研究所开设的 Modern Chinese Syntax（现代汉语语法），实在让我喜出望外，也深知这是老师鼓励我的另一种方式。当时老师所用的课本是文鹤书局出版的 *Readings in Chinese Transformational Syntax*（1985），主编正是邓老师。这是我生平第一次阅读语言学专著，而且是学术性的英文写作，对当时仍是大学生的我是双重挑战，但我却陶醉在其中，一一读完老师所指定的论文，包含 James Tai（戴浩一），以及 Hashimoto 与邓老师等人的论文。读着学者之间系统而有条理的学术辩论，我更加向往学术研究之路，开始编织留学的梦想。邓老师中英文俱佳，有次上课时，他请一位美国同学英译"他瞎了一只眼睛"，美国同学的翻译是"One of his eyes is blind"，邓老师则译为"He is blind in one eye"。当时，我只觉得老师的翻译文雅许多，并不知道两者有何根本的不同。如今，我终于了解邓老师的英译才合乎"从已知到新知"的信息结构：汉语"瞎"后的补语成分"一只眼睛"与英语"blind"后的补语成分"one eye"皆为句尾焦点，完整传承两个语言的共同信息重点为"一只眼睛/one eye"。倘若译成"One of his eyes is blind"，则英语句之句尾焦点就变成"blind"，偏离了汉语原句的句尾焦点"一只眼睛"。

一年转瞬即逝，在邓老师即将返回美国麻州大学的前夕，他特别邀请全班同学到他所住的学人宿舍小聚饯别。邓老师在客厅摆了许多可口的小点心，一一亲切地问我们未来的求学志向。问到我时，我说我想出国攻读比较文学，但邓老师建议我应该去念语言学。当时虽然觉得比较文学也不错，但后来还是听从老师的建议，出国攻读语言学。如今回想起来，知我者莫若恩师邓老师，语言学才真正是我的最爱。若我今天能在语言学上有

[1] 语言类型学家认为，不少语言中并无独立的形容词类。赵元任、邓守信等学者都认为汉语形容词是动词的一个次类。在邓老师的动词三分架构中的状态动词 (stative verb) 又可分为五个次类，分别为形容词（adjective）、心理动词（mental verb）、系动词（copular verb）、能愿动词（modality verb）、意愿动词（optative verb）。

一点小成绩，最要感谢当年引领我一步一步走上语言学研究领域的邓老师。

我从大担岛服完兵役归来，决定至美国读语言学学位，也向邓老师请教应该申请哪些学校。老师除了建议了一些语言学较具竞争力的学校外，还为我写推荐信，也乐于阅读我的英文读书计划并给予宝贵的意见。后来我在芝加哥西北大学和费城宾夕法尼亚大学攻读硕士、博士学位时，也一直跟老师保持联系，有时打电话，有时写信。当时 email 还不流行，我们书信往返不间断，直到现在，我仍珍藏着当年邓老师写给我的信，信纸上印有麻州大学的校徽，信里充满邓老师对我的关怀。他关心我修哪些课，我说博士班修习了第二语言习得、第二语言写作教学、社会语言学、篇章分析、语言使用的跨文化差异、课室观摩、量化研究、质化研究等课程。邓老师回信，建议我再去修心理语言学、测验与评量。很感谢老师的实时建议，让我博士班的修课有更平衡和多元的发展。

自美国求学归来后，在 2002 年，我加入台师大华语教学研究所的教师行列，与引我进入英、汉语言学殿堂的邓老师成为同事。从此我更加有机会亲炙老师的教诲，借地利之便，我旁听了邓老师教授的“汉语语法学”与“汉语语义学”等课程。老师妙语如珠，让我每每得到新的启发，各种缭绕心中许久却悬而未决的语言学问题，随着老师每次的回答，无论是具体的解惑还是思考方向上的提示，都令我思绪豁然开朗，既挑战了我某些思想上的定见，也间接提升了我观察事物的高度与视野。

与邓老师共事，迄今已迈入第十三个年头，在这段师生兼同事的岁月里，与老师建立了珍贵的情谊，也让我学术之途更加丰盛而充实。与老师一同搭台北捷运回家，可说是我最期待的时刻。在车上，或坐或站，我们总是尽情畅谈各种问题。因为我们不仅有着学术上的共同兴趣，亦有类似的求学经历。邓老师除语言学博士外，在英国也拥有神学硕士学位，而我在取得语言学博士后，也在美国获得了教牧神学硕士学位。因此，我们在语言学、人生和宗教上有着许多共同的话题，但其中我兴趣最浓厚的仍是语言学。我总是抱着“入宝山岂能空手而归”的心态，尽情地向老师请益，而数十年如一日，老师总是耐心回答我提出的各种问题，而我也借着这些面授的大好机会，一一吸收、消化许多邓老师未曾在学术界发表的第一手语言学的洞见。

邓老师另一个让我印象极为深刻的，是他能将语言学上的分析、探索与日常生活紧密结合在一起。记得有次与邓老师一同前往泰国朱拉隆功大学发表演说。朱拉隆功大学的演讲厅与我们所住的皇家公园旅馆有段距离，虽然在泰国搭出租车相当便宜，但邓老师却喜欢搭地铁往返，出了地铁站后还要再走上一段距离才到学校。在一路跟随邓老师从旅馆搭地铁到学校的过程中，我发现邓老师的方向感极佳，不但善于分辨泰国地铁各种令人眼花缭乱的多色路线图，出了地铁站后也知道如何寻找通往朱大校园之路。我好奇地问邓老师为何有如此才能。他平淡地回答说："语言学的训练本来就是用来解决问题的。"我后来发现邓老师在美国时也常常帮同事修车，自己家的马桶故障，也都是自己修理。邓老师能将语言学"解决问题"的精神发挥到极致，无论是在学术上或是生活上，真是一个少见的"both highly intellectual and street-smart person"，令人十分佩服。

进入师大这十三年来，很感激邓老师在学术上毫不保留地与我分享。每当邓老师提出一个新的看法后，我不免问到："老师，您这个说法，怎么跟您在我学生时代所说的不一样？"或者是"怎么跟我在华研所旁听您课时的说法不同？"邓老师总是笑着回答说："你总得给我进步的空间吧！"邓老师精益求精、不安于既有定见的态度，也深深地影响了我，使我也学习到勇于挑战自己既有的想法。我极其有幸，既是邓老师的学生，又是他的同事。与老师相处的美好时光，我深深感受到老师丰富的学养，宽以待人的风范以及高度的幽默。在此贺寿纪念论文集出版的前夕，谨以此文，献上我最深的敬意与感激。

台湾师范大学华语文教学系暨研究所

陈俊光

二〇一四年于台北家中

# 对外汉语教学及汉语
# 第二语言习得研究

# 现代汉语“掉”之教学语法

## ——以韩籍学生为例[1]

边瑄植[2]　韩国　济州大学

**摘要**　本文探讨现代汉语“掉”的语义，并根据分析结果进行汉韩对比分析以及教学排序。本文将“掉”分成四类，其中三类为动词，另一类为动助词。本文根据所支配的语义角色，将动词“掉”再分成三类：第一类为带受事格[3]（patient）的单论元变化动词，它所表示的词汇意义是“脱离”；第二类是带施事格（agent）与受事格的双论元动作动词，它所表示的词汇意义是“回”或“转”；第三类“掉”是带施事格（agent）与目标格（recipient）的双论元变化动词，它所表示的词汇意义是“互换”。另外，第四类是位于动词后面的动助词，它所表示的句法意义为客体从起点被分离出来，且消失在主语或说话者的领域。在此基础上，本文拟出了以使用频率、结构复杂度、语义复杂度、跨语言差距为标准的教学排序。

**关键词**　教学语法　动助词　掉　教学排序

---

[1]　本文初稿发表于《中国语文学论集》第 66 号：249-267。

[2]　边瑄植，韩国济州大学，讲师，daxiongmao76@hotmail.com。

[3]　本文所使用的有关“格”的定义以邓（1983）提出的中文简体版为标准。

## 1. 绪论

古代汉语中的一些单音词经常出现一词多义的现象（polysemy），同一个词可以在不同的句子里表示不同的意义。如“丁”字在古汉语中不仅具有“序数第四的代称”意义，还有“能担任赋役的成年人”等共15种意义。古汉语一词多义的特点，仍普遍存在于现代汉语中。多义词经过隐喻（metaphor）和换喻（metonymy），从一个核心意义（core meaning）发展衍生出其他相关的引申意义（extended meaning）。本文所探讨的“掉”字在汉语工具书上也有各种不同的意义，并且具有不同的句法特征。

本文以现代汉语“掉”为研究主题，研究范围包括在各种句式结构中“掉”字的语义，以及教学上可能遇到的问题等。本文将透过中研院平衡语料库、北京大学现代汉语语料库以及因特网中的语料之分析，试图对现代汉语“掉”的语义进行归类，并且厘清其句法特点。此外，本文也将进一步运用研究结果来编写教学语法。本文以现有的语料、词典、教材以及前人的研究成果为基础，将现代汉语“掉”字依据其语法形式和语义复杂度做适当的教学排序，以为教学提供参考。



## 2. 文献探讨

现代汉语的动词“掉”是有多个意义的动词，《现代汉语词典》（1994年修订版）把它分化为“掉$_1$”“掉$_2$”“掉$_3$”三个动词。“掉$_1$”表示“落”“落在后面”“遗失；遗漏”“减少；降低”；“掉$_2$”表示“摇动；摇摆”“回；转”“互换”；“掉$_3$”做补语，表示动作的结果，然而这应只是“掉$_3$”的语法意义，我们认为“掉$_3$”的词汇意义是“消失”，如“烧掉、擦掉、倒掉、抹掉、拿掉、赔掉、删掉、改掉、减掉、换掉”等等。不过笔者在前人的研究成果中发现前人对“掉”的本义的看法存在分歧，主要可分为两大类：一类是以“摇动”作为“掉”的本义；另一类是以“离开，脱离而消失”作为“掉”的本义。下文将概述学者们对“掉”本义的看法。

### 2.1 “摇动”为“掉”的核心意义

徐时仪（2007）以及曹晋（2009）等学者主张以“摇动”作为“掉”

的本义，其依据如下：

"掉"的"摆动；摇动"义先秦文献中已有记载，如《左传·昭公十一年》："末大必折，尾大不掉，君所知也。"《庄子·外篇·在宥第十一》："鸿蒙拊脾雀跃掉头曰：'吾弗知！吾弗知！'"《国语·楚语上》："夫边境者，国之尾也。譬之如牛马，处暑之既至，虻䗪之既多，而不能掉其尾。""且夫制城邑若体性焉，有首领股肱，至于手拇毛脉，大能掉小，故变而不勤。"例中"掉"即为"摆动；摇动"义，且在《国语》例中已由具体的"摆动；摇动"义引申出抽象的"指使，指挥"义，可证其表示具体的"摆动；摇动"义始见年代当更早。至于朴奎容（2000）所提出的"掉"的本义为"落"的看法，则缺乏文献依据。《汉语大词典》释"掉"的"落"义首见书证为元纪君祥《赵氏孤儿》第三折："是那一个实丕丕将着粗棍敲，打得来痛杀杀精皮掉。"此义似为唐宋以后产生的近代汉语义。

因此这些学者认为动词"掉"的其他词义是从"摇动"义中，透过虚化或者隐喻衍生出来的。本文也同意这一点，因为从历时的角度而言，语法化的过程是渐进的，演变的轨迹为：实词→语法词→附着成分→屈折词缀。除了历时的观点之外，从共时的角度而言，语法化可以用来区别一个语言记号各种不同的用法，也就是说，可以用来解释"一词多义"（polysemy）的现象。"掉"也是从"摇动"义经过隐喻和换喻，衍生出"分离""落""转"和"互换"等其他词义。不过笔者在收集语料的过程中发现动词"掉"的"摇动"义在现代汉语里似乎已不复存在，这个意义与用法只残留在"尾大不掉、掉臂而去、掉三寸舌"这些固定用法中。

本文的研究目的为给从事汉语教学工作的教师提供一些教学参考，若本文以"摇动"为现代汉语"掉"的核心意义，可能会造成一些争议，因为动词"掉"的"摇动"义在现代汉语里几乎已不再使用，因此笔者认为须从其他词义中找出适当的核心义。

### 2.2 "离开，脱离而消失"为"掉"的核心意义

陈光明（2003）主张"掉"的核心意义为"离开，脱离而消失"，并以此来衍生，引申比喻意义。陈（2003）认为表示"脱落"的不及物动词用法是以客体内元为主语的非受格动词，具有〔Th〕的论旨网络，例如：

（1）衬衫扣子掉了。

（2）害了这场大病，头发都掉光了。

另外，表示“脱落”或“遗失”的不及物动词用法的“掉”，是以起点外元为主语，而以客体内元为宾语的二元述语，具有〔Th，So〕的论旨网络，例如：

（3）我掉了钢笔了。

（4）他开始掉头发了。

陈（2003）认为“掉”的论旨网络里含有“客体”与“起点”两个论旨角色，因此这两个论旨角色最基本、最直接的语义关系就是“离开”或“脱离”，即客体离开或脱离起点。脱离身体部位或离开空间处所的事物受重力的影响而往下移动，因而衍生出“落下”的意思。本文也同意陈的主张，但“离开”或“脱离”也无法涵盖“回”“转”和“互换”等其他语义，因此笔者认为“掉”的语义演变过程是从“摇动”义开始演变到“脱离”“回”“转”和“互换”，然后从“脱离”义经过隐喻衍生出动助词“掉”的“消失”义。其演变过程如下：

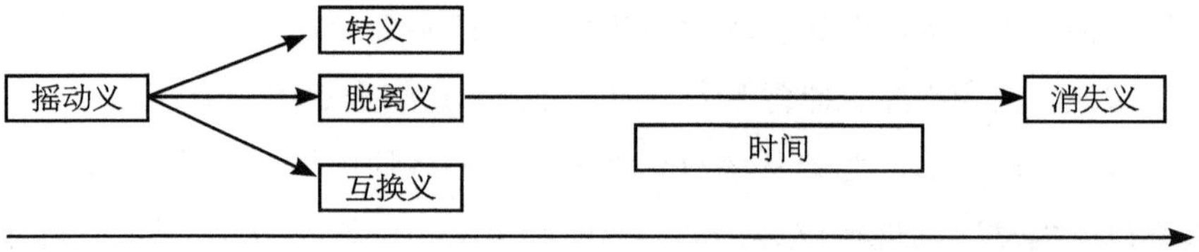


**图 1 “掉”之语义演变过程**

接下来本文将讨论“掉”的句法特征和其语义。

## 3. “掉”之语义

语言学家依据“论元”（argument）的数量，将动词分为“单论元”动词、“双论元”动词以及“三论元”动词。一般而言，为了确定一个动词到底能和几个名词性成分产生关联，我们必须使用基础句来作为判断的工具。

这种基础句，一般又称为“原子句”(atomic sentence）或“核心句”(kernel sentence）等。这种句子就是一种语言里面最简单的直陈表述结构，在句子里只有动词与被动词强制支配的名词成分，因此在无语境的条件之下，语言用户不能删除句子里的任何成分，否则句子就不能成立。我们先看下面的例句：

（5）衬衫扣子掉了。[+Patient]

（6）害了这场大病，头发都掉光了。[+Patient]

（7）我把天线掉了一个方向，电视就清楚了。[+Agent，+Patient]

（8）司机正在掉车头。[+Agent，+Patient]

（9）他们掉了房间。[+Agent，+Recipient]

（10）张三和李四掉了座位。[+Agent，+Recipient]

（11）张三一下子就走掉了。

（12）小明把那件事忘掉了。

“掉”在例句（5）~（12）中，除了例句（11）与（12）之外，都是在句子里担任谓语，其中例句（5）与（6）中的“掉”为单论元动词，并且这类“掉”所支配的语义角色为受事格（Patient）。例句（7）~（10）中的“掉”为双论元动词，虽然在例句（7）~（10）中的“掉”都是双论元动词，但其语义内涵有所不同，例句（7）与（8）的动词“掉”所支配的是施事格（Agent）和受事格（Patient）。相对而言，例句（9）与（10）的动词“掉”所支配的是施事格（Agent）和目标格（Recipient）。因此本文将现代汉语“掉”分成四类，第一类是单论元动词“掉”。在双论元动词中，支配施事格（Agent）和受事格（Patient）的动词“掉”为第二类；支配施事格（Agent）和目标格（Recipient）的动词“掉”为第三类。最后，在动词后面担任补语角色的“掉”为第四类，Teng（1977）将这类“掉”归入“动助词”(Verb-Particles）的范畴里。为了叙述的方便，本文将第一类“掉”定为“掉$_1$”，将第二类“掉”定为“掉$_2$”，将第三类“掉”定为“掉$_3$”，最后将第四类“掉”定为“掉$_4$”。接下来分别讨论各个“掉”的句法及语义特征。

### 3.1 动词“掉$_1$”

Chafe（1967）提出的语法理论认为句子都是围绕着一个谓词性成分（verb/verbals）建立起来的。谓词性成分是句子的必要组成部分。在句子生成过程中，句中的名词成分的语义角色由动词来规定，因此动词与被支配的语义成分之间是一种强制性的选择关系，这种选择关系按依存语法来看就是所谓的“依存关系”，这些语义成分也是动词的意义本身所蕴涵的，动词本身的语义属性决定了该动词蕴涵了多少或什么性质的语义成分。换句话说，每个动词都有支配一定数量的语义成分的能力，与动词搭配的语义成分表述为动词的论元（argument）。我们若可以辨识出动词的类型与论元的数量，就可以了解在句子中被动词支配的成分，及其语义角色与动词之间的关系。

邓（1983）以格语法为基础，建立了一个由动词语义特征所主导的分类系统。在这个系统当中，现代汉语动词可区分为动作动词（action verbs）、状态动词（state verbs）以及变化动词（process verbs）等三大类。邓（1984）又提出了几项简易区分动词类型的标准，标准如下：

**表 1　邓（1984）汉语动词分类及搭配现象**

| 动词分类 | | 搭配 | | | | | |
|---|---|---|---|---|---|---|---|
| | | 否定 | 把 | 了 | 在 | 着 | 很 |
| 动作动词 | 及物 | 不／没 | 可 | 可 | 可 | 可 | |
| | 不及物 | | | | | | |
| 状态动词 | 及物 | 不 | | 不可 | | 可 | 可 |
| | 不及物 | | | | | | |
| 变化动词 | 及物 | 没 | | 可 | | | |
| | 不及物 | | | | | | |

本文以上述标准为动词分类的依据，透过语料分析，得到了“掉$_1$”属于变化动词（process verb）的结论。此外，本文在上一节中已经提到“掉$_1$”所支配的语义角色为受事格。接下来我们讨论“掉$_1$”所表示的词汇意义，本文在文献探讨部分里，已经将“掉”的核心意义定为“离开”或“脱

离”，不过这一意义在句子里所呈现出来的词汇意义有点不同，这是因为语言使用过程中词汇意义透过隐喻（metaphor）或换喻（metonymy），会衍生出不同的词汇意义。例如：

（13）掉眼泪。

（14）我的钢笔掉了。

（15）体重掉了三公斤。

例句中的“掉”都与“离开”或“脱离”有关，这可能是客体在摇动的过程中，从原来的位置分离出来后，衍生出来的。例句（13）与（15）中的“掉”表示客体离开起点后，往下移动，例句（13）中的“掉”所表示的语义是“落下”，但例句（15）中的“掉”表示客体的一部分脱离客体，因此例句（15）中“掉”的语义可以视为“降低”或“减少”。在例句（14）中“掉”表示客体离开起点后，消失在主语或说话者的领域，即所表示的语义是“遗失”。“掉 $_1$”本身是单论元动词，因此若需要提“起点”或“终点”(goal)，需要以“从”“到”等介词引介表示终点的名词组。例如：

（16）扣子从衬衫上掉了。

（17）钢笔掉到地板上了。

（18）我只有掉着眼泪走出学校，怕老师向我要钱……

另外，本文在分析语料的过程中发现“掉”后面带助词“着”的例句，如例句（18）。一般而言，变化动词不可以带表示进行的助词“着”，但例句（18）中担任客体的“眼泪”不是单一的个体，而是某种集合体，换句话说，例句（18）表示不同“眼泪”连续做“掉”的动作，而不是同一个客体进行“掉”的动作。

### 3.2 动词“掉 $_2$”

根据表 1 进行语料分析之后，我们可以得到“掉 $_2$”的属性。“掉 $_2$”符合动作动词（action verbs）的标准，并且我们已经知道“掉 $_2$”所支配的语义角色，因此我们认为“掉$_2$”是支配施事格和受事格的动作动词，接下来我们来看“掉$_2$”的词汇意义。先看以下例句：

（19）你掉掉身子，我就能过去了。

（20）车辆掉头必须向左掉头吗？

（21）为什么摩托车比赛总是倾斜车身转向，而不掉车头转向？

“掉$_2$”所表示的词汇意义是“回”或者“转”，这可能是因为客体在摇动的过程中，客体位于与原来位置不同的地方，所以表示“回”或者“转”。但本文在分析语料的过程中发现动词“掉$_2$”与动词“转”不同，只有“车头”“身子”等几个名词组与动词“掉$_2$”搭配，担任动词“掉$_2$”的受事角色，并且在语料库里仅有少量例句。

### 3.3　动词“掉$_3$”

根据 Teng（1974）所提出的汉语动词分类的标准，我们可以将动词“掉$_3$”归为变化动词（process verbs），并且透过语料分析可知，“掉$_3$”是支配施事格（Agent）和目标格（Recipient）的动词。接下来我们进一步分析“掉$_3$”所表示的词汇意义。先看以下例句：

（22）后来我和后排一个人掉了座位。

（23）我掉了座位后你的态度就更加地恶劣了。

（24）考试前，他们两个掉起位子来了。

例句（22）~（24）里的“掉$_3$”所表示的词汇意义是“互换”，这可能是因为客体在摇动的过程中，客体位于与原来的位置相反的地方，所以表示“互换”。

### 3.4　动助词“掉$_4$”

Teng（1977）首先进行了关于汉语动助词的研究，他以趋向补语与结果补语“上”“下”“起”“开”“掉”“走”“住”“到”来进行讨论，指出动助词的两个特征：

第一，与动词有重叠的属性，省略并不会造成意思不同。例如：

（25）他提（起）那件事了没有？

第二，描述次要语义，“动词＋动助词”的结构中，第一个动词是主要的动词，描述核心语义，动助词只是描述次要语义，主要动词不可用“代动词”( proverb）置换，否则语义不同。例如：

（26）a. 他把球踢进去了。

b. 他把球弄进去了。

黄琡华（2005）研究了动助词“掉”的语义。根据她的分析，动词后面的“掉$_4$”所表达的语义有两种：第一，“客体离开主语或说话者的领域，不再为主语或说话者感知或支配”；第二，“客体进入一个不被期待的状态，这个状态可能是客观物理上的不堪使用，也可能是说话者主观的负面感觉”。例如：

（27）电视机坏掉了。

（28）a. 衣服干了。

b. * 衣服干掉了。

本文认为不需要将“掉$_4$”分成两类，动词所表达的动作作用于客体，使客体发生消失、变形、移位等的变化，变形是原来形状的消失，移位是客体从原来的位置上消失。换句话说，黄（2005）所提出的“掉$_4$”的两种语义，都可以经由隐喻看成是一种变化，客体一旦产生变化，就表示原来的状态消失，因此“消失”可以涵盖黄提出的两个语义。

本文已经在上一节讨论了“掉”的语义演变过程，在此进一步说明本文主张“脱离”义产生出“消失”义的理由。“掉”的本义是“脱离”，即在物理空间上客体离开原来的位置。例如：

（29）树上掉下来一个梨。

（30）眼镜掉下来了。

（31）树上的苹果都掉光了。

以上例句中的“掉”都表示客体从上到下的移位，我们可以将这个意义向其他物理空间、心理空间推广，就产生了“消失”义。例如：

（32）张三一下子就走掉了。

（33）小华吃掉了苹果。

（34）我忘掉了那一件事。

（35）小明把那台二手车卖掉了。

在例句中，客体做述语动词所表示的动作之后，从起点离开，但在句中并未指明终点，而是在物理空间上或心理空间上，客体消失在主语或说话者的领域。这些客体概念在具体语句中有显性与隐性之分，例如：

（36）银行里的存款已经取掉了。

（37）他把衣服洗掉了。

在例句（36）中，担任客体角色的是“存款”，但在例句（37）中没有显示客体，在此例句中的动词“洗”并不是使“衣服”脱离洗衣者，而是使“衣服上的污渍”脱离，“污渍”是一种形状，是隐性的客体。此外，本文总结认为“掉$_4$”具有以下一些特征：

第一，具有反义关系的一组动词，一方可以加“掉”，另一方则不可。例如我们可以说“减掉”“关掉”“死掉”，而不能说“加掉”“开掉”“活掉”。

第二，只能与外向动词连用，不能与内向动词连用。例如们可以说“卖掉”“送掉”，而不能说“买掉”“接掉”。

第三，与前面的动词连用时可以插入“得／不”，但是与变化动词和状态动词连用时由于受到语义的影响，只能与“不”搭配。例如我们可以说“死不掉”“坏不掉”“臭不掉”，而不能说“死得掉”“坏得掉”“臭得掉”。

第四，与动词连用时，不会影响到动词的语义支配能力以及及物性。

# 4. “掉”之汉韩对比分析

## 4.1 动词“掉$_1$”之对比分析

本文已经在第三节讨论过各类“掉”的语义，本节我们将按照“掉”的语义，在韩语中找出在语义上与之对应的词汇。首先我们看有关“掉$_1$”的例句，如下：

（38）비가 올 때 천장에서 흙이 떨어졌다.

biga ol ttae cheonjang-eseo heulg-i tteol-eojyeossda.

下雨时，天棚上掉土了。

（39）중국호위함대는 어떠한 상선도 낙오되지 않도록 재빠르게 임무를 완수하였다.

junggugho-wihamdaeneun eotteohan sangseondo nag-odoeji anhdologjaeppaleuge immuleul wansuha-yeossda.

中国护航编队灵活执行任务不让任何商船掉队。

（40）지갑을 잃어버리다.

jigab-eul ilh-eobeolida.

掉了钱包。

（41）이 구절은 문장부호를 빠뜨렸다.

i gujeol-eun munjangbuholeul ppatteulyeossda.

这个句子掉了标点符号。

（42）내 체중이 벌써 60kg 까지 빠졌다.

nae chejung-i beolsseo 60kg kkaji ppajyeossda.

我的体重已经掉到六十公斤了。

在例句（38）~（42）中，与“掉”对应的韩语动词有五个，如下：第一，例句（38）中的“떨어지다”(tteol-eojida)，其语义为“落下”；第二，例句（39）中的“낙오되다”(nag-odoeda)，其语义为“落伍”；第三，例句（40）中的“잃다”(ilhda)，其语义为“遗失”；第四，例句（41）中的“빠뜨리다”(ppatteulida)，其语义为“跳过”；第五，例句（42）中的“빠지다”(ppajida)，其语义为“减少”。本文在前面说明“掉$_1$”的语义的时

候，虽然没有提到第二和第四个，但从“脱离”经由隐喻派生出来的语义当中就存在第二和第四个例句的语义。另外，本文在前面提到“掉$_1$”是不及物变化动词，但韩语动词“잃다”(ilhda）与“빠뜨리다”(ppatteulida）是及物动词，两者所支配的通常是位于宾语位置担任受事格的名词组，或位于主语位置担任起点的名词组。“掉$_1$”虽然是不及物动词，不过在句首可以带担任起点的名词组，也就是说句法上“掉$_1$”与韩语里五个不同的动词之间没有太大的区别。这表示韩籍学生学习“掉$_1$”的时候，不需要考虑动词性质上的问题，因为韩语中五个不同的语言项目，在汉语中合成一项。这是 Prator（1967）提出的“难度等级模式”中第二等级的“合体”（coalescence），因此韩籍学习者可以忽略在韩语中五个项目的区别而逐渐习惯合并后的项目。



### 4.2 动词“掉$_2$”之对比分析

本文在前面提到“掉$_2$”的使用频率并不高，而且“掉$_2$”与动词“转”不同，语料中显示只有“车头”“身子”等几个名词组担任动词“掉$_2$”的受事角色，在韩语里与“掉$_2$”对应的动词只有一个，例句如下：

（43）그는 바로 몸을 돌려 가버렸다.

geuneun balo mom-eul dollyeo gabeolyeossda.

他立即掉身就走。

（44）만약 입구에 그녀가 없으면，그는 차를 돌려 가버린다.

man-yag ibgu-e geunyeoga eobs-eumyeon，geuneun chaleul dollyeo gabeolinda.

假如门口没她人，他掉车头就走。

在例句中，与“掉$_2$”对应的韩语动词为“돌리다”(dollida)，其语义就是转换方向的意思，但“돌리다”(dollida）在与名词组搭配上没有限制，换句话说，“돌리다”(dollida）的句法与语义特征其实与“转”比较接近，这是 Prator（1967）提出的“难度等级模式”中第四等级的“重新注释”（Reinterpretation），所以韩籍学生学习“掉$_2$”时，在其原有的韩语基础上，必须重新认知汉语的“掉$_2$”与“转”的区别，否则就会因韩语的影响而造

成错误。

### 4.3 动词"掉$_3$"之对比分析

我们在前面讨论过动词"掉$_3$"的属性，它可以归入变化动词，同时可以支配施事格（Agent）和目标格（Recipient），在韩语里与"掉$_3$"对应的动词为"바꾸다"(bakkuda)，先看例句，如下：

（45）그는 너랑 위치를 바꿔보지 않아서 너의 힘든 점을 이해하지 못한다.

geuneun neolang wichileul bakkwoboji anh-aseo neo-ui himdeun jeom-eul ihaehaji moshanda.

他不和你掉一下位置，他不了解你的辛苦。

（46）나랑 네가 반을 바꿔 보는 게 어떻겠니？

nalang nega ban-eul bakkwo boneun ge eotteohgessni?

我和你掉一下班怎么样?

"掉$_3$"所表示的词汇意义为"互换"，因此通常在句子的主语位置上都有两个交换客体的施事对象，但"바꾸다"(bakkuda）有时也像汉语动词"换"一样，可以表示将一个客体换成另一个客体，就是说"바꾸다"（bakkuda）的语义更广，因此这是 Prator（1967）提出的"难度等级模式"中第四等级的"重新注释"(Reinterpretation)，所以韩籍学生学习"掉$_3$"时，在其原有的韩语的基础上，必须重新认知汉语的"掉$_3$"与"换"的区别，否则就会因韩语的影响而造成错误。

### 4.4 动助词"掉$_4$"之对比分析

本文在前面讨论过动助词"掉$_4$"的语义及一些特征，"掉$_4$"的定义为"客体从起点被分离出来且消失在主语或说话者的领域"，并且位于动词后面表示次要语义。在韩语里也有类似汉语动助词的概念，在韩语里有不能单独使用的"补助动词"，这类动词必须黏着于主要动词后面，补充主要动词的语义，其中"～어 버리다"(～eo beolida)的功能与"掉$_4$"接近，韩

语语言学者[1]提出过一些有关“～어 버리다”(～eo beolida)的看法，根据他们所提出的研究结果，我们整理出“～어 버리다”(～eo beolida)的三个语义：第一，表示动作的完成；第二，表示主语或说话者“所不期待的感觉”或“解除负担”；第三，客体离开主语或说话者的领域，不再为主语或说话者感知或支配。例句如下：

（47）나는 어제 헌옷을 팔아 버렸다.

naneun eoje heon-os-eul pal-a beolyeossda.

我昨天把旧衣服卖掉了。

（48）여동생은 어제 헌옷을 사 버렸다.

yeodongsaeng-eun eoje heon-os-eul sa beolyeossda.

*妹妹昨天把旧衣服买掉了。

看起来，“掉$_4$”与“～어버리다”(～eobeolida)之间没有太大的区别，“掉$_4$”在句子中通常都表示主要动词所表示的行为的结束或完成，并且“掉”也可以表示“所不期待的感觉”或“解除负担”。在例句（47）中，说话者透过“卖”的行为解除掉心中的负担；在例句（48）中，可能说话者所期待的是“买新衣服”，不过主语却买了“旧衣服”，就是说“买旧衣服”的行为违背说话者的期待。“掉$_4$”与“～어버리다”(～eobeolida)在语义特征方面没有太大的不同点，但两者在与动词搭配的限制上则有所不同，例如：具有反义关系的一组动词，一方可以加“掉”，另一方则不可，例如我们可以说“减掉”“关掉”“死掉”，而不能说“加掉”“开掉”“活掉”，并且“掉$_4$”只能与外向动词连用，不能与内向动词连用，例如可以说“卖掉”“送掉”，而不能说“买掉”“接掉”，但“～어버리다”(～eobeolida)没有这种限制。因此在难度等级模式中属于第四等级的“重新注释”(Reinterpretation)，所以韩籍学生学习“掉$_4$”时，在其原有的韩语的基础上，必须重新认知汉语的“掉$_4$”与“～어버리다”(～eobeolida)的区别，否则就会因韩语的影响而造成错误。

[1] 신기철, 신용철 (1976), 새우리말 큰사전
이기동 (1977), 문법연구, “조동사의 의미분석”
신현숙 (1984), 건대 박사학위논문, “동사 {받다 / 얻다 / 버리다 / 잃다} 의 의미연구”

## 5. “掉”之教学语法

在对外汉语教学领域中，理论语言学与应用语言学之间一直存在着一些分歧。语言学者指责教师曲解汉语的结构，教师们则抗拒学者过分学术性的分析，认为这些分析在真正的教学上几乎毫无实际的应用性，因此我们编写关于汉语的教学语法时必须要注意两点。第一，必须以学习者为主，在第二语言学习过程中，许多因素会影响学习者学习第二语言的效果，其中包含了学习者的第一语言。因此当讨论语法点的教学语法或设计教材时，应依据学习者的第一语言采用不同的教学排序；第二，注意教学排序的系统化，教学排序不应该只根据教师的经验等个人的主观因素，而应该采用科学化的依据，也就是从语言本身和语言学习中的种种因素来考虑。

基于以上所言，本文将从使用频率、结构复杂度、语义复杂度、跨语言差距等层面来讨论适用于韩籍学习者的教学排序。



### 5.1 影响“掉”之教学排序的相关因素

#### 5.1.1 “掉”之使用频率

为了印证本文所提出的观点，我们使用中研院平衡语料库（sinica corpus）和北京大学现代汉语语料库的语料来进行佐证，在中研院平衡语料库中，我们得到“掉”的 180 笔语料，并进行分析，另外在北京大学现代汉语语料库中，得到“掉”的 42，736 笔语料，并取其前 200 笔语料来进行分析。我们从 380 笔语料归纳出“掉”的使用频率，整理如下：

**表 2 “掉”的语料统计**

| “掉”的语料统计 | | | | | |
|---|---|---|---|---|---|
| 资料来源 | 掉$_1$ | 掉$_2$ | 掉$_3$ | 掉$_4$ | 总笔数 |
| 中研院平衡语料库 | 100 | 4 | 1 | 75 | 180 |
| 北京大学现代汉语语料库 | 35 | 3 | 1 | 161 | 200 |
| | 135 | 7 | 2 | 236 | 380 |

#### 5.1.2 “掉”之结构复杂度（structural complexity）

为了评定结构复杂度，邓守信（2003）提出了四种准则：第一，来源语与母语对应；第二，搭配限制；第三，词组结构；第四，典型与否。本文以“典型与否”为结构复杂度的衡量标准，计算“掉”的结构复杂度。首先，我们要讨论有关动词“掉”的部分。为了量化，我们需要将动词的语法特点整理出简单的模式。本文将汤廷池（1978）与邓守信（1984）提出的汉语动词的语法特点简单地整理为如下标准：

一、动词可以单独充当谓语或答语。

二、动词可以有否定式，而且以连用肯定与否定式来形成正反问句。

三、动词可以在词尾附加“了”“着”“过”等表示时貌的标记。

四、动词可以用“A（一）A”或“ABAB”的重叠式来表示尝试或短暂意思，但变化动词不能使用重叠式。

五、只有变化动词可以用“没有”来否定。

六、只有变化动词可以出现次数。

本文认为这套标准让一般汉语动词的语法范畴更为简单而明确，有利于华语教学。因此我们以上述六项为量化标准，若完全符合该六项标准，复杂度指数就为 0，若不符合其中一项标准，则复杂指数为 1，不符合其中两项标准，复杂指数为 2，依此类推。“掉$_1$”“掉$_2$”和“掉$_3$”皆符合上述六项标准，因此“掉$_1$”“掉$_2$”和“掉$_3$”以典型与否为标准的结构复杂度指数为 0。

而关于“掉$_4$”，本文探讨了陈怡静（2004）和黄琡华（2005）的文章，归纳出两项有关动助词的句法特征，特征如下：

一、“动词＋动助词”结构要表达动作行为实现的可能性时，就得插入“得”或“不”构成“可能式”，就是说动助词还可以形成“可能变式”。

二、在“动词＋动助词”结构中的“动词”有宾语时，宾语只能放在“动词＋动助词”整个结构的后面，或位移到整个句子的前面，不能插入动词和动助词之间。

“掉$_4$”与前面的动词连用时可以插入“得／不”，但是与状态动词连用时由于受到语义的影响，只能与“不”搭配，例如我们可以说“死不掉”“坏不掉”“臭不掉”，而不能说“死得掉”“坏得掉”“臭得掉”。由于“掉$_4$”并不完全符合动助词的第一项特征，因此“掉$_4$”以典型与否为标准的结构复杂度指数为 1。

#### 5.1.3 “掉”之语义复杂度（semantic complexity）

为了评定语义复杂度，邓守信（2003）提出了四项准则，我们根据这四项准则来评定“掉”的语义复杂度，若“掉”的语义单一，困难指数为1；语义多样模糊的时候，困难指数为2；“掉”具有延伸语义时，困难指数为3；最后具有文化层面的语义时，困难指数为4。本文已经在前面提到“掉”的语义演变过程，“掉”的语义从“摇动”义开始衍生到“脱离”义，“回”“转”和“互换”义，然后从“脱离”义经过隐喻衍生出动助词“掉”的消失义。“掉$_1$”表示“脱离”，但它经由隐喻衍生出“落下”“减少”和“遗失”义，因此我们可以说它的语义多样模糊，所以“掉$_1$”的困难指数为2；“掉$_2$”与“掉$_3$”分别表示“回”和“互换”，因此困难指数为1；“掉$_4$”所表示的语义为“消失”，“消失”义可以推广变形和移位，因为原来形状的消失就是变形，客体从原来的位置上消失就是移位，因此我们可以说“掉$_4$”具有延伸语义，其语义困难指数为3。

#### 5.1.4 跨语言差距（inter-linguistic distance）

所谓跨语言差距，就是进行第一语言与第二语言之间共性与个性的比对，两者之间差距越大，困难度就越高。跨语言差距与第一语言、第二语言之间的迁移（transfer）有极为密切的关系。本文在第四节已经讨论过“掉”与韩语对应词语之间的不同点，并且根据Prator（1967）的难度等级模式分析了各类“掉”的跨语言差距，“掉$_1$”属于第二等级的“合体”，其他如“掉$_2$”“掉$_3$”和“掉$_4$”都属于第四等级的“重新注释”（Reinterpretation）。

### 5.2 “掉”之教学排序

本小节将根据邓守信（2003）提出的教学语法排序原则，来进行“掉”之教学排序。邓守信（2003）认为影响教学排序的因素有以下几点：使用频率、结构复杂度、语义复杂度、跨语言差距、结构依存、包孕关系、语言习得发展。本文在上一节中已经讨论过使用频率、结构复杂度、语义复杂度、跨语言差距。在本小节中，我们依据上述结果，定出“掉”的教学排序，结果如下：

**表 3 “掉”之教学排序**

| | 使用频率 | 结构复杂度 | 语义复杂度 | 跨语言差距 | 总分 | 排序 |
|---|---|---|---|---|---|---|
| 掉$_1$ | 2 | 0 | 2 | 2 | 6 | 1 |
| 掉$_2$ | 3 | 0 | 1 | 4 | 8 | 2 |
| 掉$_3$ | 4 | 0 | 1 | 4 | 9 | 3 |
| 掉$_4$ | 1 | 1 | 3 | 4 | 9 | 4 |

本文认为在实际教学过程中可以同时进行“掉$_2$”和“掉$_3$”的教学，因为两者之间没有困难度上的差距，只是使用频率上“掉$_2$”多了一些，但在其他数据上两者之间没有太大的差距，并且在语料库里其数量也很少。我们将“掉”的教学顺序以线型方式呈现，复杂指数低者在左，依次排序如下：

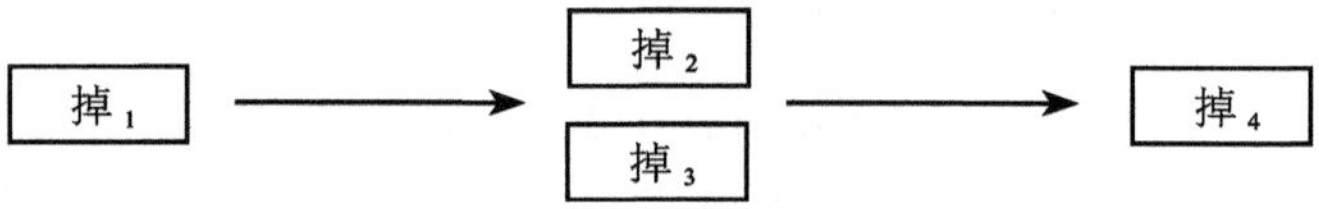


**图 2 “掉”之教学顺序**

## 6. 结论

本论文主要探讨了现代汉语“掉”的语义，并对其进行了汉韩对比分析以及教学排序。本文将“掉”分成四类：第一类为带受事格（patient）的单论元变化动词，它所表示的词汇意义是“脱离”；第二类是带施事格（agent）与受事格的双论元动作动词，它所表示的词汇意义是“回”或“转”；第三类“掉”是带施事格（agent）与目标格（recipient）的双论元变化动词，它所表示的词汇意义是“互换”；第四类是位于动词后面的动助词，它所表示的句法意义为客体从起点被分离出来，且消失在主语或说话者的领域。在此基础上，本文拟出了以使用频率、结构复杂度、语义复杂度、跨语言差距为标准的教学排序。

# 参考文献


曹　晋 2009“V 掉”的语法化，《黔南民族师范学院学报》，第 2 期：16-21。

陈光明 2003 现代汉语动相标志的研究，新竹：台湾清华大学博士论文。

陈怡静 2004 现代汉语动词后置成分之语法意义与教学排序，台北：台湾师范大学硕士论文。

邓守信 1983《汉语及物性关系的语义研究》，台北：学生书局。

邓守信 2003a 对外汉语教学语法总则，《第七届世界华语文教学研讨会论文集》，170-176。

邓守信 2003b 对外汉语语法点困难度评定，《对外汉语教学语法探索》，102-109，北京：中国社会科学出版社。

黄琡华 2005 现代汉语动助词之语义与教学，台北：台湾师范大学硕士论文。

徐时仪 2007“掉”的词义衍变递嬗探微，《语言研究》，第 27 卷，第 4 期。

이기동 1977. ( 조동사의 의미분석 )《문법연구》. 第 3 期。

신현숙 1984.《동사 { 받다 / 얻다 / 버리다 / 잃다 } 의 의미연구》. 首尔 : 建国大学博士论文。

신기철 , 신용철 1986.《새우리말 큰사전》. 首尔 : 三星出版社。

# The Pedagogical Grammar of *Diao* (掉) in Modern Chinese for the Korean Students

KWANSIK BYUN
Jeju National University



**Abstract:** This paper analyzes the semantic meaning and pedagogical grammar of *diao*（掉）in modern Chinese. *Diao*（掉）is divided into 4 grammatical categories according to its semantic roles. The first is the Single-Agreement Process Verb accompanied with Patient, its lexical meaning is "to come off". The second is the Double-Agreement Action Verb accompanied with Agent and Patient, its lexical meaning is "to return" or "to turn". The third is the Double-Agreement Process Verb accompanied with Agent and Recipient, its lexical meaning is "to interchange". The fourth is the Verb-Particle, it refers that the theme is separated from the source and disappears from the speaker's or Subject's realm. Finally, this paper suggests the pedagogical sequence for teaching different categories of *diao*（掉）on the basis of the frequency count, formal and semantic complexity, and inter-linguistic distance.

**Keywords:** pedagogical grammar, verb-particle, *diao*（掉）, pedagogical sequence

# 影响现代汉语副词教学难度的因素[1]

陈立芬[2]　台湾　政治大学

**摘要**　影响汉语教学难度的因素是多方面的，包括汉语本身不同词类的性质、属性、意义和用法，以及学习者的背景，教师的教材规划、教学策略等。本文以教学语法难易度的评定为出发点，以汉语副词教学为主要轴心，讨论对外汉语教师常面临的几个问题，包括：一、语序结构上的问题；二、语义复杂度的问题；三、跨语言差异的问题；四、不易类化的问题；五、教材与词表的问题。希冀从语言教学角度探讨汉语副词的面貌，以教学实务经验检视语言理论架构的帮助与缺失，并尝试提出四项解决之道：一、重视副词的个体词汇上的意义，以及句法功能上的共体性；二、厘清副词与状语的关系，建立词、语、句子成分的层次观；三、以使用范围广、频率高的副词为教学的优先考虑；四、副词教学与研究应朝国别化教材教法迈进。

**关键词**　副词教学　教学难易度　副词语序
副词语义　副词与状语

---

[1]　本文为笔者博士论文的部分内容。

[2]　陈立芬，台湾政治大学，讲师，chentcsl@yahoo.com.tw。

## 1. 前言

现代汉语副词是近30年来颇受关注的一个课题，已有的相关研究多数都集中在副词的性质、类别、词义、语法意义、句法结构、句法功能、语用或篇章功能等方面。根据李泉（1996）的统计，20世纪80年代后发表的研究副词的论文约有200篇[1]；崔希亮（2003）曾对1979～1993年所发表的110篇汉语语法研究议题进行分析归纳，列出17项词类议题，其中副词的研究位居首位，共计27篇，占词类研究的24.5%[2]；张谊生（2010：2）统计了中国知网（CNKI）自1980年至2009年的研究，其中副词相关学术论文约1975篇，而2011年在广西桂林举办的首届汉语副词研究学术研讨会[3]，更说明了现代汉语副词的重要性。综观现代汉语副词研究，可以看到有宏观性的概论，有微观性的阐述，有理论方面的论据，有应用方面的建议。由此可知现代汉语副词的特殊性与重要性。

现代汉语副词研究虽然进行得如火如荼，并有了颇为丰硕的成果，但是就教学而言，副词依旧是个烫手山芋。尽管对外汉语教师都知道影响汉语教学难度的因素是多方面的，包括汉语本身不同词类的性质、属性、意义和用法，以及学习者的背景，教师的教材规划、教学策略等，但找不到问题的核心，就不容易解决问题。为了提高教学效率，避免一再重演无效教学的窘境，我们必须找寻并正视影响副词教学难度的因素，从问题的源头分析，以谋求解决之道。

分析副词教学难度的首要任务是先确认副词的教学目的，除了在词汇教学项目中进行词音、词形和词义的讲授和练习外，还需进入语法教学项目。

邓守信（2010：33-34）[4]认为语法的基本属性包括：一、语法是一

[1] 李泉：副词和副词的再分类，载胡明扬主编《词类问题考察》，北京语言大学出版社，1996，P.154。

[2] 陈立元：现代汉语理想的词类系统，北京语言大学博士论文，2013。

[3] 首届汉语副词研究学术研讨会于2011年10月29日至10月31日在广西桂林召开，由上海市重点学科汉语言文字学、上海师范大学语言研究所主办，广西师范大学文学院协办，会议由上海师范大学张谊生教授发起并主持。

[4] 邓守信：从语法教学迈向教学语法，载《对外汉语教学语法（简体字版）》，北京语言大学出版社，2010，P.33-34。

个语言规范的集合（grammar as prescription）；二、语法是一个描述性的理论（grammar as description）；三、语法是一个内化的系统（grammar as internalized system）；四、语法是一个规则化的系统（grammar as an axiomatic system）。换句话说，语法是一个语言的系统性规则，让语言表达的用字、遣词、造句有迹可循、有理可言，而不是任意妄为、杂沓无章的。

从宏观的视野来看，语法教学是语言学习最直接且最有效率的途径之一，即使是针对母语学习者，我们都不免在课室活动或课后习作中，进行"照样造句""完成句子""换句话说""造句"等练习，或是藉由问答、写作来导正学习者的语言规则。可见，词汇教学和语法教学都是语言教学必要的过程。

就词汇教学的角度而言，副词的语音、字形（词形）是"形式类"（form class）的一种，以词类的发现程序（Discovery Procedures）[1]来看，其教学困难度不高。但是汉语词汇义却是多面的，有基本义、常用义、延伸义、比喻义，不同义项有不同的用法，无法一次性地学习、学会。以"根本"[2]一词为例，有以下几个义项：

| |
|---|
| 1. 基本义：植物的生长器官，根。<br>2. 常用义：基础，根源。<br>3. 延伸义：主要的、重要的。<br>完全，从始至今。<br>4. 比喻义：本钱，最后的筹码。 |

再者，汉语的词汇并没有固定词性，词汇的具体词性由其在句中相对应的关系决定，教材教法的呈现在于教师教学的能力。例如：

（1）拿背包占位子排队根本不能算数。（副词做状语）

[1] 词的发现程序包括：词形（Morphology）、语义（Semantics）、结构（Syntax）。数据源为邓守信：汉语词类的教学语法，载《对外汉语教学语法（修订2版）》，台北：文鹤出版有限公司，2009，P.174。

[2] 参考资源：《重编国语辞典修订本》，网址：http://dict.revised.moe.edu.tw/cgi-bin/newDict/dict.sh?cond=%AE%DA%A5%BB&pieceLen=50&fld=1&cat=&ukey=-710885176&serial=1&recNo=1&op=f&imgFont=1。

（2）只有找到根本的办法才能一劳永逸。（形容词做定语）

（3）教育的根本是教导学生做人，不是评比学业成绩的好坏。（名词做主语）

从语法教学的角度来说，副词在句式中的结构、意义和用法，有个别差异和共同特征。现代汉语句式里语序变化是语言表现的手法之一，语言表达因沟通目的不同可以产生不同语句，以“就”为例：

（4）这件事就我不知道。

（5）这件事我就不知道。

（6）我就不知道这件事。

（7）就我不知道这件事。

（8）就这件事我不知道。

同样一个“就”在不同语句中所强调的重点不同，其差异不仅是结构位置，还有说话者的语意想表达的内涵。

此外，让学习者了解不同词汇的选用所表现出来的目的和效果，也是教学的考验之一。而副词因为词汇意义有时不怎么明显，经常需透过句子来揣度，这使得教学的困难度更高了。下面这几个副词在句中都出现在相同位置，但表达的意思却不尽相同：

（9）餐后甜点，小花和小鱼都要一份。

（10）餐后甜点，小花和小鱼还要一份。

（11）餐后甜点，小花和小鱼也要一份。

（12）餐后甜点，小花和小鱼只要一份。

“都”“还”“也”“只”的不同表现，正是副词使用的精彩之处，当然，也是副词教学让我们无法等闲视之的原因。

既然副词教学存在许多问题，为了提高教学效率，就必须对这些问题进行难易度的评定。邓守信（2010：107）[1] 表示：许多教师在日常教学和出考题时，会因为自我预设学习困难而避开，这种“只流于主观感觉‘我认为’‘你认为’的一己推断”是不科学的，“所以必须有某些参数、范围可供大家讨论，以便评定语法点的难度”。因此，邓氏提出六个原则来界分语法点的难易度，将主观予以客观化。本文就副词教学内容，比对难度参数原则，依形式结构、意义、用法和语言文化、教材教法等顺序，分析造成教学难度的因素。

## 2. 教学难易度的评定标准

### 2.1 教学困难度的定义

邓守信（2010：105-106）曾针对语法点难易度提出四项说明：

一、习得较快，困难度低。

二、使用频率高，困难度低。

三、不易化石化（fossilization），困难度低。

四、偏误（errors）出现的频率低，困难度低。

这四点就二语教学而言，无论是进行词汇教学还是语法教学，都十分受用。就现代汉语副词而言，表示程度的“很”“非常”，表示时间的“常/常常”“忽然”，在语音、字形和意义方面，都容易学习，使用率极高，其句法功能与许多国家语言中对应的词语相似，即使对母语为泰语的学生而言，受其母语“动词+程度副词”结构影响而产出偏误句子的可能性也较小，若有偏误出现，也极容易纠正，不易产生化石化现象。所以其教学困难度低，经常出现在初学者的教学材料中。

而语音和字形都极为简单的“也”“都”，发音有些难度但字形简单的“才”“就”，以及发音简单但字形不易习写的“还”等，虽然使用率高，但因为本身多义多用，在不同语境下有不同表达方式，不仅是词汇教学时不易掌握词义和用法，在语法教学时也极容易产生化石化和偏误现象，教学

[1] 有关邓守信《对外汉语语法点难易度的评定》一文，最早发表于 2003 年的《对外汉语教学语法探索》，中国社会科学出版社，后收录在 2009《对外汉语教学语法》中，台北：文鹤出版有限公司，并于 2010 年由北京语言大学出版社发行简体字版。本文所引述的内容皆采用 2010 年版。

困难度相对地就高了一些。

### 2.2 难易度评定原则

副词在词汇教学项次的实虚争议一直未有定论，多数学者认为副词教学的重点为语法教学。从教学实务面来看，尽管副词本身具有其基本意义，但在语言表达时所带起的语法手段，才是教学的主要目的。故而，分析副词教学的难易度一定得从语法角度来衡量。衡量的准则，一定要具有科学性、客观性和可操作性。

本文的理论依据主要是邓守信（2010）提出的语法难易度界定原则，其内容包括：

原则一：结构复杂度越高，困难度越高。

原则二：语义复杂度越高，困难度越高。

原则三：跨语言差距越高，困难度越高。

原则四：越不易类化者，困难度越高。

原则五：语用功能越强，困难度越高。

原则六：口语结构困难度低，文体结构困难度高。

这六项原则中的原则四和原则六，对副词教学所造成的影响不明确，本文基于下列两点理由，略而不谈。

一、副词类化乃攸关副词次类的分属问题，本文不予讨论，原因是：首先，副词分类是语言本体论关注的焦点，就教学主体面而言，所造成的影响不大[1]；其次，副词次类目前多以语义特征和语用功能分类，语义部分本文于 3.2 节讨论，语用部分于 3.4 节讨论，故不再赘述。

二、关于口语结构和文体的关系，现代汉语的口语和书面语虽然略有差异，但并不如楚河汉界般壁垒分明，混用的情形相当普遍。从教学角度来说，语言等级远大于文体区分，使用频率胜过文体隔阂。古汉语常用的“则”“便”“亟”等，转译成现代汉语副词，教学时只要考虑语言等级，从词汇本身来决定其教学顺序即可，并不会构成太大的困扰。

其余四项原则：结构复杂度、语义复杂度、跨语言差距和语用功能，

[1] 邓氏关注的类化问题如量词（分类词）“条”“根”“枝”，动助词“上”“下”“开”“掉”等，其语言表现毫无规律可循，教学时只好采用逐一列举的方式。

则与副词教学困难度有密切关系。除以上四项原则外，本文还将讨论教材教法所造成的影响。

## 3. 副词教学的难度分析

### 3.1 语序结构上的问题

邓守信（2010：107-119）表示“语法的困难度跟语法的结构有直接关系。结构复杂的语法点，其困难度比较高，反之，结构容易的语法点，其困难度较低。”而汉语结构复杂的语法点有四大类：

一、非典型（non-canonical）结构困难度高。包括：话题句、存现句、动后介词句、倒装句[1]、分离主题句。

二、层次结构（hierarchical structure）复杂，则困难度高。包括：包孕反复式、句补式、句主语式。

三、搭配限制（co-occurrence restrict）越严格，困难度越高。

四、母语无对应结构时，困难度高。

#### 3.1.1 句式的位置不固定

汉语的基本语序是 SVO，主要成分是主语、谓语和宾语，次要成分是定语、状语、补语，基本排序为：定语 + 主语 + 状语 + 谓语 + 补语 + 定语 + 宾语。多数研究汉语语法者认为：状语是位于主语后、谓语前，用来修饰谓语的；若是放在整个句子前面，则是用来修饰后面的语言成分，例如：

（13）他们只认得钱，托他们直是白托！　　　　（朱自清《背影》）

（14）近几年来，父亲和我都是东奔西走，家中光景是一日不如一日。（朱自清《背影》）

状语应该是六种语言成分中唯一一个可以任意移动的语言成分，因此，作为状语的中坚分子，副词在句式中的位置相较于其他词类更显得灵活多变了。以句（14）为例，“近几年来”和“都”都是状语，但“近几年来”却移位至句首，这也是邓氏所说的“非典型结构”，是话题句，所以教学难度

[1] 在此需排除文学创作时的倒装句，以及交际沟通时强调主题的表达方式。

高。又如下面例句：

（15）他一个小时前才到，勉强赶得上办理入境手续。

（16）他才等（了）一个小时，比他久等的人更多。

同样的“才”，同样的表示与时间相关的语句，例句（15）和（16）的句式结构不完全一致。许多教师认为教学的困难处是无法说明副词所修饰的对象有哪些，无法明确告诉学生副词应该摆放在句式中的哪个位置。其实，有经验且对语法熟悉的教师应该知道这两个句子的问题不是副词“才”的位置不固定，而在于下面两点：一、句子的状语成分有哪些；二、动词本身是否需带补语。例句（15）的“一个小时前”和“才”都是状语，句中“才”是副词，主要修饰动词“到”，当然要紧邻着“到”。句（16）的“才”也是紧邻着动词“等”，只不过该句的“等”必须以动补结构来完成语意，所以该句的复杂度不是“才”所引起的。

再如下面这三个例句：

（17）我只在周二上午到图书馆看书。

（18）我在周二上午只到图书馆看书。

（19）我在周二上午到图书馆只看书。

副词“只”因为所修饰的对象不同，在句式中的位置就不一样，这也是教学的难处之一。（17）、（18）、（19）三个例句正说明了副词所修饰的对象不仅是动词，还包括其他词组。可以肯定的是，三个例句中副词都是紧邻着所修饰的对象。（17）的语意是到图书馆看书的时间“只”在周二上午，没有其他时间；（18）的语意是周二上午“只”到图书馆看书，不到其他地方；（19）的语意是周二上午到图书馆“只”看书，不做其他事情。这三个句子教学的难度是因为副词所修饰的对象分属于不同的层次结构，对汉语语言结构不清楚的教师不容易掌握得当。

再看副词作为状语而置放在主语前和主语后的困扰，以中研院现代汉语平衡语料库的语料[1]为例：

（20）这些作品到底想表现什么？

（21）到底什么才算是艺术品？

句（20）是典型句式（S+Adv+V+O），但句（21）的使用频率也不低。（20）改为“到底这些作品想表现什么”，语意可通；但（21）改为“什么到底才算是艺术品”就不合规范了。这两个句子所凸显的问题，正是教师教学感到棘手的问题：副词在哪些情况下可以移位到主语前，哪些情况下是绝对不可以的？

而综观这些在现实生活中使用率颇高，句式位置规则却不够明确的副词，还没有一个清楚且透明的系统，只能遇见一个说一个。



### 3.1.2 同现（共现 / 连用）的规则模糊

副词能修饰动词[2]、介词、名词等，也能修饰副词，语法学界都是用副词“共现”“同现”或“连用”等术语来描述副词修饰副词的情况。

副词同现教学的困难情形有三种：第一种是几个副词连着出现，如例句（22）、（23）；第二种是以复句关系出现，如例句（24）、（25）；第三种是看似单句却是前后句的语意关系，如例句（26）。

（22）机运再也不能错过。

（23）工作保障也不再是国有企业职工的专利了。

（24）我才挂上电话，他就冲进屋子里了。

（25）人都来了，你还把人赶走不成。

（26）这企划案老板竟然看都不看就否决了。

[1] 数据源网址：http://db1x.sinica.edu.tw/cgi-bin/kiwi/mkiwi/kiwi.sh?ukey=1586053131&qtype=2&ssl=&lineLen=78&A=on&kw0=%A8%EC%A9%B3&kwd0=0&kwa0=&kwb0=&kw1=&kwd1=0&kwa1=&kwb1=&kw2=&kwd2=0&kwa2=&kwb2=。

[2] 本文采用邓守信（2009）的词类系统，将动词分为三大类：动作动词（action verb）、状态动词（state verb）、变化动词（process verb）。将时间词、处所词、方位词和数词等，都归属于名词。

第一种情形从结构上分析，是前项词修饰后项词，环环相扣。以句（22）为例，句中的“机运”是名词（主语），姑且不谈，“能 + 错过”是助动词加动词所组成的谓语，“不”先修饰“能 + 错过”，“也”再修饰“不 + 能错过”，“再”则修饰“也 + 不能错过”。其结构图如下：

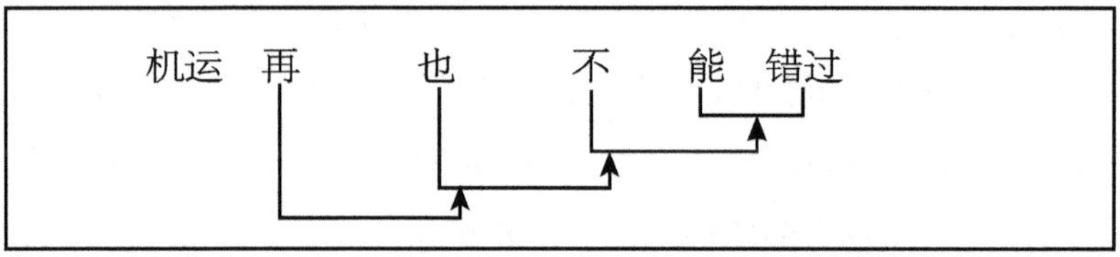


**图 1　副词同现前后项修饰结构图**

句（23）如同图 1 的关系，所不同的是“不再”是一个词，并非“不 + 再”，因此全句只有两个副词，“不再”先修饰由“是”所带出来的语句，“也”再修饰“不再 +VP”。

依此来看下面这两个例句就更清楚了：

（27）我们都不是台北人。

（28）我们不都是台北人。

句（27）的意思是所指称的对象“全部不是台北人”，句（28）的意思则是所指称的对象“不是全部，是部分是台北人”。

第二种情形就不是仅从副词教学的角度就能解决的问题了。这种前后复句经常是以定式结构（construction, set collocation）方式呈现，有既定的框架，通常是经由话语问答时产生语意。而教学时的困扰：一是前后复句的主语是否相同。如果相同，后句主语一般来说是可以省略的，然而这种省略主语的做法，在某些语言规范中是不合法的，比如英语是不可随意省略主语的，教学时若是不特别强调，学生常会犯错。二是前后复句的谓语是否相同。尽管绝大多数的谓语是不相同的，但却含有逻辑上的关联性。三是后句副词的语序，因副词本身具有连接作用，常被误认为是连词。事实上对某些语族而言，汉语副词的这一用法在他们的语言中并没有对应的结构或用法，有时教师不察，学生便会受到自己母语结构的影响而产生如

（31）的偏误句。

（29）他一回到家，就打开电视。

（30）他一回到家，妈妈就要他做功课。

（31）* 他一回到家，就妈妈要他做功课。

第三种情形就更复杂了，语序牵动前后事件的时间关系，关于副词的选择和摆放的位置都不容易找到一条明确的公式以供套用。以句（26）为例，副词"竟然""都 + 不""就"既不是连用也不是定式架构，其教学难度相较于前二者，有过之而无不及。不过，相对而言，这类语句在教材里出现的频率不高，若有，也是中级以上程度才会面临挑战。



### 3.2 语义复杂度的问题

邓守信（2010：119-121）认为汉语语义复杂的语法点有三大类：

一、语法点的语义具有多重诠释，则困难度高。

二、语法点的语义具有引申义，则困难度高。

三、语法点的语义具有宽广性（generalized），则困难度高。

#### 3.2.1 同形异义副词

汉语早先是一字一词，词本多义，而副词的多义更使许多教师感到束手无策。以"还"为例，刘月华等（1983，2001：232-236）《实用现代汉语语法（修订本）》认为"还"有如下语义：一、行为动作继续进行或状况继续存在；二、除了提到的情况外，另有增补；三、在程度上或数量上更进一层；四、"勉强"的意思，把事情往小、轻、低里说；五、尚且；六、时间久远；七、加强语气，有出乎意料或名不副实的责备、讥讽意味。

这七类不完全相同的语义，如果没有深入思考，是极容易混淆的。以邓氏的语义难度评定原则，"还"的语义就具有多重诠释，教学困难度高。正因为副词诸如此类的情形颇多，长期以来自然地成为教学的重点，同时却也是教学的盲点。其因在于许多教师不是无法系统地分项说明多种语义之间的异同处，就是误以为学生已经学过而不加以说明解释。

再以“始终”为例，曾有学生产出下面偏误句[1]，教师却无可奈何：

（32）* 我每天始终学习中文。

（33）* 我在学校始终喜欢学中文。

“始终”在辞典上的解释有：开始和结局；自始至终，从头到尾；事情的原委；终究、还是。[2]

上述这些解释都无法有效地帮助教师教学，以句（32）为例，学生使用“始终”的原意为“持续不间断”，故应改为“总是”较妥，而句（33）则是改为“一直”为佳。由于教师讲授时的规避或模糊处理，致使学生在学习过程中接收不明确的语义，因而在学生的认知中，“始终”就是“从头到尾、持续性、一直如此”的意思，忽略了在句中所表达的不是基本义，而是引申义，下面这两个例子可以使我们更容易分辨其中的差异：

（34）他对任何环境，始终是随遇而安。（基本义：从头到尾、一直）

（35）事隔多年，他的心结始终未能解开。（引申义：终究、还是）

类似这种同形同音但意义却多变的副词，常见的还有：“都”“也”“才”“就”“又”“再”“快”“到底”“毕竟”“究竟”等，都是教师感到棘手的问题。

### 3.2.2 异形近义副词

近义词又称同义词[3]，根据蔡美智（2006：79-92）[4]的研究，现代汉语近义词在教学及学习上具有一定的难度，难点在于：一、低难度常系于单一用法。二、语法功能或搭配关系重叠。三、语意区隔不明。四、搭配讯息不足。

以汉语副词“都”为例，“都”的多重语义中有一项表示“已经/事情

[1] 数据源：笔者于2013年担任侨委会海外教师研习班讲师期间，一名印度尼西亚籍教师提出的问题。

[2] 数据参考：《重编国语辞典（修订版）》，网址：http://dict.revised.moe.edu.tw/。

[3] 从词用观点而言，两个词尽管意思一样，但有古今之别、文体之异和使用对象、场域等不同，严格地说都不算是“同”义，以“近”义称之较为恰当。

[4] 蔡美智：华语近义词学习难点与教学策略初探，载《第四届台湾华语教学研讨会2006论文集》，2006，P.79-92。

或状态已然发生或存在”之意，就很容易造成教学时的困扰，例如：

（36）事情都发生了，哭也没用。
（37）东西都准备好了，可以出发了。
（38）晚会结束了，大家都回宿舍吧！

句（36）中的“都”与“已经”的意思雷同，能相互替换；句（37）说话者的意思可以是表示“东西全部准备完成”（语义指向是“东西”），也可以强调“准备已经完成”（语义指向是“准备”）；句（38）则只是“全部/总括”的意思，绝对不能用“已经”来表达。

“都”与“已经”的近义关系及由此造成的困难，印证了蔡氏的说法：两者的用法单一，语法功能重叠，语意区隔不明确且搭配讯息不足。此外，还有一个颇重要的原因——教师本身的认知。

多数汉语教师的母语就是汉语，在汉语作为母语的学习过程中，近义词（同义词/相近词）的群组扩增、互用是丰富辞藻、润饰文采的途径之一，无论是课本还是辞典里的解释说明，都是以“词义相通互释”为主。以《重编国语辞典（修订版）》为例，“满意”一词的近义词有“满足、得意、合意、惬意、写意、中意、称心”，“毕竟”的近义词有“到底”，“竟然”的近义词有“居然、公然”，“简直”的近义词有“几乎、真的”，“往往”的近义词有“每每、通常、经常、常常、时时”，等等。

以 CCL 语料库[1]“往往”为例：

（39）有时候，人们往往因为害怕失败而不敢去尝试。
（40）一种真理的产生，往往需要长时间的酝酿。
（41）爸，单独叫一个字儿的，往往就是小孩。

句（39）若改用“每每”或“时时”，语意不顺畅；句（40）不适用于“时时”，改用“通常”“经常”或“常常”，勉强可行，却不够贴切，只有“每

[1] 参见由北京大学中国语言学研究中心所建置的网站，网址为：http://ccl.pku.edu.cn:8080/ccl_corpus/index.jsp?dir=xiandai。

每”的语意能够互通；句（41）则不管改用哪个近义词，都无法恰如其分地表达出说话者的语意。由此可知，这些近义词的语义和表现在句中的语意有多复杂，其教学难度就有多高。所谓的近义或同义，落实在语言表现上，是无法完全等同的。

副词之所以形成这么多组近义通用的情形，可能是受到古汉语的影响。依据马建忠（1898）《文通》记载：“《史记》之用‘始’字，与左氏之用‘始’字，《汉书》之用‘前’字同，可见诸书皆有字例也。”意思是说“始”“初”“前”作为状字[1]时的意义和用法是相同的，只是因为写作者的习惯而采用不同字例[2]。《文通》还说：“状字本无定也，往往假借他类字为状字者，然必置先于其所状。”也就是说，作为修饰动字之用的状字，本来是没有固定的、既定的文字，而是假借其他类别的文字。

作为母语使用者，词汇多样、辞藻多变，是文化传承、文思过人的骄傲；作为语言教学者，近义词的累进不宜躁进，应分级分次，以例释义，互换对照，才能降低教学的难度。

### 3.3 跨语言差异的问题

邓守信（2010：121）认为跨文化差距原则“关系L1与L2之间的迁移。无论就其语法结构或语义，若L2的语法点能在L1中找到全然系统化相对应的语言成分，便产生最大正迁移。”

从教学实务来看，L1与L2的迁移情形可从学习者的偏误句来观察得知。

就副词而言，语法结构的差距有两种情形：一是L1与L2的修饰语和中心语（被修饰语）的位置颠倒，二是L1与L2的语序和词性认知不同。而语义的差距，不是一词对多义，就是该词无对义，也就是汉语中该词的意思，学生语族的同词类项内没有，必须以另一种形式来表达该语义。

以汉语与泰语为例，汉语的修饰语和中心语关系是偏正（从主）结构，

[1] 马建忠的《文通》乃汉语最早的有科学系统的语法参考专书，文中提出：“状字，所以貌动静之容者。状字之于动字，亦犹静字之于名字，皆所以肖貌之者也。凡状者，必先其所状，常例也。”一般以为“状字”即“副词”，主要是修饰动词、形容词和副词。其实，“状字”并不等同于“副词”(Adverb)，而是比副词的范围更大，较趋向于“状语”(Adverbial phrases)。

[2] 字例，意指作家行文用字的惯例。

泰语是正偏（主从）结构，学生最常产生的偏误如以下例句[1]：

（42）* 她漂亮真的。（她真的漂亮→ เขาสวยจริงๆ）

（43）* 十点他晚来。（他十点才来→ 10โมงเขาถึงมา）

（44）* 他来就十点。（他十点就来。→ เขามาตั้งแต่10โมง）

当修饰语与被修饰语倒置，一遇到多项副词连用时，就更容易产生偏误了，例如：

（45）* 我吃饱了，不就吃了。

（46）* 每一次被骗，我也再不相信那个夜市的人。

对词性的既定认知也常影响学习，造成语际偏误（interlingua errors），比如汉语标志助词“地”，在泰语中则是副词的一种，不可以任意省略，所以学生常有类似下面的偏误句：

（47）* 老师叫本松快地写，不要说话。

（48）* 他听见我们说的话，忽然地一直地笑，我不习惯地看他。

或许是因为汉语词多兼类，导致许多汉语教师教学时并不重视词性的说明和引导；又或许是强调沟通教学的重要性而忽略词汇的个别性，致使学生使用“一知半解”的词汇进行沟通表达时，产出了不必要的偏误句。比如说，用来表示“少量”的词汇，汉语有“少、一点、有点、稍微……”，但因修饰对象不同而有不同搭配，这就导致日本、韩国、泰国等语族的学生，在学习中产生了不同的问题。

先看日本籍学生的问题，日语“ちょっと”表示“少”，在日语中的用法是放在肯定式的形容词前边；而汉语“一点”一般放在名词前，不直接

[1] 本小结偏误句皆来自笔者任教的学生的习作、评量及课室练习语句。感谢多位外籍汉语教师对所有偏误句的 L2 翻译。泰语感谢张君松老师与郭小芳老师，日语感谢栗原佑美老师，韩语感谢边琯植老师。

放在形容词前，例如：

（49）他买了一点水果。

日籍学生由于母语的负迁移而把“一点”置于错误的语言结构中，进而产生偏误。例如：

（50）* 他打完篮球一点累。
（彼はバスケットボールをしおわって、ちょっと疲れた。）
（51）* 我的头一点痛。（私は头がちょっと痛い。）

韩籍学习者的偏误则不仅是形式问题，韩文的“조금 . 약간 . 다소나마 .”都可以表示汉语的“一点儿、一会儿、稍微、稍稍、丝毫”等意思，这种一对多的语义对比情形，极易产生偏误现象。例如：

（52）* 饭一点吃。（밥을 조금 먹다 .）
（53）* 学校一点远。（학교가 조금 멀다 .）

同样地，泰语的“นิดนึง”语义等同于汉语的“一点儿”“一下子”“有点儿”，泰籍学习者不易掌握，经常混淆，因而产生偏误。例如：

（54）* 这个菜做得辣一点儿。（เมนูนี้ทำเผ็ดหน่อยนะ）

至于词无对义的情形，我们仅以泰语为例稍做说明。泰语似乎没有真正的语气副词，汉语的语气副词诸如“可、却、明明、幸亏、难道、到底、毕竟、恰好、居然……”，有些在泰语里直接消失了，有些被当作是连词。例如：

（55）他有奖学金，我<u>可</u>没有。（เขา มี ทุน ฉัน ○ ไม่มี）
（56）我<u>才</u>不相信他说的话呢！（ฉัน ○ ไม่ เชื่อ เขา พูด ที่ คำพูด นะ）
（57）他<u>明明</u>说谎，老师<u>却</u>相信。（เขา ○ เห็นๆ โกหก คุณครู กลับ เชื่อ）

跨语言差距之所以成为教学的难点，多半肇因于教师教学时常以汉英为对比，未顾及其他语族的差异，因此语言教师更应拥有“知己知彼”的国际语言观，才能“百战百胜”。

### 3.4 语用功能的问题

邓守信（2010：123）所谓的语法点难易度评定原则里的“语用”，指的是“句义（sentence meaning）”—语句的“命题意义”和“话义（utterance meaning）”—语句的“会话涵义”的分析，并非指语言的使用。他指出：“在第二语言习得的过程中，话义的习得难于句义的习得。因此，一个结构若承载了语用层面的功能，其困难度将高于仅承载命题层面功能的结构。”

他认为副词中的“再、只、光、先……”是句义，“难道”是话义，“才、就、还、都、又……”是句义加话义。他特别以“都”为例，指出“都”作为“全部”是词汇意义，教学难度较低；作为“甚至”和“已经”是以语用为导向的句义加话义，教学难度较高。

邓氏从语义学角度来分析教学难度，一语道破多义副词教学排序的重要性。当语意涉及个人主观评价或语气时，不仅是个人思维观感的因素，言语间有时还包藏文化的内涵，语意往往只能意会，难以言传。教师面对没有语境、没有相同文化背景的学生，只能抽象地揣摩、猜测学生的理解能力，因而经常感到不知所措或有挫败感。

以“太”为例，且看下面例句：

（58）我最近太忙了，这事改天再说。

（59）她太漂亮了，没几个人敢追。

（60）你的要求太高了，对方不会轻易答应。

这三个句子中“太”的词汇义是“多、过量”，句义是“比以往忙”“比其他女孩漂亮”“比他人要求高”，可是因为后句都隐含否定的意思，使得全句的话义不单是表达陈述事情，还带有婉拒、不认同之意，语用功能强，教学难度高。

诸如这类具有语用功能的语句，事实上都不适合以“独句”形式出现，在真实语言中多半是出现在问答句（对话）或篇章内容里。教师教学之所以倍感困难，有一部分原因是来自素材的呈现，教师必须从没有上下文的语句中，讲授含有上下文之间关系的句义和话义，以“断章取义”的方式讲授语言，让教师战战兢兢，效果自然不好。

另一个让教师难以发挥的难处是这类具有语用功能的语句，有时用与不用之间所表现出的语言差异并不太明显，或者不是那么重要，学生为了规避错误，老师为了不打击学生的信心，双方都不刻意要求非学会不可。以“可”“简直”二例来说：

（61）这件事不是他做的。
（62）这件事可不是他做的。
（63）你胡说八道！
（64）你简直胡说八道！

句（61）和句（62）的差别是多了“可”，两者的意思都是陈述事实，然句（62）给人的感受较委婉，看似客气却隐藏指责。句（63）和句（64）也是只多了个“简直”，但句（64）的语气和主观意识更强了，除了表示“真的、实在”的句义外，还有强烈的“绝对、无可取代”的话义。可是，学生应该在什么时候、什么场合说呢？教师很难给予充分的说明，即使说明了，学生也未必能全懂。当学生因没有把握而只能说出句（61）和句（63）时，教师也不会指责或纠正。

这样的学习成效，致使学生对于具有语用功能（话义）的副词理解力低、使用频率低，自然地接受度也就低了。教学成效不彰，难度就凸显了。

### 3.5　教材与词表的问题

教材和语言等级表是左右教学内容的最主要因素。教材是教学的工具书，也是教师教学的指引；语言等级表是教学依循的标准，也是教学的规范。

在教学实践中，一般教师教学都是以教材为圭臬，教材怎么写就怎么教。因此，教材课文的主题、内容、情境、编排方式，以及词汇和语法的收录、解释，例句和练习，都会影响教师教学的内容和质量。好的教材在内容上要符合五大原则：系统性、科学性、实用性、针对性和趣味性。有教学经验的编写者会考虑学习过程是否循序渐进，包括：课文、词汇、语法点的难易度和数量；会考虑学生是否能学以致用、学所当学、乐于学习。

那么副词在汉语教材里的角色是什么？本文统计了《(新版)实用视听华语 Practical Audio-visual Chinese》[1]《Far east Everyday Chinese 远东生活华语》[2]《(新)实用汉语课本》[3]和《Integrated Chinese中文听说读写》[4]四套教材的总词汇量和副词量，其词数比率是相近的，但对副词的定义和收录却大相径庭。比方说，“别”一词，《(新)实用汉语课本》没有收录，其他三套教材都收录了；“常”和“常常”，《(新)实用汉语课本》分别列举，其他三套合并；“什么时候”“一会儿”“因为”等词，《(新版)实用视听华语》《远东生活华语》都认为是副词，其他二套书则分别当作时间词语和连词。

实际观察教材词汇收录，再与语言等级词表相对应，我们发现台湾地区和大陆地区对副词的认定不大相同。台湾教材对副词的定义较宽松，《(新版)实用视听华语 Practical Audio-visual Chinese》把“春天”“今年”“上午”等词视作副词，TOCFL 词表把“来”“去”“听起来”“说起来”“看起来”“得很”“用不着”“动不动就”等当作副词，中研院现代汉语平衡语料库[5]也把

[1] 《实用视听华语 Practical Audio-visual Chinese》，旧版于 1997 年编辑出版，由台湾师范大学国语中心团队编撰，并邀请当时的主任叶德明教授担任主编，新版于 2008 年出版。新旧版本都是由正中书局出版。该套书堪称是台湾地区各华语中心使用率最高的语言学习教材。新版全套五册，然各册的课数不均，第一册 12 课，第二册 13 课，第三册和第四册各 14 课，第五册 20 课。

[2] 《Far East Everyday Chinese 远东生活华语》，由叶德明教授主编，远东图书公司策划出版，原套书三册于 2002 年出版，第三册在 2013 年改编再版。这套书的各册课数也是不大平均的，第一册有 12 课，第二册分为 12 主题共 24 课，改编后的第三册共 16 课。

[3] 《实用汉语课本》由刘珣主编，北京语言大学出版社出版。最早的版本是 1981 年出版的，共四册，书中人物经过 20 年成长，在 2002 年改版时有了下一代人物，教材便更名为《新实用汉语课本》，内容增加为六册。第一、二册为初级水平，第三、四册由初级进入中级，第五、六册为中级水平。新版教材委请了海外语言教师和学者试教、翻译和校订。本文采用 2010 年重印版数据。

[4] 本文参考的《Integrated Chinese 中文听说读写》由 Yuehua Liu and Tao-chung Yao, Nyan-Ping Bi, Liangyan Ge, Yaohua Shi 等人于 2009 年改版，Cheng & Tsui Company 出版。最早的版本是 1997 年出版的，2005 年修订一次。新版的两个等级分为四册，Level 1 Part 1、Level 1 Part 2、Level 2 Part 1 和 Level 2 Part 2，每册 10 课共计 40 课。各册各课的词汇量、语法量与其难易度，都经过多次实验和修订，对于非中文语族社群地区的大一、大二学生而言，十分受用。

[5] 本文采用“中研院现代汉语平衡语料库 4.0 版”资料，网址：http://db1x.sinica.edu.tw/cgi-bin/kiwi/mkiwi/kiwi.sh。

"来""去"等词当作副词，其语料例句如下：

（65）借着冥思来达到人与自然的沟通。

（66）只有静待有心的科学史家去发现。

HSK 词表的副词定义虽然比 TOCFL 稍微严谨一些，且词、词组和语（句子结构）分明，但是古今用法混为一谈，有些分开列举，有些合并，有些只列其一。如："常"和"常常"、"曾"和"曾经"、"重"和"重新"分开列举；"稍 / 稍微"、"仍 / 仍然 / 仍旧"合并；"偏偏"则是漏列"偏"。此外，两岸对于副词多义项的处理都不够细腻，诸如"都""也""才""还"……只收录其中一二个义项，没有依程度等级逐一收录，学习者一旦不细查，就会误用。

教师以教材为教学的主体，以语言等级词表为规范，教材和语言等级词表若是对副词的定义不明，对副词和状语的分界不清，教师就容易产生矛盾，教学就容易发生偏差，其影响昭然可见。

副词到底是什么？到底哪些副词是需要教、应该教、必须教的呢？每个程度应教多少个副词才合理？两岸三地不同派别的学者专家各有己见，市面上的教材良莠不齐，副词教学的难处也随之更让人感到棘手了。

**表 1　四套教材副词量比较**

| 教材 | 总词汇数 | 副词数 | 词数统计 |
|---|---|---|---|
| 实用视听华语 I | 449 | A：29<br>MA：29[1] | 总词汇：4042<br>副词：227<br>副词比率：6% |
| 实用视听华语 II | 481 | A：28<br>MA：16 | |
| 实用视听华语 III | 1195 | A：29<br>MA：2 | |
| 实用视听华语 IV | 1250 | A：59 | |
| 实用视听华语 V | 667 | A：35 | |

[1] 《（新版）实用视听华语 Practical Audio-visual Chinese》以 Li & Thomposm 的副词分类方式，把副词分为两大次类：1. 不可移动的副词（A, Adverb），如都、刚、马上等；2. 可移动的副词（MA, Movable Adverb），如明年、刚刚、一下等。

续表

| 教材 | 总词汇数 | 副词数 | 词数统计 |
|---|---|---|---|
| 远东生活华语Ⅰ | 609 | 45 | 总词汇：2450<br>副词：189<br>副词比率：7% |
| 远东生活华语Ⅱ | 1148 | 97 | |
| 远东生活华语Ⅲ | 693 | 47 | |
| 新实用汉语课本Ⅰ | 374 | 14 | 总词汇：3826<br>副词：203<br>副词比率：5% |
| 新实用汉语课本Ⅱ | 447 | 20 | |
| 新实用汉语课本Ⅲ | 524 | 17 | |
| 新实用汉语课本Ⅳ | 599 | 27 | |
| 新实用汉语课本Ⅴ | 803 | 64 | |
| 新实用汉语课本Ⅵ | 1079 | 61 | |
| 中文听说读写Ⅰ part1 | 454 | 25 | 总词汇：1637<br>副词：95<br>副词比率：6% |
| 中文听说读写Ⅰ part2 | 415 | 20 | |
| 中文听说读写Ⅱ part1 | 369 | 27 | |
| 中文听说读写Ⅱ part2 | 399 | 23 | |

## 4. 结论

就现代汉语本体研究和主体教学而言，副词都存在着许多悬而未决的争议。本文从教学角度出发，参考邓守信（2010）提出的语法难易度界定原则，探讨了影响教学难度的几个因素，包括：一、语序结构上的问题；二、语义复杂度的问题；三、跨语言差异的问题；四、不易类化的问题；五、教材与词表的问题。文中援以语料库例句、教材例句、笔者教学教案例句和学生偏误句为例，辅助说明，并尝试提出解决之道：一、重视副词的个体词汇上的意义，以及句法功能上的共体性；二、厘清副词与状语的关系，建立词、语、句子成分的层次观；三、以使用范围广、频率高的副词为教学的优先考虑；四、副词教学与研究应朝国别化教材教法迈进。希冀在厘清教学难处后，能帮助教师降低负面影响，提高教学效率。

# 参考文献

白兆麟 2011《〈马氏文通〉综论》，北京：九州出版社。

蔡美智 2006 华语近义词学习难点与教学策略初探，载《第四届台湾华语教学研讨会 2006 论文集》。

陈立芬 2012 从华语教学角度谈汉泰副词比较，《开创华语文教育新视野》，桃园：中原大学应用华语文学系。

陈立元 2013 现代汉语理想的词类系统，北京语言大学博士论文。

邓守信 2010《对外汉语教学语法（简体字版）》，北京：北京语言大学出版社。

邓守信 2012 汉语状语的结构，载《汉语语法论文集（中译本）*Studies on Modern Chinese Syntax*》，北京：北京语言大学出版社。

李　泉 1996 副词和副词的再分类，载胡明扬主编《词类问题考察》，北京：北京语言大学出版社。

刘月华、潘文娱、故　铧 2001《实用现代汉语语法》，北京：商务印书馆。

吕叔湘主编 1996《现代汉语八百词》，北京：商务印书馆。

邵敬敏 2010《汉语语法学史稿（修订本）》，北京：商务印书馆。

邵敬敏 2011《新时期汉语语法学史》，北京：商务印书馆。

史金生 2011《现代汉语副词连用顺序和同现研究》，北京：商务印书馆。

袁毓林 2002 多项副词共现的语序原则及其认知解释，《语言学论丛》第 26 辑，北京：商务印书馆。

张谊生 1996 副词的连用类别和共现顺序，《烟台大学学报》第 2 期。

张谊生 2004《现代汉语副词探索》，上海：学林出版社。

周小兵、赵　新等 2002《对外汉语教学中的副词研究》，北京：中国社会科学出版社。

# Factors in the Difficulty of Teaching Chinese Adverbs

Chen, Li-fen
Chengchi University



**Abstract:** Several factors are related to the difficulty of Chinese teaching, including the characteristics of Chinese vocabulary, their categories, meanings, usages, as well as learners' background, the instructors' lesson plans, and the teaching strategies involved. This paper will focus on the teaching of Chinese adverbs, and discuss the problems Chinese language teachers often face. Those problems include: ( 1 ) the structure of word order; ( 2 ) semantic complexity; ( 3 ) cross-lingual difference; ( 4 ) pragmatic function; ( 5 ) teaching materials and vocabulary list. It is the attempt of the paper to analyze the different aspects of Chinese adverbs from the perspective of Chinese language teaching, and propose four solutions: ( 1 ) emphasizing the individual meaning of each adverb and its universal in terms of syntactic function; ( 2 ) clarifying the relation between adverbs and adverbials, and formulate the concept of levels from vocabulary, clause, and sentence element; ( 3 ) prioritizing the teaching of widely-used and high-frequency adverbs; ( 4 ) the teaching and research of Chinese adverbs in consideration of different nationalities.

**Keywords:** teaching adverbs, difficulty of teaching, word order of adverbs, semantic meaning of adverb, adverbs and adverbials

# Factors in the Difficulty of Teaching Chinese Characters

# 简论汉语阅读能力测试的测试目标及范围 [1]

金美顺 [2]　韩国　韩国外国语大学
朴良淑 [3]　韩国　韩国外国语大学

**摘 要**　目前在韩国举办的汉语能力测试（Chinese Proficiency Test）有中国的"新 HSK"、韩国的"FLEX"（Foreign Language Examination）、美国的"SAT Ⅱ"及"AP"（Advanced Placement Chinese）等。这些考试皆有阅读部分，并通过阅读试题来测试考生的阅读理解能力，但这些考试只介绍了有关阅读理解能力的测试方式，并没有详细提出该考试的考试目标，因此难以判断该考试的"有效性"。

本文在 Bachman & Palmer（1996）、Purpura（1999）的理论基础上，探讨阅读理解能力的定义，并设定汉语阅读能力测试的测试目标。然后，根据本文的研究结果，对上述汉语能力测试的阅读试题进行分析，探讨其测试范围。

汉语能力测试在"考教结合"的理念之下，还扮演着教学指南的角色。汉语阅读能力从教学的角度来看，除了

---

[1]　本论文刊登于《中国语文学论集》第 78 号。

[2]　金美顺，韩国外国语大学校教育大学院，中国语教育专攻，系主任，enuf88@naver.com。

[3]　朴良淑，韩国外国语大学校教育大学院，中国语教育专攻，硕士，didtnr33@naver.com。

语言知识的传授以外，语用知识的传授也是必不可少的。言外之意的识别能力可以帮助读者准确把握文章的含义和作者的意向，由此提高阅读理解能力。

**关键词** 汉语阅读能力测试 新 HSK FLEX SAT Ⅱ AP 字面意义 实际意义 隐含意义

## 1. 绪论

阅读是吸收新信息、了解新信息的重要途径（赵金铭，2004；陈昌来，2010）。随着信息时代的来临，我们每天通过阅读从书面中获取大量的信息。所以，赵金铭（2004）指出阅读训练的主要任务在于培养学生的阅读理解能力，而汉语阅读能力测试旨在测试考生的阅读理解能力。

那么，何谓“阅读理解能力”？《国际汉语能力标准》（以下简称《标准》）指出阅读理解能力涵盖针对社交场合往来函件的理解、针对指示性或说明性文本的理解、针对各种信息类文本的理解（2007：4）。由此可知，《标准》主要是以读物材料的种类来解释阅读理解能力的。但是我们来看下例：

**<例 1>（《新 HSK 一级大纲》，2009：12）**

| | | | |
|---|---|---|---|
| 例如 |  | diànshì<br>电视 | × |
| |  | fēijī<br>飞机 | √ |

<例 1>是新 HSK 一级阅读第一部分的例题。这一部分题目的要求是：每题提供一张图片和一个词语，考生要判断图片和词语是否一致（《新 HSK 一级大纲》，2009：4）。此类题目主要测试语音、文字及词汇，若据《标准》对阅读理解能力的定义来看，其实很难划入测试阅读理解能力的范围。

即使测试汉语阅读理解能力，也需要考虑测试何种阅读理解能力。我

们再看一例：

**< 例 2>（《新 HSK 三级大纲》，2009：16）**

例如：您是来参加今天会议的吗？

您来早了一点儿，现在才八点半。您先进来坐吧。

★ 会议最可能几点开始？

A 8点　　B 8点半　　C 9点

< 例 2> 是新 HSK 三级阅读第三部分的例题。这一部分要求：提供 10 个语段，每段带一个问题，考生要从 3 个选项中选出答案（《新 HSK 三级大纲》，2009：4）。虽然这种类型的试题可被视为测试阅读理解能力，但是很难判断其测试目标何在。

目前在韩国举办的汉语能力测试有中国的新汉语水平考试（以下简称"新 HSK"）、韩国的外国语能力测试（中国语）（以下简称"FLEX"）、美国的 SAT Ⅱ Chinese（以下简称"SAT Ⅱ"）及 Advanced Placement Chinese（以下简称"AP"）等。中国的新 HSK 是针对汉语为非母语的考生，韩国的 FLEX 是针对母语为韩语的考生，美国的 SAT Ⅱ和 AP 是针对母语为英语的考生。这些考试皆有阅读部分，通过阅读部分的试题来测试考生的阅读理解能力。

本文将在 Bachman & Palmer（1996）、Purpura（1999）的理论基础上，探讨阅读理解能力的定义，并设定汉语阅读能力测试的测试目标。然后，根据本文的研究结果，对上述汉语能力测试阅读方面的试题进行分析，探讨其测试范围。



## 2. 汉语阅读能力测试的测试目标

Bachman & Palmer（1996）指出阅读理解能力包括"组织知识（Organizational knowledge）"和"语用知识（Pragmatic knowledge）"。组织知识包括"文法知识（Grammatical knowledge）"和"篇章知识（Textual knowledge）"，而语用知识包括"功能知识（Functional knowledge）"和"社会语言学知识（Sociolinguistic knowledge）"。

Purpura（2004）在 Bachman & Palmer（1996）的理论基础上，对组织知识和语用知识重新进行了解释。组织知识包括“语法结构（Grammatical form）”和“语法语义（Grammatical meaning）”。其中，语法语义还包括“字面意义（literal meaning）”和“实际意义（intended meaning）”。语用知识包括“隐含意义（implied meaning）”。

本文根据 Bachman & Palmer（1996）、Purpura（1999）的理论，认为汉语阅读能力测试的测试目标为：测试考生的结构理解程度和测试考生的语义理解程度，如下表。

**表 1　阅读能力测试的测试目标**

| 结构理解 | 语义理解 |
|---|---|
| 语法结构（Grammatical form） | 字面意义（literal meaning） |
| | 实际意义（intended meaning） |
| | 隐含意义（implied meaning） |

结构理解指语法结构上的理解，即语言知识层面的理解，其范围包括语音、文字、词汇、语法等，如<例 1>。如上所述，<例 1>测试的是语音、文字及词汇。如：通过“diànshì”来测试语音，通过“电视”来测试文字，通过图片和词语的搭配来测试词汇。因此该试题的测试目标即为测试考生的结构理解程度。

语义理解指揭示作者的意向含义，这包括字面意义、实际意义及隐含意义。字面意义上的理解表示读者通过字面上的语义来理解作者所要表达的内容，如<例 2>，我们从试卷所提供的读物材料中，需要理解“您来早了一点儿，现在才八点半”这句话的字面意义，才可结合选项判断“会议最可能九点开始”，这样考生就能选出答案 C。所以该题的测试目标即为测试考生的语义理解程度，尤其是字面意义上的理解程度。

实际意义和隐含意义有别于字面意义，均须通过推理才能揭示作者的意向含义。实际意义指读者针对篇章前后的语义关系进行推理而理解作者的意向含义；隐含意义指读者依靠自己已有的知识或经验进行推理而揭示作者的意向含义（Purpura，2004）。请看下例：

**< 例 3>（《新 HSK 五级大纲》，2009：15）**

讲故事的人，往往在最吸引人的地方故意停下来。他这样做的目的，是为了引起大家的好奇心，让人有更大的兴趣听下去。讲故事的人，也可以利用这个机会观察一下大家的态度，以便接下来讲得更好。这种做法，中国人把它叫做“卖关子”。

A 卖关子可以吸引听众　　B 讲故事的人没有好奇心

C 讲故事时不应该停下来　　D 听故事的人喜欢卖关子

< 例 3> 的答案是 A，需要对“往往在最吸引人的地方故意停下来”“是为了引起大家的好奇心”“中国人把它叫做‘卖关子’”等篇章前后的语义关系进行推理，理解篇章字里行间的语义，才能找出答案。考生只理解字面意义是找不到答案的。因此 < 例 3> 的测试目标即为测试考生在实际意义上的理解程度。与之相比，隐含意义上的理解是需要考生依靠自己已有的知识或经验进行推理，揭示作者的言外之意。请看下例：

**< 例 4>（《新 HSK 五级大纲》，2009：11）**[1]

孔子是中国古代很有学问的人。有一次路上遇到两个小孩在争论，就走上前去问他们原因。 一个小孩说：“我认为太阳刚出来时离我们比较近，而到了中午，太阳就离我们远了。但是他觉得不对。”孔子很有兴趣地问道：“你们能说说自己的理由吗？”那个小孩说：“太阳刚出来的时候很大；到了中午，它就变小了。这说明太阳刚出来时离我们近，中午离我们远。”另一个小孩说：“太阳刚出来时，天气不热；到了中午，就很热了。这说明太阳刚出来时离我们远，中午离我们近。”孔子听了他们的话，一时也不知道该怎么回答。两个小孩笑着说：“ 52 ？”

52. A 你说的对吗　　B 太阳离我们有多远

C 为什么你这么聪明呢　　D 谁说你的知识很丰富呢

[1] < 例 4> 的读物材料，共有 4 个填空题。但本论文只保留最后一题（即 52 题），以便叙述。

第 52 题的答案是 D。考生要知道孔子是一位智者，才能找出答案。若考生没有关于孔子的知识，就无法进行推理，也无法揭示作者的言外之意。因此该题的测试目标是测试隐含意义上的理解程度。

## 3. 汉语阅读能力测试的测试范围

在这一节中，我们将根据上述汉语阅读能力的测试目标，分析新 HSK、FLEX、SAT Ⅱ和 AP 的阅读试题，并探讨其测试范围。



### 3.1 新 HSK

新 HSK 是一项国际汉语能力标准化考试，主要针对汉语非第一语言的考生。国家汉办吸取旧 HSK 的优点，参照《标准》( 2009 )，推出了新 HSK (《新 HSK 大纲》，2009 )。《标准》虽然描述了各级的阅读理解能力，但如上所述，只是根据读物材料的种类和难度来描述其语言水平之别。[1] 汉办还编写了《新 HSK 大纲》( 以下简称《大纲》 )，《大纲》介绍了新 HSK 的体制，并附有听力、阅读、书写各部分的试题。至于新 HSK 的考试内容，《大纲》只提及试题数量、考试时间及考试方法 ( 如，选词填空 )，并未明确说明测试目标及测试范围。《大纲》中阅读部分的样题可以说是典型的阅读试题。因此本文以《大纲》的阅读样题作为研究对象进行分析。

新 HSK 一级共有 20 题，所有阅读试题都测试结构理解程度，如 <例 1>。新 HSK 从二级开始测试语义理解程度。新 HSK 二级共有 25 题：20 题测试结构理解程度，5 题测试语义理解程度。新 HSK 三级共有 30 题：20 题测试结构理解程度，10 题测试语义理解程度。虽然二级和三级皆有测试语义理解的试题，但是只测试字面意义理解程度，如 <例 2>。由此可知，二级和三级的测试目标相同，即测试结构理解程度及语义理解程度，尤其是字面意义理解程度。二级和三级的区别有三：第一是语义理解相关试题的数量不同；第二是语段的长短和结构的难度不同；第三则是测试方法不同，二级为是非题，三级为选择题。

如上所述，新 HSK 一级、二级、三级还是偏重于测试结构理解程度。

[1] 详细内容请参照《国际汉语能力标准》( 2007:14 ～ 18 )。

相对来说，新 HSK 四级和五级测试语义理解程度的试题多于结构理解。新 HSK 四级共有 40 题：测试结构理解的试题占 37.5%，测试语义理解的试题占 62.5%。其中，字面意义测试题占 42.5%，实际意义测试题占 20%。与之相比，新 HSK 五级共有 45 题：测试结构理解的试题只有一题，其他试题测试的都是语义理解程度。其中，字面意义测试题占 49%，实际意义测试题占 44%。由此可见，等级越高，测试实际意义的比例也越大。至于隐含意义，新 HSK 四级的 40 题中并没有相关试题，而五级的 45 题中只有 2 题测试隐含意义的理解程度。

新 HSK 六级是最高的等级。虽然六级同四、五级一样测试语义理解的试题多于结构理解，但和四、五级相比，其结构理解相关试题的比率剧增。新 HSK 六级共有 50 题：测试结构理解的高达 44%，测试语义理解的占 56%。其测试结构理解的试题如下：

**<例 5>（《新 HSK 六级大纲》，2009：13）**

A 他突然提出，让我们感到很意外。

B 茅盾的童年生活，是他创作《春蚕》的源泉。

C 劳动时间缩短，是大众旅游得以发展的基本条件。

D 他除了班里和学生会的工作外，还承担了广播站的主持人。

<例 5> 是新 HSK 六级的阅读第一部分的例题，这部分共有 10 题，每题提供 4 个句子，要求考生选出有语病的一句。该题的测试目标在于测试结构理解程度。至于语义理解，测试实际意义的试题多于字面意义，但并没有测试隐含意义的试题。

综上所述，新 HSK 的测试范围包括结构理解、字面意义及实际意义，整体偏重于结构理解。在语义理解方面，四级到六级注重字面意义及实际意义理解，而忽略了隐含意义理解。

### 3.2 韩国的 FLEX 阅读能力测试

FLEX 是由韩国外国语大学推出的外国语能力考试（Foreign Language Examination），主要针对以韩语为第一语言的考生。FLEX 包括英语、法语、德语、俄语、西班牙语、中国语、日语 7 种语言能力考试。其中，《FLEX-

中国语 3》同《新 HSK 大纲》( 2009 ) 一样介绍了 FLEX 的测试体制，并提供听说读写各部分的样题作为范例。因此本文以《FLEX- 中国语 3》的阅读试题作为研究对象，进行分析。[1]

FLEX 的阅读试题分六个部分，共 90 题，考试时间为 90 分钟。我们来看其阅读试题中各部分的选题：

**< 例 6> 第一部分 (《FLEX》, 2011: 56 )**

51. 第一（　　）来到美丽的海边城市，高兴得说不出话来。

①遍　　②次　　③趟　　④把

第一部分共有 15 题，要求选择恰当的答案完成句子。< 例 6> 是选词填空，选出适当的量词“次”来完成句子。其测试目标在于测试结构理解程度。

**< 例 7> 第二部分 (《FLEX》, 2011: 60 )**

66. 我们把教室打扫干净了。

①需要打扫教室

②干净的教室是他们班

③应该干干净净地打扫教室

④教室被我们打扫得干干净净的

第二部分共有 5 题，要求选择意义最接近的句子。“把”字句和“被”字句在字面意义上其实是相同的，因此 < 例 7> 的答案是④。该题的测试目标在于测试语义理解程度。

**< 例 8> 第三部分 (《FLEX》, 2011: 62 )**

73. 这病<u>没什么大不了</u>的，吃点儿药就好了。

①严重　　②不大　　③太大　　④不严重

第三部分共有 10 题，要求选择合适的词语替换句中画线的部分。由此

[1] 《FLEX- 中国语 1》和《FLEX- 中国语 2》是较为早期的文献，其阅读试题和《FLEX- 中国语 3》相比，略欠完整性。《FLEX- 中国语 3》是近期的文献，其试题较有代表性，因此本文只针对《FLEX- 中国语 3》的阅读试题进行分析。

可知，< 例 8> 测试的是词汇知识。其测试目标在于测试结构理解能力。

**< 例 9> 第四部分（《FLEX》，2011: 64）**

82. 这件事你应当仔细想一想。

① 应该　　② 当然　　③ 最好　　④ 相当

第四部分共有 5 题，要求选择意义最接近的词语。<例 9>是找出“应当”的近义词，答案是①。其测试目标仍为测试结构理解能力。

**< 例 10> 第五部分（《FLEX》，2011: 65）**

86. 看你急的(①)，就一个月多(②)，下个月来货了(③)，马上告诉你(④)。

第五部分共有 5 题，要求找出错误的选项。< 例 10> 的②有语病，这一语病是语言知识层面的错误，由此可知，其测试目标也是在于测试结构理解能力。我们通过 < 例 6> 到 < 例 10> 可知，除了第二部分以外，其余部分都测试的是结构理解程度。至于第二部分，测试的是语义理解程度，尤其是字面意义。我们再来看第六部分：

**< 例 11> 第六部分（《FLEX》，2011: 66）**

春节是一个很古老的节日。它产生于两千多年前的先秦时代，到汉代已经由政府颁布行政命令确定下来。在中国历史上，春节有着特定的文化含义。过春节最早是为了祭祀和信仰，主题是庆祝丰收，祈求风调雨顺、五谷丰登。“年”字最初的含义就是谷子成熟，它包含着人们的信仰和寄托。

91. 春节正式成为国家节日的时期是？

① 周代　　② 秦朝　　③ 汉代　　④ 清朝

92. 根据本文，哪一项的说法是正确的？

① 春节足可代表世界文化　　② 春节是外来的文化习俗

③ 春节是最古老的图腾信仰　　④ 春节是中国的一种文化习俗

第六部分共有 50 题，要求阅读文章后，选择正确的答案。< 例 11> 中的第 91 题测试的是字面语义理解程度。考生在读物材料中，理解“到汉代已经由政府颁布行政命令确定下来”这句话的字面意义，即可选出正确答案③。但第 92 题则不然，考生必须针对篇章前后的语义关系进行推理，才能找出上述读物材料的主旨，从而选出答案④。因此第 92 题的测试目标在于测试实际语义理解程度。这一部分对语义理解程度的测试偏重于字面语义和实际意义。不过还是有若干试题测试隐含语义的理解程度。请看下例：

**<例 12> 第六部分（《FLEX》，2011: 76）**

**我的老板是个女的，四十多岁，精明强干，人也漂亮。据她说，她以前曾在政府机关工作，工作轻松，收入也可以。但在改革的大潮中，自己也想试试身手，于是下海当了老板。她的话启发了我：社会如此之大，机会如此之多，为什么非要一条道跑到黑？也许换条跑道会跑得更快。我想，用我的智慧、我的勤劳，去开拓一条路，一条新的生活道路！**

117. 根据本文，哪一项最符合“我”对老板的评价？

① 浑浑噩噩　② 出类拔萃　③ 外强中干　④ 不知天高地厚

118. 根据本文，哪一项最符合老板的性格？

① 虚有其表　② 另眼相看　③ 争强好胜　④ 胸无城府

上述两道题都测试隐含语义理解程度。FLEX 的 90 个阅读试题中，测试结构理解程度的试题共 41 题，语义理解程度的共 49 题。其中，测试字面意义的试题共 22 题，测试实际意义的共 20 题，测试隐含意义的只有 7 题。综上所述，FLEX 的测试范围包括结构理解、字面意义、实际意义及隐含意义。

### 3.3　美国的 SAT Ⅱ 和 AP 阅读能力测试

SAT Ⅱ 和 AP 是由美国大学委员会 The College Board 推出的，主要针对以英语为第一语言的考生。因此，试卷上的阅读材料以汉语来呈现，而且同时提供简体和繁体；但试题以英语来呈现，以顾全考生的语言背景。SAT Ⅱ 和 AP 的区别在于（金美顺，2011）：

第一，从测试工具来看，SAT Ⅱ 同 FLEX 一样，采取纸笔考试的方式；AP 采取计算机考试的方式。

第二，从语言程度来看，SAT Ⅱ相当于初级；AP 相当于中高级。

第三，从测试范围来看，SAT Ⅱ只有听力、语法、阅读部分，并没有口语和写作部分；AP 包括听力、阅读、口语及写作部分。

3.3.1　SAT Ⅱ

SAT Ⅱ不同于新 HSK 或 FLEX，阅读部分（Reading Comprehension）只测试语义理解程度。至于结构理解，则通过语法部分（Grammar）的试题来测试。SAT Ⅱ共 30 题，都是多项选择题，四选一。其阅读材料都来自真实语料，如：告示、表格、便条、海报、广告、简单的日记及新闻报导等。试题如下：

**<例 13>（*SAT Ⅱ*，2007: 29）**

18. What does this sign mean?
    A. Swimming is not allowed.
    B. Swimming is permitted.
    C. Swimming is free.
    D. Swimming is fun.

水深危险！禁止游泳！

水深危險！禁止遊泳！

**<例 14>（*SAT Ⅱ*，2007: 32）**

| 结束营业大拍卖<br>女鞋全面三折<br>男鞋全面六折 | 結束營業大拍賣<br>女鞋全面三折<br>男鞋全面六折 |
|---|---|

28. What is the discount offered on women' s shoes during this sale?
    A. 30% off.　　B. 70% off.　　C. 40% off.　　D. 60% off.

29. What is this advertisement for?
    A. Out of business sales.　　B. Holiday sales.
    C. Grand opening sales.　　D. Spring sales.

**<例 15>（*SAT Ⅱ*，2007: 28）**

| 大中：妈妈去看医生，大约下午四点三刻回来。冰箱有点心，自己弄来吃。吃完后先做功课，再弹钢琴。 | 大中：媽媽去看醫生，大約下午四點三刻回來。冰箱有點心，自己弄來吃。吃完後先做功課，再彈鋼琴。 |
|---|---|

14. Where did Mom go?
    A. Supermarket.　　B. School.
    C. The doctor's office.　　D. Her friend's house.

<例 13> 的读物材料是告示，<例 14> 是广告，<例 15> 则是便条。结合前文分析可知，<例 13> 到 <例 15> 测试的都是语义理解程度，但只测试字面意义理解程度。SAT Ⅱ 的试题中，只有一题测试的是隐含意义。

**<例 16>（*SAT Ⅱ*，2007: 25）**

1.Where will you see this sign?

A. Roadside.

B. Seaside.

C. On a building.

D. In school.

行人穿越道　行人穿越道

<例 16> 的答案是 A。考生需要首先了解“行人穿越道”的字面意义，再依靠自己已有的知识或经验进行推理，才能知道上述读物材料见于路边。因此该题的测试目标在于测试对隐含意义的理解程度。综上所述，SAT 的测试范围包括字面意义及隐含意义。

3.3.2　AP

AP 共 35 ~ 40 题。其试题类型同 SAT Ⅱ 一样，也是四选一的选择题，阅读材料也都是来自真实材料。但AP的读物材料和SAT Ⅱ 相比，更多样化，如：告示（sign）、便条（note）、海报（poster）、广告（advertisement）、方针（policies）、文章（passage）、故事（story）、新闻报导（news report）、书信（letter）、电邮（email）等。

**<例 17>（*AP CHINESE*，2009: 508 ~ 509）[1]**

体育除了可以锻炼身体以外，还能培养人的信心，鼓励人们迎接挑战。在美国的大学里，学习好、品德好、体育成绩好的学生很多。在同学中，有一项出色的体育技能是很让人羡慕的。美国的很多家长鼓励自己的孩子从小参加学校和小区的足球队、排球队和篮球队什么的，为的是培养孩子的自信心。孩子们的家庭体育教练也常常是由家长当的。相比之下，从中国大陆或台湾来的很多学生，虽然学习名列前茅，但是他们在体育、创造

[1]　关于读物材料，AP 同时提供简体和繁体，同 SAT Ⅱ 一样。但本文的篇幅有限，因此以下省略用繁体呈现的读物材料。

性、社交等方面往往感到信心不够。这并不奇怪，因为中国来的很多学生是在父母长期的保护中生活的，是在对体育普遍不重视的环境中长大的。这些中国家庭的学生，想克服身体上的不适应和心理上的信心不足，还需要时间。

56. Which statement is correct?

(A) In the United States, few students receive good grades.

(B) In schools, excelling in sports is admirable.

(C) American families hire sports professionals to coach their kids.

(D) Parents with sports-related occupations require their kids to participate in sports at a young age.

57. In which area does the article say Chinese students usually excel?

(A) Sports.

(B) Creativity.

(C) Social activities.

(D) Studying.

58. What is the author's attitude about the difference between Chinese and American students?

(A) Disappointed.

(B) Worried.

(C) Not surprised.

(D) Confident.

59. What does the author imply in the last sentence of the passage?

(A) Chinese parents want their children to be independent.

(B) This problem can be solved easily.

(C) This problem cannot be solved in a short amount of time.

(D) Chinese families should spoil their kids.

AP 的 36 个阅读试题测试的都是语义理解程度。其中测试字面意义的试题共 29 题，如：第 56 题和 57 题。测试实际意义的共 5 题，如：第 58 题。测试隐含意义的只有 2 题，如：第 59 题。

## 3.4　中、韩、美三国汉语阅读能力测试的题型对比

本文按照汉语阅读能力测试的测试目标来分析新HSK试题的测试范围，其结果如下：

**表 2　新 HSK 的测试范围** [1]

| 测试目标 | | 一级 | 二级 | 三级 | 四级 | 五级 | 六级 |
|---|---|---|---|---|---|---|---|
| 结构理解 | 语法结构 | 20 | 20 | 20 | 15 | 1 | 22 |
| 语义理解 | 字面意义 | · | 5 | 10 | 17 | 22 | 13 |
| | 实际意义 | · | · | · | 8 | 20 | 15 |
| | 隐含意义 | · | · | · | · | 2 | · |
| 共计 | | 20 | 25 | 30 | 40 | 45 | 50 |

新 HSK 的等级越低，越偏重于测试结构理解程度；等级越高，越偏重于语义理解程度。在测试语义理解程度时，等级越低，越偏重于测试字面意义程度；等级越高，越偏重于实际意义理解程度。整体而言，新 HSK 考试忽略了测试隐含意义理解程度。

韩国的 FLEX、美国的 SAT Ⅱ和 AP 的测试范围如下：

**表 3　FLEX、SAT Ⅱ和 AP 的测试范围**

| 测试目标 | | FLEX Ⅰ | SAT Ⅱ | AP-1 |
|---|---|---|---|---|
| 结构理解 | 语法结构 | 41 | · | · |
| 语义理解 | 字面意义 | 22 | 29 | 29 |
| | 实际意义 | 20 | · | 5 |
| | 隐含意义 | 7 | 1 | 2 |
| 共计 | | 90 | 30 | 36 |

韩国的 FLEX 使用一种试卷来测试所有等级，因此涉及所有测试目标。但从测试比率来看，测试结构理解的试题最多，其次是字面意义，再次是实际意义，隐含意义最少。韩国的 FLEX 同新 HSK 一样，也忽略了测试隐

[1]　表 2 和表 3 中，数字表示试题数量。

含意义理解程度。

美国的 SAT Ⅱ和 AP 通过语法部分另行测试结构理解程度，因此阅读部分中，并没有测试结构理解程度的试题。SAT Ⅱ和AP都偏重于字面意义，而忽略了测试实际意义及隐含意义的理解程度。

## 4. 针对试题设计的建议

阅读活动是一种多向交流与反应的复杂解码过程。译码过程需要语言、语用、世界等方面的知识。语言知识包括语音、文字、语义、语法等知识。语用知识涉及人际交往、修辞规则和语篇修辞原则等。世界知识为一般知识和专业知识（束定芳、庄智象，1996；陈昌来，2005）。因此阅读活动超乎字面理解，需要推论性的理解。这样才能更广泛地获得阅读材料的内容和信息，更深入理解和领会作者的含义（陈昌来，2005）。但根据本文的研究结果，汉语能力测试中的阅读部分偏重于字面意义和实际意义，尤其是字面意义，未能对阅读活动提出更高的要求。

本文利用汉语能力测试阅读部分的读物材料来设计一些测试实际意义及隐含意义的试题，以供参考。以新 HSK 五级的阅读试题为例：

**<例 18>（《新 HSK 五级大纲》，2009：20）**

大多数的人永远都嫌自己不够有钱。然而社会学家发现，当人们真正有钱之后，又会抱怨自己没有足够的时间。从很多例子可以看出，越是有钱的人越没有时间，而穷人和那些失业的人，每天闲得难受。

人们追求财富，目的是为了让生活过得更好，可奇怪的是，人们一旦有了钱，反而更忙碌，更无法舒舒服服地过日子。

当生活不富裕的时候，很多人都想过"等我有了钱以后就可以怎么样怎么样"。在人们的想象中，"有钱"代表自由、独立、随心所欲：夏天可以到海边度假；冬天可以到山上去滑雪。

然而，当人们果真富有了，却发现自己根本无法去实现这些梦想——理由永远只有一个："没时间！"不少高收入的人，几乎都是工作狂。

看来，"有钱"和"有闲"永远难以两全。难怪有人说："当你年轻，没钱时，希望能用时间去换金钱；当你有钱后，却很难再用金钱买回时间。"

87. 社会学家有什么发现？

A 穷人都喜欢工作　　B 越有钱越没时间

C 人们生活越来越闲　　D 有时间的人最有钱

88. 人们在没钱的时候想的是什么？

A 有了钱怎么用　　B 用金钱买回时间

C 怎样得到更多的钱　　D 忙的日子是什么样的

89. 为什么人们富裕后反而不能实现梦想？

A 不愿工作了　　B 时间太紧张

C 身体不好了　　D 不再年轻了

90. 上文主要谈什么？

A 穷人和富人　　B 时间和金钱

C 理想和现实　　D 闲人和忙人



<例 18> 中的试题还是偏重于测试字面意义。4 题中有 3 题（即 87 ～ 89 题）测试的都是字面意义，只有一题（即 90 题）测试了实际意义，且并没有测试隐含意义的试题。为了测试隐含意义，我们可以设计这样一个试题：

**<例 19>**

根据上文，不富裕的人应该怎么做？

A 工作和空闲均匀分配　　B 具体地定好赚钱的目标

C 不抱怨经济上的不富裕　　D 实现梦想不得不牺牲时间

再来看新 HSK 六级的阅读试题：

**<例 20>（《新 HSK 六级》，2009：20）**

一个年轻人获得一份销售工作，勤勤恳恳干了大半年，却接连失败。而他的同事，个个都干出了成绩。他实在忍受不了这种痛苦。在总经理办公室，他惭愧地说，可能自己不适合这份工作。“安心工作吧，我会给你足够的时间，直到你成功为止。到那时，你再要走我不留你。”老总的宽容让年轻人很感动。他想，总该做出一两件像样的事之后再走。

过了一年，年轻人又走进了老总的办公室。这一次他是轻松的，他已经连续7个月在公司销售排行榜中高居榜首。原来，这份工作是那么适合他！他想知道，当初老总为什么将自己继续留用呢？

“因为，我比你更不甘心。”老总的回答出乎年轻人的预料。老总解释道：“当初招聘时，公司收到100多份应聘材料，我面试了20多人，最后却只录用了你。如果接受你的辞职，我无疑非常失败。我深信，既然你能在应聘时得到我的认可，也一定有能力在工作中得到客户的认可，你缺少的只是机会和时间。与其说我对你仍有信心，不如说我对自己仍有信心。”

我就是那个年轻人。从老总那里，我懂得了：给别人以宽容，给自己以信心，就能成就一个全新的局面。



85. 一年以后，年轻人：

A 当上了总经理　　B 成为公司的销售骨干

C 被调到另一个部门工作　　D 对自己的工作仍然没有信心

86. 老总当初为什么要留这个年轻人？

A 公司急需人员　　B 客户欣赏年轻人

C 相信自己没有看错人　　D 年轻人有丰富的工作经验

87. 关于年轻人，可以知道：

A 是作者的朋友　　B 适合销售工作

C 应聘了20多家公司　　D 在这个公司工作了3年

88. 上文主要想告诉我们：

A 好领导能决定公司成败　　B 成功离不开集体的支持

C 工作中要学会为人处世　　D 自信和宽容成就新天地

<例20>的4个题目也都仅测试字面意义。我们还可设计测试实际意义的试题：

**<例21>**

下列哪一项与上文内容不符：

A 应征的竞争率非常高　　B 应聘的过程只需一个步骤

C 每个月公布职员的业绩　　D 客户的评价和职员的业绩有关联

至于测试隐含意义，如果省略最后一段的“从老总那里，我懂得了：给别人以宽容，给自己以信心，就能成就一个全新的局面”，<例 20> 的 88 题就是测试隐含意义的试题。

汉语阅读能力测试应该根据测试目标，将测试范围均匀分配，只有这样，才能正确地测出考生的汉语阅读能力。

## 5. 结论

阅读是一种社会行为，是人与人之间的交际与交流。（陈昌来，2005）阅读理解能力指针对字、词、句、语段、篇章等多个层次的理解能力，其中篇章理解能力是阅读理解能力的集中体现，但阅读训练主要关注词汇和语法等的结构知识，而忽略了语境和篇章等的语用知识。因此，这种训练只是培养学生基本的辨词识句能力，对整体阅读能力的培养帮助不大。（赵金铭，2004）这样的阅读训练方式会影响汉语阅读能力测试，使得汉语阅读能力测试也较偏重于测试结构理解及字面意义理解程度。

新 HSK 和韩国的 FLEX 偏重于测试结构理解、字面意义及实际意义理解程度，而忽略了隐含意义。美国的 SAT Ⅱ和 AP 主要测试语义理解程度，但只偏重于字面意义，忽略了实际意义及隐含意义。

汉语阅读能力测试旨在测试考生的阅读理解能力。阅读理解能力指读者辨认及理解书面语言，从中获取信息的语言能力。因此汉语阅读能力测试需要设定明确的测试目标，以便准确测试考生的汉语阅读理解程度。为了测试考生是否掌握了辨认书面语言的能力，应该测试结构理解能力。但阅读活动的主要目的还是在于获得信息，因此其测试目标应该侧重于语义理解能力。另外，阅读活动旨在理解作者所要表达的含义。所以除了测试字面意义和实际意义以外，还要测试隐含意义。但上述几种汉语能力测试的阅读测试都较偏重于字面意义，而忽略了隐含意义。所以应该增加测试隐含意义理解程度的试题，才能更加准确地测出考生的阅读理解能力。

汉语能力测试在“考教结合”的理念之下，还扮演着教学指南的角色。从教学的角度来看，在汉语阅读能力的培养上，除了语言知识的传授以外，语用知识的传授也是必不可少的。言外之意的识别能力可以帮助读者准确把握文章的含义和作者的意向，由此提高阅读理解能力。

# 参考文献


陈昌来 2009《对外汉语教学概论》，上海：复旦大学出版社。

国家汉办 / 孔子学院总部 2009《新汉语水平考试大纲：HSK 一级》，北京：商务印书馆。

国家汉办 / 孔子学院总部 2009《新汉语水平考试大纲：HSK 二级》，北京：商务印书馆。

国家汉办 / 孔子学院总部 2009《新汉语水平考试大纲：HSK 三级》，北京：商务印书馆。

国家汉办 / 孔子学院总部 2009《新汉语水平考试大纲：HSK 四级》，北京：商务印书馆。

国家汉办 / 孔子学院总部 2009《新汉语水平考试大纲：HSK 五级》，北京：商务印书馆。

国家汉办 / 孔子学院总部 2009《新汉语水平考试大纲：HSK 六级》，北京：商务印书馆。

国家汉语国际推广领导小组办公室 2009《国际汉语能力标准》，北京：外语教学与研究出版社。

赵金铭主编 2004《对外汉语教学概论》，北京：商务印书馆。

周小兵、李海鸥 2009《对外汉语教学入门（第二版）》，广州：中山大学出版社。

简　瑜、方治钦、谷　静 2003 *Chinese SAT II*，California: Association of Northern California Chinese School.

简　瑜、方治钦、谷　静 2007 *Chinese SAT II Vol. 2*，California: Association of

Northern California Chinese School.

Bachman, Lyle F. & Palmer, Adrian S. 1996 *Language Testing in Practice*, New York: Oxford University Press.

Kim, Mi-Soon 2011 <초·중급 중국어능력평가 양상에 따른 중국어교육에 대한 소고>,《中国语文学论集》第 68 号，韩国：中国语文学研究会。

Purpura，James E. 2004 *Assessing Grammar*，New York: Cambridge University Press.

Park, Jae-Seung 2011《FLEX- 中国语 3》，韩国：韩国外国语大学校出版社。

Yan Shen, M.A. *AP Chinese Language and Culture*，New York: Barron's Educational Series.

The College Board（http://www.collegeboard.org）

# A Study on the Purpose of Chinese Reading Proficiency Test

KIM, MI-SOON
Hankuk University of Foreign Studies
PARK, YANG-SOOK
Hankuk University of Foreign Studies



**Abstract:** Chinese proficiency tests in Korea now include Chinese “New HSK”, Korean “Foreign Language Examination (FLEX)” and American “SAT II” and “Advanced Placement Chinese (AP)”, etc. These Chinese proficiency tests assess students’ reading comprehension competence by Chinese reading tests, but just introduce the examination methods concerning reading comprehension without providing the examination goals. Therefore, it is hard to evaluate the reliabilities of Chinese reading tests.

This paper discusses the definition of reading comprehension competence on the basis of the theories of Bachman & Palmer (1996) and Purpura (1999). Furthermore, according to the results of the research, this paper points out the goals of Chinese reading tests, and analyzes the reading comprehension questions and the examination scope of Chinese proficiency tests in Korea.

Because of the combination of teaching and examination, Chinese proficiency tests are considered some kind of teaching guidelines. From teaching points of view, teachers should instruct not only the organizational knowledge of the target language, but also the pragmatic knowledge to enhance learners’ reading comprehension competence. In other words, to grasp the implied meaning in target language help readers comprehend exactly the contents of reading texts and understand the author’ s ideas.

**Keywords:** Chinese Reading Proficiency, New HSK, FLEX, SAT Ⅱ , AP, literal meaning, intended meaning, implied meaning

# 华语非母语学习者写作使用定式篇章标记语语篇功能分析[1]

李明懿[2]　台湾　中央大学

**摘要**　本文旨在讨论华语非母语学习者写作时如何使用具有语篇功能的定式篇章标记语。研究发现在语篇功能上，学习者写作时使用定式篇章标记语以连接标记最多，管领标记次之；标记语的型态和使用量与学习者的学习水平有关，学习者水平对语篇管领标记和语篇连接标记使用量的影响不同。

**关键词**　华语　学习者　写作　定式篇章标记语　语篇功能

[1] 本文内容（标题不同）亦发表于《华语文教学研究》第11卷第2期。衷心感谢匿名审查学者的悉心指正，使本文内容得以更臻完善。惟文责由作者自负。

[2] 李明懿，台湾中央大学语言中心助理教授，myli@cc.ncu.edu.tw。

## 1. 前言

华语教学相关研究显示，篇章[1]结构和表达是学习者无论在写作还是口语中均可能面临的重大挑战。曾金金（2002）在关于学习者中介语的研究中指出，高级华语学习者在篇章写作中，除了词汇的误用之外，一般还有篇章结构、成语使用错误及语用错误等问题；靳洪刚（2004）观察学生和教师的课堂交流时，发现在超越句子层次的表现上，学生产出的句子常过于简短，不够复杂，句子或段落层次的连词用得不够多，会话交流中主动转换话题和对答不够。陈俊光（2010）亦提到学习者若仅掌握某个数量的词汇与相当程度的句法知识，仍无法与母语者进行有效的沟通，他还进一步指出，以句子为主的教学与研究有其局限性。中、高级的教学重点应放在如何将语句的学习拓展到语段，并和特定的场合及语境相联结，才能培养学习者的沟通交际能力。可见，篇章的习得不仅是华语学习的难点，更是教学与研究的重大课题。然而，篇章研究领域所触及的层面极其广泛，有哪些面向应在教学上多所着墨？靳洪刚（2004, 2005）针对上述所观察到的学习窘境，提出了语言定式教学法，揭示了语言定式（formulaic speech）在扩展学习者语言输出之篇章结构上产生的重要作用。靳洪刚指出的“定式”即本文所论及的“定式语”。

## 2. 定义

### 2.1 定式语

近四十年来，定式语以不同的名称和略有差异的定义，诸如以定式序列（formulaic sequence）、多字词串（multi-word lexical strings），或是心理学上的“定式框架（frame）”等名词进行的相关研究受到了语言教学与习得研究领域的关注（Wray，2002[2]）。二十世纪六七十年代 Noam Chomsky

---

[1] 本文所谓的“篇章（discourse）”，指语言使用时超句的现象，此现象涵盖口语和书面。

[2] Wray（2002）列举了近 60 种相关的名词。汉语相关文献中则大多是基于定式序列（formulaic sequence）或语块（chunk）或固定句式（fixed pattern）的概念而提出的“程序语”“公式语”“语块”“预制语块”“固定语式”“惯用语”“套语”和“定式”等名词（周荐，1977；刘正光，2001；刘仕明，2002；靳洪刚，2004；连金发 2009；钱旭菁，2009；杨建国，2009）。此外，吕叔湘（1982）、廖秋忠（1992）、刘月华（1998）和屈承熙（2006）等学者均提到了现代汉语中具有连接功能的“常用或固化关联词语”。

提出“创造（creative）”的概念，认为人类生成和理解语言的固有能力使得人们掌握一种语言便可理解该语言中未曾接触过的大量词语，并且能产出词语。然而，有学者认为语言使用并非全都是创造，语言本身也具备预铸语块特性。固定词语或形式与流畅的语言表达之间具有重大关联（Yorio，1980；Pawley & Syder，1983；Sinclair，1991；Cowie，1998；Moon，1998；Schmit et al. 2004）。其中，Pawley 和 Syder（1983）注意到语言产出时只有部分话语是从词法、句法形式的规则管约而来的。说话者往往一而再，再而三地使用同一个词群组合。成年人将这些固定的词语或形式当作一种语言产出时可减省力气并引起注意的策略（Yorio，1980）。

而第二语言习得研究发现，随着学习的进展，学习者使用定式序列的数量和形态的增长大于语法及其他方面的进展（Schmitt，1983）。Wray（2002）将此预制且具未分析的凝结性语言单位统称为“定式语（formulaic language）”。定式语指的是在语言上具有语块特性或多词汇凝固性及长期惯用的固定形式。研究发现目标语学习成就较高的学习者对目标语中定式语的掌握情况更好，因此，善用定式语成为衡量目标语习得成就的指标之一（Pawley & Syder，1983；Nattinger & DeCarrico，1992；Wray，2002；N. Schmitt & R. Carter，2004；Forsberg & Fant，2010）。

定式语在语言的使用上可谓无所不在亦不可或缺（Schmitt & Carter，2004）。就语言沟通和第二语言习得的角度而言，定式语具备以下功能：其一，可使说话者 / 书写者所表达的意思更为确切；其二，可作为篇章的标记；其三，可强化人际关系，促进社群的凝聚力（Wray，2002）。关于定式语可用来标记篇章的功能，Wray（2002）有如下阐述：

某些定式语（formulaic sequences）也扮演着标记篇章的角色，尤其是用以标示一段语篇与其前后文的关系，以及说话者对整个语境的态度。说话者使用定式语标示篇章结构主要有两个缘故：第一，这些定式语作为表达时的首选，在说话的过程中，相较于非习语（idiomatic）易于处理，例如，英语定式语 as a result of 和 as a consequence of 要比 as the aftermath of 或 as a repercussion 容易为说话者较快速地提取而使用；第二，这些篇章工具的功能在于管领语篇（marshal the text）[1]，亦即，改变主题、引介次要话题，等等，换句话说，说话者也为听话者标注篇章结构，使用定式语可使

[1] 此处，Wray（2002）援引 Nattinger 和 DeCarrico（1992）所使用的词语。

听话者易于解码。（李明懿重点摘译自 Wray 2002: 87）

在汉语方面，也有同样的现象，例如，说话者或书写者在篇章中要表述原因时，通常会用“原因在于”“主要是因为”“主要的原因是”等定式语；在总结论点时，常用“总而言之”作为管领其后文的标记语。

### 2.2 篇章标记

“Discourse Marker”这个名词最初是由 Labov 和 Fanshel（1977）讨论英语 well 的用法时所明确使用的。其后，Levinson（1983）提到了此类词语的特性——表明某句话与前面的篇章之间的关联。



Schriffrin（1987）指出，篇章标记是对言谈单位起切分作用的顺序性的非独立成分。其特性为：在句法上独立于句子；位于语句的起始位置；具有某些韵律特质，例如其本身的重音、后头的停顿、发音的弱化现象。亦即，将篇章标记语定义为一种为了进行中的言谈而提供语境协调的文字或非文字机制的功能类别成员。换句话说，篇章标记是依赖顺序并用来支撑言谈单位的语言成分。按照 Schiffrin（1987）的观点，篇章标记具有指示功能（indexical functions），用以指出话语标记所在的语句所指涉的对象；同时他也认为篇章标记在话语中的作用是综合性的，说话者藉由篇章标记的作用促进话语的连贯。 Schiffrin 所说的篇章标记包括感叹词、连词、时间和方位词语、固定短句和某些感知动词及副词。其后，Fraser（1999）将篇章标记语定义为标记两个句子之间的对比、暗示或阐述关系的一种词语，且篇章标记有多种层次的语义，出现在话语之前，用来标示篇章关系或书写者和说话者的态度。 Fraser 同时也认为篇章标记在句法上不是独立的语法范畴；在语义上，话语标记有核心意义，但不是概念上的，而是程序上的，因此对句子的命题亦无影响。

### 2.3 定式篇章标记语

为了在研究上更具目标性和针对性，本文将学习者写作数据中同时具备定式语和篇章标记特征的词语称为“定式篇章标记语”。作为本文的研究标的，定式篇章标记语同时涉及另外两种语言成分的名称：一是定式语；二是篇章标记。相关学者将篇章标记视为一种相对封闭，成员数量有限的功能类别（Schiffrin，1987；刘丽艳，2005；谢世坚，2009）。篇章标记也常以词汇或短语的形式出现，其主要功能在于切分并串连篇章组织，发言人的态度和立场可影响其标记的选择。就沟通而言，篇章标记不仅是框围话语的标记，也是社会生活与组织的标志。在写作上，篇章标记可标示语篇（text）与其前言和后语的关系，保证语篇的衔接和连贯；说话者和书写者可据以表明语篇的意念和态度。作为篇章标记的短语必定为讯息发送与接收双方所熟习使用的词语。就功能而言，篇章标记作为篇章组织的机制，其作用在促进沟通，其中为数极多的篇章标记本身是传达讯息者和接收讯息者所熟习的词语，即定式语。

就华语篇章习得和发展而言，定式语和篇章标记可视为两个各有组成分子却互为关联的群体，但这两个群体因性质不同，不能放在同一个平面来看。定式语和篇章标记语都不是语言的固定质素，定式语是因语言心理发展过程的凝固化、语块化而形成的语素组合，可谓是个人或同一语言社群所习于使用的特定词语外观，例如，成语、惯用语、固定搭配、格式或句型；而篇章标记则是词、短语或句子基于语言使用的需要所形成的任务，因词语本身的语法语义特性而"派遣"至所需的位置上。其中有些词语，例如"一般来说""总而言之"是固化的篇章标记，就是没有其他任务，永远都是为标记篇章所用；但也有些算是临时任务编组，平时在句子中有固定的语法语义身份，但是在沟通需要时，为传达讯息而赋予篇章标记的任务，例如表述时间和方位的"这几年""一开始""在这里"等，表述认识和感知的主谓短语"我觉得""我知道"，等等。这些无论是常态还是临时扮演篇章标记角色的定式语，本文都称为"定式篇章标记语"。定式语、篇章标记和定式篇章标记语三者的关系可以图 1 表示。

**图 1　定式语、篇章标记和定式篇章标记语之关系图**

当讯息传达者发出讯息之时，一旦有使用篇章标记的需要，便选取适当的篇章标记而用之。其中定式篇章标记语多因其整体储存和提取的特性而在特定情境中为讯息传达者所选用。讯息传达者藉由篇章标记在语篇中的标示作用保持话语的焦点，能较省力而有效地将讯息或意念传达给阅听者，因此促成讯息传达者与阅听者之间的有效沟通。同样的道理也见于第二语言学习，研究证实，非母语学习者使用定式篇章标记语的表现可反映其篇章组织和表达的能力（Biber etc., 1999; Wray, 2002; Wood, 2010），同时也可反映学习者的语言系统特征。第二语言学习者在选用定式篇章标记语的过程中，有可能倾向于使用特定的标记，或在特定的语境中偏好使用某些标记语；同时，也可能误判语境或因误解定式语本身的形式或意义而错将不适当的定式语用为篇章标记。这些使用不当的定式篇章标记语，有可能是受到第一语言的影响而产生的，也有可能是在学习过程中自行发展出来的，例如“* 表面下”。以上种种现象均使语言教师和研究者在寻求克服偏误之道的同时，也从中介语的角度，通过对学习者定式篇章标记语的观察，探究学习者语言发展的脉络。

在讨论定式篇章标记语之前，首先必须谈谈篇章单位。任何形式的篇章都可以切分，而切分之后的较小单位彼此之间具有语义上的连贯性。这些篇章分段单位的命题可以归入一个较大的命题或是由一个话题或主题段落总结（Givón, 1983; Van Dijk, 1988; Mac Carthy, 2001）。这些话题或主题段落之间的界线，通常可由语言形式、语调或是停顿等方式来体现（Van Dijk & Kintsch, 1983）。而这里所谓的语言形式，就是某些可用来标示篇章关系的词语，一般称为“篇章标记”。

前已提及，相关研究显示定式序列在第一语言和第二语言的篇章功能上均扮演着重要角色。定式语可以表述篇章内容，某些序列也可用来标记篇章组织及发言人对序列前后语篇的态度（Cowie, 1988; Aijmer, 1996; Wray, 2002; Biber, 2006; Wood, 2010; Gaeley, et al., 2010）。作为篇章标记的定式序列可用来导引（marshal）语篇，使说话者较不费力地将心中的意念形诸于外在的言语，使听者或读者易于解读。说话者藉由定式篇章标记语使听者或读者更易于知晓主题或话题何时转换，或是安抚缺乏耐心的听者，例如，My point is, so what I mean is, 等等（Wray, 2002）。诸如此类兼具定式语与篇章标记角色的词语，本文统称为“定式篇章标记语”。

## 3. 研究方法

本研究以中介语的观点分析学习者语料。Larsen-Freeman和Long（1991）

指出，中介语并不是一个可以简单地在目标语言规范的基础上来比较和判断的不完整或异常的目标语言的形式。在其动态的语言发展过程中，学习者不仅积极地将其第一语言重塑为第二语言，同时也在很有创造力地构建其中介语。他们的中介语系统自行向内开发逻辑和有效的机制。因此，为了揭示 L2 学习者的语言能力，必须进行准确的中介语分析。

囿于研究对象、时程及数据源的限制，本论文采取横向研究的方法（cross-sectional study）。那么，学习者的哪些表现可提供最可信、最有效的讯息呢？ Ellis 和 Barkhuizen（2005）归纳出两种主要的途径。其一是凭借学习者的语感，也就是从学习者判断句子的合法性的情况来获知学习者的学习、理解的情况；其二则是收集学习者语言的样本。本论文采取的方式是后者。

## 3.1 学习者语料

本文之学习者语料皆取自学习华语之外籍学生，学生来自三所大学华语教学单位初级、中级、高级课程班。作为直接研究标的，三组原始文本资料各 100 篇，总共 300 篇。研究过程中前后共搜得学习者写作文本超过 550 篇。为避免研究样本差异过大，变量过多，筛除作者为华裔背景，年龄 20 岁以下，篇幅字数不足 150 字和超过 700 字之文本。文章主题和内容包括记叙、描写、说明、议论四大类。在语料搜集过程中，考虑到所谓初、中、高的分级难以精确反映学习者的目标语能力的差异，需以较多的条件设限并加以人工干预来避免级差过大的问题。用来设限的条件包括：华语教学单位的分级、课堂教学所使用的教材以及学习时程。

## 3.2 定式篇章标记语之筛选

如本文所定义，定式篇章标记语必须兼具定式语和篇章标记的特征。为了观察学习者写作数据中定式语和篇章标记二者使用上的关系，本文先在学习者写作数据中析滤定式语。由于定式语的范围和定义各家之说不尽相同，本文定式语判定标准依据过往相关研究之定义（Peters, 1983; Weinert, 1995；刘仕明 , 2002；李明懿、黄郁纯 , 2005），归纳如下：

一、语音连贯；

二、序列大多不具有能产性；

三、序列适用于整个社群；

四、序列的结构特殊性可能有悖语法规则的使用方式；

五、依赖语境，高频且形式稳定。

为便于研究，本文在以上定义之外加上两个析滤定式语的标准：

一、学习者写作数据中出现5次以上者；

二、符合上述5项条件但出现次数在1到5次之间者，则须在母语者语料库中确定为定式语。

为使研究观察单纯化，本文筛除所有二字词（含）以下词语之篇章标记语，例如，"但是""然而""然后""好""对"，等等，同时在形式上将定式篇章标记语限定为三字以上的短语或句子[1]。其后，以人工检视所收集之学习者写作文本，将其中含三到六个字数之固定语以语段形式制成原始语料库并建档，再从此定式语语料库中析滤出定式篇章标记语。

本文检视初、中、高三组各100篇文章，经反复检视最后筛滤出定式语料共5,177笔（token），再从此5,177笔中析滤出890笔定式篇章标记语（token），其中有342笔形态（type）。



## 4. 学习者写作数据定式篇章标记语分析

系统功能语言学之三大纯理功能中的语篇（textual）功能主要关注的是篇章的种种组织链接关系。简单地说，就是透过对语言成分在篇章中语篇功能的分析，可具体探知其篇章组织功能。就形式而言，语篇功能在三种纯理功能中扮演着极关键的角色。在语篇功能面向上，本论文关注的是学习者写作时所使用的定式篇章标记语的管界和衔接功能。关于管界，廖

[1] 由于三字格中既有词，亦有语，学者将现代汉语中三音节连用者称为"三字格"（周荐，1997；杨建国，2009）。周荐认为三音节单位成词成语的可能性都很大。从表义上看，三字语大多具有比喻义；从结构上看，三字语的结构方式较为简单，主要是述宾式和定中偏正式。且三音节单位可构成词和固定语，意义上和形式上具有一定的凝固性。崔希亮（1997）也认为汉语惯用语大多数是三音节的，崔希亮将三字格的结构类型分为述宾式、定中式、述补式、状中式、主谓式、联合式、连谓式，而惯用语结构类型则为述宾式和定中式（崔希亮，1997）。此外，汉语的惯用语如"开夜车""开玩笑"等也大多为三字组合。杨建国（2009）将三字格中的语分为短语词、独立语、惯用语、类独立语及其他类，但其中短语词可视为词，故本论文不予考虑。

秋忠（1992）如此界定：

管界这里指的是某个管领词语如动词、各种修饰语等所支配、修饰或统领的范围。当管界跨越句子边界时，这里称它为篇章管界。

本论文将在廖秋忠对管界定义的基础上，讨论学习者写作语篇中，标示篇章起始和终止的标记，前者称为管领标记，后者则是终止标记。在篇章衔接功能面向上，我们强调语段或句子之间的连接关系。Georgakopoulou 和 Goutsos（1998）指出，连接成分在语篇中的位置乃决定其为何种篇章标记语的必要标准。Georgakopoulou 和 Goutsos 所谓的连接成分指在语篇中连接段落、句子和小句的成分。本论文对定式篇章标记功能的分类即以其篇章位置和语法语义关系为主要考虑。

大体而言，语篇标记的定位与标记语本身在篇章中的位置如句前或句末有关。但严格来说，决定因素还是要看语境，也就是说，从语篇角度来决定序列为管领、连接或终止标记，视序列的位置和语境相对关系而定。基于以上立场，本论文将学习者写作时所使用的定式语篇标记语分为管领标记、连接标记和终止标记三类。

### 4.1 管领标记

管领标记是导引出篇章管界的篇章标记（廖秋忠，1992）[1]，一般出现在句前或句首，作为导出篇章管界的标记。此外，相关研究显示，说话者和书写者用标点符号、指定指称词语、副词、段落缩排、指称词语作为篇章的分段标记（Schiffrin，1987；Bestgen & Vonk，2000）。例如，句首的时间词语能作为篇章标记语，用来凸显新事件讯息的叙述开端。可以确定的是，篇章标记语不应为其后句子的主语，而句子的主题通常可扮演篇章标记的角色。曹逢甫（1979, 1995）指出汉语的主题有三个特征：

第一，主题在句子中做动词的必要谓项。也就是句子主动词的主语、直接宾语或间接宾语。

第二，主题在句子中做动词的非必要谓项，即时间、地方、状态和原因状语。

[1] 廖秋忠（1992）提到，带篇章管界的篇章管领词语是篇章组成的成分。廖秋忠所说的“管领词语”可视为篇章标记语。

第三，主题与句子中的某个谓项有语义关系。

若按照以上的第二和第三个特征，某些篇章标记，尤其是语篇管领标记中与其后文在语义上有时空框围关系者，正好与之不谋而合[1]。而曹逢甫（1979, 1989）亦指出，主题的篇章功能包括对前、后语段的联系（relating）、引介（introducing）、串连（topic chain）和对比（contrastive）。显示篇章标记语与前后句子或段落发生的是衔接关系，乃是将其前后讯息以语义链接起来的机制。

我们在学习者写作数据中观察到具有语篇管领功能的定式篇章标记语可依形式[2]分为四种。



#### 4.1.1 名词短语定式序列

此类序列大多为表时间、空间方位的名词短语，例如：

（1）[ 昨天上午 ]，**辅导员来找我们班，请我的朋友跟他一起去办公室。**[3]

（2）[ 很久很久以前 ]，**月圆时，我舅舅的朋友走进我们学校附近的墓地。**

（3）[ 世界上 ]，**我最喜欢的人是我妈妈。**

名词短语作为篇章标记的条件，不仅取决于其后所管领的语段，即管界，更应向前观察此序列与其前文的关系。若是管领标记，此序列应作为与前文之间的界标，并作为或开启同一层次的新段落主题和管界。总之，管领标记位于一个管界的起始位置。以上例（2）单就句子层次来看，“月圆时”可以作为后一小句的管领词语，但因前面又有“很久很久以前”这个序列，我们可以从该序列在段落的起始位置以及在语义上涵盖“月圆时”这两点确定“很久很久以前”居于较高的篇章层次，且导出“月圆时，……”整个语段。因此，我们把“很久很久以前”视为管领标记。

[1] 廖秋忠（1992）认为管领词语可分为时间、处所词语，以及主题/话题或命题词语。

[2] 就语篇功能而言，按照篇章标记语本身的结构来分类可探知标记语之语篇功能和语法结构的关联。虽然有些定式语因语法化或词汇化使然，其中的成分原本的词类意义和功能可能虚化，但这样的分类考察还是能体现语篇功能的语法特征。

[3] 本文所使用学生写作语料为原始语料，其中有些许偏误，但不影响篇章标记的考察，故特意维持语料之原貌。

#### 4.1.2 主谓短语定式序列

表述认知和观点的主谓短语定式语主要是第一人称代词“我”和感知动词“知道”“觉得”“认为”的组合。

(4)[我觉得]虽然两家凤梨酥的味道口感不一样，但都不容易坏，都不错为礼物。

(5)[我知道]宗教有很多问题，可是一个好处是宗教让人保护别的人而且希望改变人的生活。

(6)[有人认为]妇女杂志跟普通的资料比起来，没有什么崇高的价值。

以上的例子从语法的角度来看，是包孕句，即谓语动词包孕一个小句。但从篇章的角度来看，主语和认知动词的组合如“我觉得”“我知道”管领其后的小句，形成一个管界，因此是篇章管领标记。

#### 4.1.3 介宾短语定式序列

包括时间或空间短语以及表述议论的短语。

(7)[在世界上]，大陆的人口最多。

(8)[在我看来]，做为一个历史学家，写报告是一种苦刑，讨论历史问题是一种工作，但是找数据是一种享受。

(9)[对很多人而言]，房地产是一个稳赚不赔的投资方法。

#### 4.1.4 独立小句

作为篇章管领标记的小句通常出现在语篇的开端。例如：

(10)[诸位好]，今天我要跟大家谈一谈为什么现在很多外国的公司在大陆大量地投资。严格说，只有一个原因：钱。……

(11)[大家好]，今天我要说一说台湾近几年来的经济。……

(12)[你知道吗？]你吃太多了。……

### 4.2 连接标记

学习者写作数据中的第二种语篇标记为连接标记。此类标记在篇章中担负着承接前文、延展后文的任务。郑锦全（1988）以语言互通的信息为基础讨论了篇章语法，有如下见解：

主张以话题延续性作为语法研究的单位。所谓话题延续性是由“话题”和“说明”经过语义的连贯而结合起来的，“说明”之下，又可能有话题延续性，因而话题延续是个有层次的结构，从话题延续性才能看出语句的完整意思。

郑锦全所说的“话题延续性”，可透过篇章标记语中的连接标记语来达成。 连接标记语是用来将同一个篇章话题中前后两个语段连接起来的篇章标记，居于两个段落、句子或小句之间，多数的时候位于第二个小句之前或句首，例如：

（13）每个人都有自己的梦想。譬如说，中乐透。或是跟自己喜欢的人在一起。[对我来说]，能到各个国家学习让我可以大开眼界就是我的梦想。

（14）开学以后我真正感觉到大学的生活真不一样。[对我来说]，这是我生活最有意思的时段。

例（13）的“对我来说”将其前后讯息连接起来，延续了“每个人都有自己的梦想”这个话题。许多连接标记都具有明显的管领功能，就是管领其后的语段，形成一个管界。但和管领标记最大的区别是，连接标记语跟前文之间有话题延续的关系，亦即，其所管领的管界包含于另一个管界之中，于是篇章的层次[1]也显现出来了。试看以下二例：

（15）[很久很久以前]，有一只乌鸦住在森林里。[有一天]乌鸦捡到了一块肉……

（16）我学中文到现在已经八年了。[第一年]，我只会说简单的会话，现在我已经能用中文工作。

[1] 本文主要研究重点在于观察学习者定式篇章标记语的横向连接，因此，暂时不讨论篇章标记语的层级角色。

例（15）中的“很久很久以前”是管领标记；其中的“有一天”和例（16）的“第一年”虽分别是其后讯息的时间框围，也管领其后的语段，但是，显然“有一天”为“很久很久以前”所管领，并延续着“很久很久以前”的说明（“有一只乌鸦住在森林里”），因此为连接标记。例（16）的“第一年”则延续着“我学中文到现在已经八年了”这个话题，并导引出其后的“我只会说简单的会话”，因此也是连接标记。由此可见，是否具有延续话题的能力是判定语篇连接标记的重要准则。[1]

此外，在作为连接标记语的定式语中，指示词如“这”“那”“此”等可指涉前一小句，且出现的次数相较于其他连接标记偏高，充分显示了标记语本身具有前后照应的功能。除了指称成分之外，定式连接标记语和前句之间也可见词汇衔接现象。

本论文在学习者写作数据中检出 220 条连接功能标记形态，以下依形式分述之。

#### 4.2.1 名词短语

（17）我当时对自己的身份和背景感到羞愧，现在居然打算辅修中文。岂不是非常讽刺吗？[一句话]，态度改观了。

（18）我在大学念生物学的时候，学过人口增长的问题。[那时候]，最红的学说是只有以科学方法才能维持人口增长率。

（19）我不知道我会在这里住到什么时候。[有一天]我必定会离家出走。

（20）家人的传统定义是一个爸爸、一个妈妈和他们的孩子们。[有时候]这也包括祖父母、孙子们、叔叔跟阿姨。

学习者若未意识到连接标记本身的衔接特性，就可能会产出阻碍讯息传达的用法。Georgakopoulou 和 Goutsos（1998）指出，位置势必为决定篇章标记语的准则。篇章标记语多位于较高的篇章层次单位，例如，段落的边界或末尾，在转折的位置上作为前一篇章之后转折的信号。在较低的篇章层次，初始的位置也有显著性和策略性的特征。从以上的语料可知，连

[1] 本文为便于分类，将学习者写作数据中所出现的定式篇章标记语皆依形态分别归类为管领标记、连接标记和终止标记。但是，某些管领标记，可因语境的不同而有不同的语篇功能，无法绝对分类。因此，本文的做法是，仅将绝对必须作为连接标记语的归入连接标记语。其余只要有管领功能，便归为管领标记语类。

接标记中也有表述时间及空间的词语，其本身也具备管领其后语段或句子的功能。那么如何区分管领标记和连接标记呢？我们认为辨别连接标记的方法是，序列在语境中与前文的关系应是：

一、整体—部分关系中的部分；

二、顺序中的后者；

三、定式序列中有回指成分者；

四、语义上与前文有词汇衔接关系者；

五、表示属性者；

六、叙果或释因者。

总结以上的判别准则，连接标记语在形式和语义上以标点符号、回指照应或词汇衔接的方式具体显现出承接前文讯息的特性。一言以蔽之，决定语篇标记功能的因素，除了序列在语篇中的位置以外，语境和词语小句之间的语义关系也扮演了极重要的角色。依据这个准则，我们检视下面的学习者写作数据：

①第一天到台湾来也是我第一次出国，所以在心里又兴奋又担忧。②一开始，在我眼里，台湾是个很豪华的地方。③可是，在这里，我没有家人，语言又没办法沟通，④另外方面是还不懂台湾的习俗，所以带给我不少的困扰。

对读者而言，以上段落中句①和句②为首的语段没有连贯性。原因在于，学习者未意识到“一开始”这个篇章标记在篇章中常与前文相呼应的语篇连接功能。这样的行文使读者一看到“一开始”就自然地向前对照句①，因而产生“第一天”与“一开始”二者所管领的语境之间的扞格。

#### 4.2.2 主谓短语

（21）突然，他发现了一个瓶子，[重要的是]，瓶子里还有着半瓶水。

（22）有时候电影提供观众新的知识，新的看法。[意思就是]我们看电影时能得到学校或课本上不能得到的收获。

（23）全球人民对他们政府都有一样或几乎一样的要求，[这就是说]，他们要求所买的食物，给他们的家庭吃的食物是安全的。

（24）媒体可以批露，可以曝光一个社会事件，或者有所谓的官方解密；

但是在台湾，可以用到被媒体炮轰这个词。[ *这也声明了[1] ] 民主制度下之下，社会透明度的增加与人民的知情权的尊重。

从以上学习者写作的连接标记语用例可看出，主谓短语作为定式篇章标记，除了主语为第一人称代词“我”的表认识立场的短语，如“我觉得”这类的主谓短语之外，多半为指示词或与前一语段在词汇语义上有衔接关系的名词短语。如例（23）和（24）中的“这就是说”“*这也声明了[2]”的指示词“这”分别回指前文讯息；而例（21）中的“重要的是”和例（22）中的“意思就是”二者在语义功能上兼具连接标记的“整体和部分”以及“属性”含义。我们在学习者语料中也发现了基于此规则所构建的标记语。

4.2.3 介宾短语

（25）人所做的一切都是过程的延续，因而皆为自然。[ 按照这种逻辑 ]，一定有人要问：世界上就没有任何非自然的东西了吗？

（26）我还没去过很多国家，可能只有去过三四个。[ 到目前为止 ]，我认为最可圈可点的国家是泰国。

（27）我来台湾就是看他们，而不是来玩。[ 为了这个缘故 ]，我也不注重比较有冲突的情形。

4.2.4 动词短语

（28）[ 难道你不知道[3] ] 肠子的修复期在晚上十一点到凌晨一点吗？

（29）台北的人口比台北的路多，车子也很多，[ 再加上 ] 驾驶不遵守交通规则，走在马路上特别危险。

（30）环境保护的政策被大多数的国家排斥，[ 特别是 ] 开发中国家普遍存在保护产业的观念。

4.2.5 小句

（31）在原则上，一个国家的政府应该有办法解决民众的生活问题。其

[1] “这也声明了”的“声明”乃词汇偏误，应改为“说明”，但不影响整个短语作为连接标记的条件以及指示词“这”的回指特性。

[2] 同 [1]。

[3] 本研究语料中，“难道你不知道”在类似的语境中出现 7 次，但不都与疑问词尾“吗”共现。因此，本文将此序列视为一个定式篇章标记语。

实不然，[ 其原因何在？ ] 在于政府的资本不够。

（32）但在现代化社会的食品生产过程制度下，政府要实现这种责任也越来越困难。[ 原因何在呢？ ] 原因就在于食品来源的复杂性。

（33）我觉得网咖应该合法化，[ 为什么呢？ ] 网咖是成千上万青少年的新时代休闲去处，然而赌博不但是非法的，而且也会冲击青少年。

### 4.3 终止标记

终止标记用来表示管界终止，一般用于明确指出某个表述动词的管界已经终止（廖秋忠，1992）。终止标记本身与后文之间不具有衔接的关系，该文举了一个例子来说明篇章终止的手段，其例如下：

就这样，汤姆靠着半工半读来到了伦敦。“你今后打算干什么工作？”我禁不住问。“唉，谁知道。我的上帝，等待我的说不定还是失业。”[ 说到这里，汤姆黯然无语。]

廖秋忠认为“说到这里，汤姆黯然无语”明确表达汤姆的回答已经完毕。如此看来，表述篇章终止的定式标记语应该在篇章管界的末尾，而这类标记在本论文的学习者语料中出现频率最低。本论文所观察到的学习者所使用的终止标记依篇章管界的层次可分为二类，第一类是在句内尾端或在多句语段中的最后一个小句，例如，“什么的”和“那就好了”；第二类是在整篇的层次上，例如，演讲稿中的篇章结尾谢辞，如“谢谢大家”。在形式上，作为终止标记的定式序列形式有以下三类。

#### 4.3.1 名词短语

本文所考察的学习者写作语篇中的终止标记语中只出现了一个名词短语定式序列，即“什么的”，此序列用来做终止列举或模糊概括。例如：

（34）台湾的菜真的很多，不是水果就是面包，要不然就是小笼包、饺子 [ 什么的 ]。

（35）我买了一个毛巾、一个牙刷、一个牙膏、一个肥皂，[ 什么的 ]。

（36）一般所谓的好小说，包括有独到之处，还有戏剧性 [ 什么的 ]。

值得注意的是，“什么的”这个定式语在程度较高的学习者的语料中，并未特意用作表示列举的管界终止标记语，较多的时候是在句子中某个名词短语之后，作为模糊概括之用，但不一定在句尾。例如：

（37）为什么我最喜欢他，是因为看他的书的时候，他所说的情况、人物、感觉、情绪［什么的］，我的人生也有很像的经验，所以我觉得于我心有戚戚焉。

（38）这一路上都没看到一条河或小溪［什么的］。

简言之，“什么的”做定式篇章终止标记的时候，其管界范围仅限于句子。

#### 4.3.2 动词短语

（39）很多年轻人表示，每到觉得郁卒的时候，克服困难就［谈何容易］。

（40）到了Y世代，有了网络，跟其他人保持联系，几乎不必耗费什么金钱或体力，按个钮［就可以了］。

#### 4.3.3 小句

作为终止标记的小句定式序列，或作为对前文讯息的结论，如“那该多好”；或作为讲稿中演讲结束的致意，如“谢谢大家”。

（41）要是有一杯水可以来解解渴［那该多好］。

（42）如果你的朋友患了忧郁症，你只要有耐性，［那就好了］。

（43）因为时间的关系，今天我就说到这里，［谢谢大家］！

从以上实例中的“那该多好”“那就好了”，我们可以看到，虽然其中的主语“那”在经过定式化或语法化之后其意义已然虚化，但因为篇章衔接的关系，“那”的回指照应功能还是很明显。

## 5. 三种语篇功能标记的形态和使用量的分布分析

以上我们从语篇功能的角度将定式篇章标记分为三种标记语。如表1所示，三类标记的形态中以连接标记最多，终止标记出现的频率极低，所占比率约为2%；从使用量来看，以管领标记和连接标记居多，二者所占比率差距不大。由此可推论，导引及扩展为学习者写作时所使用的定式篇章标记语的主要功能之一。

**表 1 学习者写作数据中篇章标记语在语篇功能上之形态与使用量**

| | 总数 | 管领标记 | 连接标记 | 终止标记 |
|---|---|---|---|---|
| Type | 343 | 115 | 220 | 8 |
| Token | 890 | 405 | 463 | 22 |

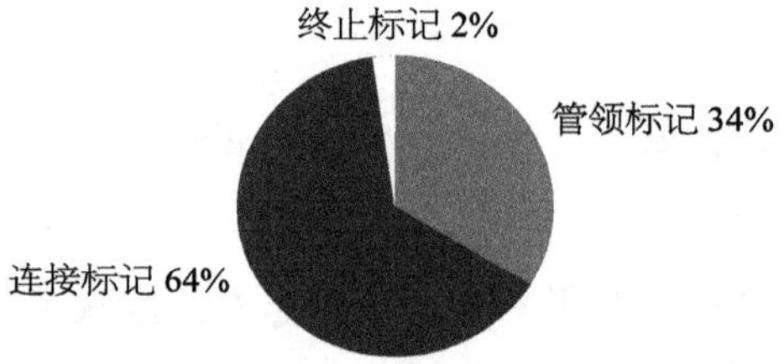


**图 2 学习者写作数据中篇章标记语在语篇功能上之形态分布**

再依学习者学习水平分别来看三种标记使用量（token）的分布：

**表 2 初、中、高级学习者写作数据中管领、连接、终止三种标记的使用量**

| | 管领 | 连接 | 终止 |
|---|---|---|---|
| 高 502 | 172（34.26%） | 318（63.35%） | 12（2.30%） |
| 中 307 | 165（53.75） | 135（43.97%） | 7（2.28%） |
| 初 81 | 68（83.95%） | 10（12.35%） | 3（3.7 %） |

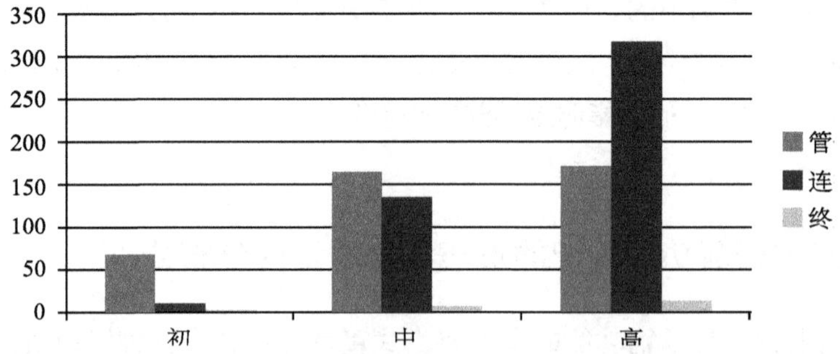


**图 3 初、中、高级学习者管领、连接、终止三种标记的使用量**

从表 2 可看出，语篇标记的使用量（token）随着学习者学习水平的提高而增加，而管领、连接和终止三种标记的使用量，也与学习者的学习水平有关。不论是管领、连接还是终止标记，使用量都是由初级至高级呈现递增的现象。但是，就比率来观察可发现，在初级阶段所使用的定式篇章标记中，管领标记使用比率高约84%。在中级学习者语料中，连接标记的使用量明显高出初级学习者甚多。而在高级学习者语料中，可发现连接标记的使用比率高约63%，远远高于管领标记的34%。可见，管领标记在三个水平组中所占的比率从初级、中级到高级，呈现递减态势；相反地，连接标记在各级中无论是使用量还是使用比率皆呈现递增态势。同时，初级学习者管领标记的使用比率高约84%，明显高于连接标记的12%和终止标记的3%[1]，且在初级学习者所使用的管领标记中，又以时间序列居多。由此可推论，在初级阶段，学习者写作时，仅能使用有限的定式篇章标记语。换言之，初级学习者将短语或小句定式化，或将定式序列用作篇章标记的能力极其有限。初级阶段的写作篇章单位，以单句或较短小的复句为多。学习者写作时在篇章衔接的表现上随着学习水平的提高而提升，篇章长度随学习程度而延展。由此可见，高级学习者在写作时运用较多的连接标记以衔接前文，扩展篇章长度。此外，较高级学习者的写作语料亦可佐证，他们所使用的连接标记之功能形态较之初级学习者更为丰富，也是篇章衔接扩展的重要机制。



## 6. 小结

本文分析学习者写作数据中定式篇章标记在语篇功能面向的使用特性，获致以下结论：

一、学习者写作所使用的定式篇章语在语篇功能面向上依篇章标记语

[1] 关于终止标记数量偏低的原因，本文囿于时间和所搜集的学习者写作资料量的限制，暂时无法提出明确的解释。但根据李明懿（2012）研究显示，语篇终止标记在概念功能面向，主要用以表达归结之意，在人际功能面向，则主要用以表达评价之意。而“归结”和“评价”的功能在本文所搜得之学习者写作使用的定式篇章标记语中所占形态数量和比率亦偏低，各约为6.7%和2.3%。显示学习者写作文本中表达归结和评价的内容较少。此外，本文并未针对母语写作数据进行具体考察，故暂时无从讨论。有关终止标记偏低的原由，以及针对母语和非母语者终止标记使用的比较，均将作为未来研究的目标。

之框围、衔接、扩展特性分管领、连接、终止三种功能标记。从标记语的功能分布可看出，学习者所使用的定式篇章标记语之主要功能在于篇章之管领和连接。

二、定式标记语本身的语法语义特性与其所表现的功能密切相关。从语言形式来看，回指照应、词汇衔接为学习者使用之定式篇章标记语表现篇章衔接的重要特征。也就是说，学习者的连接标记和终止标记多使用上述衔接方式。衔接方式在不同的水平组有不同的表现。大致而言，初级组主要将指称关系和词汇关系作为篇章衔接的方式，但少用替代和省略关系[1]。

三、学习者的定式语习得的发展至少有两个可能的途径：一是从定式语到篇章标记语。学习者将某个无论是否为母语人士认定为定式语的词语组合选用为篇章标记之时，便表示学习者将该词语组合视为定式语；二是直接从篇章标记语出发。学习者在学习输入时注意到某个篇章标记语的语言表现，例如，独立于句前，或中插于小句之间，因而意识到该标记语是一个语言单位而整体储存和提取并应用之。

整体而言，在语篇功能上，学习者于写作时使用的定式篇章标记语中，以连接标记最多，管领标记次之；标记语的形态数量和使用量均随着学习者的学习水平的提高而增加。语篇连接标记的形态数量和使用量因学习者程度的提高和写作篇章的延展而增加；管领标记则反之。



[1] 关于学习者写作时使用定式篇章标记语衔接机制的表现，囿于篇幅限制，将另有文探讨。

# 参考文献



曹逢甫 1976 谢天蔚（译）1995《主题在汉语中的功能研究——迈向语段分析的第一步》，北京：语文出版社。

曹逢甫、王　静（译）2005《汉语的句子与子句结构》，北京：北京语言大学出版社。

陈俊光 2007《对比分析与教学应用》，台北：文鹤出版有限公司。

陈俊光 2010《汉语篇章分析与教学应用》，台北：新学林出版社。

崔希亮 1997《汉语熟语与中国人文世界》，北京：北京语言大学出版社。

靳洪刚 2004a 语言定式教学法在中文习得和中文教学中的作用，《美国中文教师学报》，第 39 卷第 1 期，45-62。

靳洪刚 2004b 中文教师提问能力的培训，《美国中文教师学报》，第 39 卷第 3 期，85-110。

靳洪刚 2005 第二语言习得与语言形式为中心的结构教学探讨，《二十一世纪华语机构营运策略与教学国际研讨会论文集》，台北：台湾师范大学。

李明懿、黄郁纯 2006 语言习得观点之现代汉语定式语研究，发表于第 14 届国际汉语语言学研讨会与第 10 届中国境内语言暨语言学研讨会联合会议，台北：中研院。

李明懿 2012 华语学习者之定式篇章标记语使用研究—基于教学观点之考察，台湾师范大学华语文教学研究所博士论文。

连金发 2009 固定语式探索，《语言与认知》，苏以文、毕永娥（编），229-262，台北：台湾大学出版中心。

刘丽艳 2005 口语交际中的话语标记，浙江大学博士论文。

刘丽艳 2006 跨文化交际中话语标记的习得与误用，《汉语学习》，第 4 期。

刘月华 1998 关于叙述体的篇章教学——怎样教学生把句子连成段落，《世界汉语教学》，第 1 期。

吕叔湘 1979《汉语语法分析问题》，北京：商务印书馆。

吕叔湘 1982《中国文法要略》，北京：商务印书馆。

屈承熹 2006《汉语篇章语法》，北京：北京语言大学出版社。

杨建国 2009《基于动态流通语料库的汉语熟语单位研究》，北京：北京语言大学出版社。

曾金金 2002《高级汉语学习者之中介语分析》"行政院国科委" 专题研究计划成果报告（NSC 90-2411–H-003–038）。

郑锦全 1988 通信本位汉语篇章语法，《世界汉语教学》第 1 期，6-13。

周　荐 1997 论四字语和三字语，《语文研究》，第 4 期。

Bestgen, Y. and W. Vonk. 2000. Temporal Adverbials as Segmentation Markers in Discourse Comprehension. *Journal of Memory and Language* 42: 74-87.

Biber, D. 1999. Investigating Language Use Through Corpus-Based Analysis of Association Patterns. *Usage-Based Models of Language*, ed. by Barlow, M. & S. Kemmer, 287-313. CSLI Publications.

Biber, D. 2006. University Language: *A Corpus-based Study of Spoken and Written Registers*. Amsterdan: John Benjamines.

Chomsky, N. 1972. *Language and Mind*. San Diego: Harcourt, Brace & Jovanovich.

Cowie, A.P. 1988. Stable and Creative Aspecs of Vocabulary Use. *Vocabulary and Language Teaching London*, eds. by R. Carter & M. McCarthy. New York: Longman.

Ellis, R. and G. Barkhuizen. 2005. *Analysing Learner Language*. Oxford University.

Fillmore, Charles J. 1977. The Case for Case Reopened. *Syntax and Semantics 8: Grammar Relations*, ed. by Cole P., 59-81. New York: Academic Press.

Fraser, B. 1990. An Approach to Discourse Markers. *Journal of Pragmatics* 14:383-395

Fraser, B. 1999. What Are Discourse Markers? *Journal of Pragmatics* 31:931-952.

Gaeley, M., Slade B. and Terkourafi M. 2010. A Text in Speech's Clothing: Discovering Specific Functions of Formulaic Expressions in Beowulf and blogs. *Perspectives on Formulaic Language- Acquisition and Communication*, ed. by Wood, D. Continuum Interational Publishing Group.

Givón, T. 1993. *Coherence in Text, Coherence in Mind, Pragmatics & Cognition* 1.2:171-

227.

Georgakopoulou, A. and D. Goutsos. 1998. Conjunctions versus Discourse Markers in Greek: the Interaction of Frequency, Position, and Functions in Context. *Linguistics* 36.5: 887-918.

Hyland, K. 2008. As Can Be Seen: Lexical Bundles and Disciplinary Variation. *English for Specific Purposes* 27:4-21.

Hyltenstam, K. and L. K. Obler. 1989. *Bilingualism across the Lifespan-Aspect of Acquisition, Maturity, and Loss*. Cambridge University Press.

Jaworski, A. 1990. *The Acquisition of the Language Faculty*. Cambridge University Press.

Jespersen O. ( 1924/1976 ) *The Philosophy of Grammar.* New York: Norton.

Krashen, S. and R. Scarcella. 1978. On Routines and Patterns in Language Acquisition and Performance. *Language Learning* 28: 283-300.

Larsen-Freeman, D. and M. Long. 1991. *An Introduction to Second Language Acquisition Research.* London: Longman.

Lebov, W. and D. Fanshe. 1977. *Theorapeutic Discourse*. Orlando: Academic Press.

Levinson, S. C. 1983. *Pragmatics*. Cambridge University Press.

Li, J. and N. Schmitt, 2010. The Development of Collocation Use in Academic Texts by Advanced L2 Learners: A multiple Case Study Approach. *Perspectives on Formulaic Language- Acquisition and Communication*, ed. by Wood, D. Continuum International Publishing Group.

Pawley, Andrew and Frances H. Syder. 1983. Two Puzzles for Linguistic Theory: Nativelike Selection and Nativelike Fluency. *Language and Communication*, eds. by Richards J. C. & Schmidt R.W. Landon and New York: Longman.

Peters, A.M. 1977. *Language Learning Strategies: Does the Whole Equal the Sum of the Pragmatics*. New York: Academic Press.

Schmitt N., Z. Dornyei, S. Adolphs, and V. Durow. 2004. *Knowledge and Acquisition of Formulaic Sequences.* Amsterdam: John Benjamins Publishing Company.

Sinclair, J. M. 1991. *Corpus, Concordance, Collection.* Oxford: Oxford University Press.

Schmitt, N. 2004. *Formulaic Sequence.* Amsterdam: John Benjamins Publishing Company.

Schmitt, N., Grandage, Sarah and Svenja Adolphs. 2004. Are Corpus-Derived Recurrent

Clusters Psycholinguistically Valid? *Formulaic Sequence*, ed. by in Schmitt, N. Amsterdam: John Benjamins Publishing Company.

Tsao, F. 1979. *A Functional Study of Topic in Chinese: The First Step Toward Discouse Analysis*. Taipei: Students Books.

Tsao, F. 1991. The Topical Function of Preverbal Locatives and Temporals in Chinese. *Schrift Festschrift: Essay on Writing and Language in Honor of John DeFrancis in His Eightieth Birthday*, ed. by Mair, Victor H., 125-146. Department of Oriental Studies, University of Pennsylvania.

Van Dijk, T. A. 1977. *Text and Context: Explorations in the Semantics and Pragmatics of Discourse*. London: Linguistics Library.

Weinert, R. 1995. The Role of Formulaic Language in Second Language Acquisition: ac review. *Applied Linguistics* 16.2:180-205.

Wong-Fillmore L. 1976. *The Second Time Around: Cognitive and Social Strategies in Second Language Acquisition*. PH.D. Dissertation, Stanford University.

Wong-Fillmore L. 1979. Individual Differences in Second Language Acquisition. *Individual Differences in Language Abilities and Language Behavior*, eds. by C. J. Fillmore, D. Kempler, and W. S-Y. Wang. New York: Academic Press.

Wray, A. 2002b. *Formulaic Language and the Lexicon*. London： Cambridge University Press.

Wray, A. 2009. *Formulaic Language: Pushing the Boundaries.* Oxford: Oxford University Press.

Yorio, C. A. 1989. Idiomaticity as an Indicator of Language Proficiency. Bilingualism across the Lifespan-Aspect of Acquisition, Maturity, and Loss, eds. by Hyltenstam, K. & L. K. Obler. London： Cambridge University Press.

# The Use of Formulaic Discourse Markers in CSL Learners' Writing from the Aspect of Textual Function

Ming-Yi LI

National Central University



**Abstract**: The purpose of this study is to investigate the forms and semantic functions of formulaic discourse markers in learners' writing from the aspect of textual function. The research finds that the functional type and token of FDMs are used often in higher level learners' writing data. Higher level learners use more connective markers than marshalling markers because of the discourse extension of their writings.

**Keywords**: Chinese as a Second Language (CSL), learner, writing, Formulaic Discourse Marker (FDM), textual function

# 《老乞大》的特殊语言现象

## ——呈现中介语特色的例子[1]

朴庸镇[2] 韩国 全北大学

程珮玲[3] 韩国 济州大学

**摘要** 不同于多数研究者由蒙古语的角度来分析《老乞大》的语言，本文以中介语的角度为基础，透过共时、历时的古籍语料之对照、比较，以及汉语、韩语的对比分析，重新审视《老乞大》文本中是否也存在受韩语影响的例子，在排除蒙古语的因素后，在汉字和句法方面发现了由“语言迁移”而产生的中介语例子。在汉字方面，本文发现《老乞大》作者在文本中以韩国固有汉字取代了形似的中国汉字；在句法方面，本文则发现文中有一结构可能是作者将韩语语序套用至汉语，或者是结合两种汉语语式的结果。

**关键词** 老乞大 中介语 语言迁移 语际迁移 语内迁移

[1] 本文初稿刊登于韩国学术期刊《中国学论丛》第44辑。

[2] 朴庸镇，韩国全北大学中文系，教授，shanejin@jbnu.ac.kr。

[3] 程珮玲，韩国济州大学中文系，讲师，foginrain0118@gmail.com。

## 1. 序言

《老乞大》可谓是在朝鲜半岛使用最久的汉语口语教材，其后陆续出现的翻译本、谚解本、重刊本，更为世人揭示了从元朝末到清朝中叶，将近四百五十年的汉语发展脉络。《老乞大》的原始版本约成书于公元1346年前（梁伍镇，2010：224），即中国元末元顺帝至正6年之前，韩国高丽时代后期忠穆王3年之前。由其成书的时空背景和语言来看，《老乞大》的对话体反映了当时通用的一种夹杂蒙古语和汉语特色的语言，这不仅为后人留下了元代汉儿言语的珍贵记录，也为我们提供了汉语和不同语系接触的例证。

《老乞大》的内容是叙述几位高丽商人前往中国大都做买卖的所见所闻，文中也提及了高丽当时的风土民情，比如下面的内容就提到了有关高丽人吃面、打水以及体现人际关系的语言习惯：

**俺高丽人不惯吃湿面，咱每则吃干物事如何？**

（原本老乞大：17右）

（汉人）：**你高丽田地里无井那，怎么？**

（高丽人）：**俺那里井不似这般井。这井是砖甃的井，至小有二丈深。俺那里井都是石头垒的，最深杀的没一丈，都是七八尺来深有。俺那里男子汉不打水，则是妇人打水，着个铜盔，头上顶水。**

（原本老乞大：10左）

（汉人）：**恁既是姑舅两姨弟兄，怎么沿路秽语不回避？**

（高丽人）：**俺高丽体例，亲弟兄也不隔话，姑舅两姨更那里问。**

（原本老乞大：5右）

透过上述内容可略知当时两地的文化差异，尽管文中有关高丽社会风俗的篇幅不多，但每一提及便有生动详细的描述，因此虽然《老乞大》的原作者目前仍不可考，但学界一般认为作者为韩国人的可能性极大，不过对于文中与汉语通例有所出入的例子，当前学者多由蒙古语的角度切入研究，而缺乏与韩语的对比分析，同时也较少以非母语作者的立场来观察

《老乞大》的语言现象，因此本文拟重新审视《老乞大》文本中是否也存在受韩语影响的例子，并透过共时、历时的古籍语料之对照、比较，对其汉字、语序、结构进行分析。

## 2. 研究方法及文献版本

《原本老乞大》是一本供高丽人学习元代汉语口语的会话教材，而元朝时期的直译体文献，是由蒙语直译为汉语，以蒙古人所说的汉语为基础的白话文体。两者在内容上有许多与汉语通例有所出入的句子，在语言结构上也互有相似之处，因此本文的共时语料拟以元代的直译体白话文献为主，以对照《原本老乞大》的语言现象是否也大量出现在同期的其他文献中，从而厘清该现象究竟是受蒙古语还是其他因素影响。

本文所参照的《老乞大》版本，是以目前所知最早的原始版本《原本老乞大》为主，以后来的翻译、谚解、重刊等版本为辅，这些版本为我们揭示了汉语渐进发展的脉络，让我们得以观察语言现象的历时发展。学者们对诸版本的编纂年代及其表现的语言特性多有精辟深入的考究，以下便根据朱德熙（1958）、梁伍镇（1998）、郑光（2004）、汪维辉（2005）、安炳浩等（2009）的研究成果简介诸版本。

梁伍镇（1998）指出《古本老乞大》文中出现的“丙戌年”，指的极有可能是中国元朝元顺帝至正六年（1346），且《古本老乞大》里使用的元代货币单位“中统钞”一词，到了《翻译老乞大》时则改为明代的货币单位“白银、官银”，因此可大致推定《古本老乞大》的成书时间约在公元1346年前，且其成书后多以手抄本流传民间，直至公元1423~1434年才有《古本老乞大》刊行出版的文献记录。此后文献也记载了中国史臣葛贵约于公元1480~1483年之间，奉命以明代官话校正《古本老乞大》的内容，因此诸多学者认为后来的汉学家崔世珍依据此修订过的中文版本为基础，将其翻译成韩语，并标出语音，进而作成《翻译老乞大》。公元1670年朝鲜司译院的译官们对《翻译老乞大》的标音做了部分修改，于是促成了《老乞大谚解》的问世，不过由于现存版本并无序跋，因此作者为何人也难以考证。公元1761年边宪等人以清代官话作成内容十足口语化的《老乞大新释》。三十多年后李洙、张濂等则用较为保守文雅的语言润饰该版本，《老乞大》的最晚版本《重刊老乞大新释》[1] 于焉问世（朱德熙，1958：72-73；郑光，2004：4-5）。至此，《老乞大》已流传超过四百年，其对朝鲜半岛汉语教育的影响自是不言而喻。有关上述各版本之作者、年代、语言，以简表整理如下：

**表 1 《老乞大》版本信息**

<table>
<tr><th rowspan="2">版本</th><th rowspan="2">作者 / 编者<br>校正者</th><th colspan="3">成书或刊行年代</th><th rowspan="2">语言</th></tr>
<tr><th>公元</th><th>中国朝代</th><th>韩国朝代</th></tr>
<tr><td rowspan="2">原本老乞大（不分卷）</td><td rowspan="2">不详</td><td>成书：<br>1346 前</td><td>元朝末期<br>（元顺帝至正 6 年前）</td><td>高丽时代后期<br>（忠穆王 3 年前）</td><td rowspan="2">汉语：<br>元末北方口语</td></tr>
<tr><td>刊行：<br>1423<br>｜<br>1434</td><td>明朝初期<br>（明成祖永乐 21 年至明宣宗宣德 9 年）</td><td>朝鲜时代前期<br>（世宗 6 年至 17 年）</td></tr>
<tr><td rowspan="2">翻译老乞大（上下卷）</td><td rowspan="2">崔世珍<br>（以 1480~1483 年中国使臣葛贵等人校正的中文内容为底本）</td><td rowspan="2">成书：<br>1507<br>｜<br>1517</td><td rowspan="2">明朝中期<br>（明武宗正德 3 年至 13 年）</td><td rowspan="2">朝鲜时代中期<br>（中宗 2 年至 12 年）</td><td>汉语：<br>明初北方口语</td></tr>
<tr><td>中世纪后期韩语（向近代韩语过渡）[2]</td></tr>
<tr><td rowspan="2">老乞大谚解（上下卷）</td><td rowspan="2">不详</td><td rowspan="2">刊行：<br>1670</td><td rowspan="2">清朝初期<br>（清康熙 10 年）</td><td rowspan="2">朝鲜时代后期<br>（显宗 11 年）</td><td>汉语：<br>明初北方口语</td></tr>
<tr><td>近代韩语</td></tr>
<tr><td>老乞大新释（不分卷）</td><td>边宪等</td><td>1761</td><td>清朝中期<br>（清乾隆 26 年）</td><td>朝鲜时代后期<br>（英祖 37 年）</td><td>汉语：<br>清初北方口语</td></tr>
</table>

[1] 本文提及的《重刊老乞大》即这一版的《重刊老乞大新释》。

[2] 安炳浩等（2009：44-161）指出在韩语发展的过程中，可将壬辰倭乱（公元 1592~1598 年）作为中世纪韩语和近代韩语的分野，中世纪又可分为前期和后期，前期一般指的是高丽时期，后期则是指朝鲜时代初期至壬辰倭乱，在此期间，朝鲜世宗大王也创造出了韩民族的标音文字“训民正音”，进而促使韩国文字史展开全新面貌。而近代韩语指的则是壬辰倭乱结束后到 19 世纪末的 300 年期间。

（续表）

| 版本 | 作者 / 编者校正者 | 成书或刊行年代 | | | 语言 |
|---|---|---|---|---|---|
| | | 公元 | 中国朝代 | 韩国朝代 | |
| 重刊老乞大（上下卷） | 李洙、张濂等 | 1795 | 清朝中期（清乾隆60年） | 朝鲜时代后期（正祖19年） | 汉语：清初北方口语 |

本研究所依据的底本皆为各版本的影印本，因此条列语料出处时，也参照该书原文影印部分的编排顺序。以下简列各版影印本的出版情况：

**表2 《老乞大》各版影印本出版情况**

| 版本 | 影印本出版书名 / 出版日期 / 出版地及出版社 |
|---|---|
| 原本老乞大 | 《原本老乞大》2002年，北京：外语教学与研究出版社 |
| 翻译老乞大 | 《原本影印韩国古典丛书（复元版）：III. 谚解、译语类—翻译老乞大、朴通事》1974年，首尔：大提阁图书 |
| 老乞大谚解 | 《老乞大谚解、朴通事谚解》1978年，台北：联经出版事业公司 |
| 老乞大新释 | 《奎章阁资料丛书：语学篇（二）—老乞大新释、重刊老乞大、重刊老乞大谚解》2003年，首尔：首尔大学校奎章阁 |
| 重刊老乞大 | |

在元代直译体白话文献方面，本文选择了两部文献作为对照材料，分别是《元典章·刑部》以及《至正条格》残本。《大元圣政国朝典章》一般也称作《元典章》，李崇兴（2000：83）指出《元典章》是一部由当时各地方官吏汇抄法令文书的文献，由于文中包含丰富的白话材料，且写作年代确定，因此极受学者重视。《元典章》共分"诏令、圣政、朝纲、台纲、吏部、户部、礼部、兵部、刑部、工部"十个部分，其中又以《刑部》里的白话数据最为集中、丰富，因此利用《元典章》考察元代语言时，可选择《刑部》作为代表。

《至正条格》残本于2002年在韩国庆州由韩国学者发现，《至正条格》是一部汇集元朝中后期法律资料的代表文献，是当时元朝皇帝命朝中大臣根据原有的法律文件、判例对新、旧法进行统整的成果。《至正条格》原有

2909 条，分三部分，分别是《制召》150 条、《条格》1700 条、《断例》1059 条（刘晓，2012：64-78），目前发现的残本仅有《条格》373 条、《断例》1051 条。宫海峰（2013）指出《至正条格》中的文书多为胥吏或中下级官员向上级提交的报告，他们做成的公文往往夹杂民间方言、俚语，在词语方面不仅具有简略的特点，而且使用大量的口语词汇。

本文所参照的元代白话文献为原本的校注本，以下简列原本的成书年代和校注本的出版资料：

**表 3 《元典章》《至正条格》成书年代及校注本出版资料**

| 书名 | 成书年代 | | 校注本出版资料<br>（书名 / 出版年 / 出版地及出版社） |
|---|---|---|---|
| | 公元 | 中国朝代 | |
| 元典章 | 1321 | 元英宗<br>至治元年 | 《元典章》2011 年，北京：中华书局 |
| 至正条格 | 1345 | 元顺帝<br>至正五年 | 《至正条格 - 校注本》2007 年，首尔：humanistbooks |

## 3. 呈现中介语特色的例子

中介语（Interlanguage）指的是外语或第二语言的学习者在学习过程中，产出的一种介于母语和所学习的目标语（Target Language）之间的语言，中介语是一种动态的过渡语言系统，随着学习者语言知识的丰富以及语言能力的提升，中介语会不断地向目标语系统靠近。造成中介语的常见原因之一就是语言迁移（Language Transfer），也就是学习者的母语系统和目标语系统对语言习得造成的影响，其中又以母语的干扰最为突出，许多研究发现学习者的母语对中介语的渗透和影响是显而易见的（赵金铭，2009：202-210）。学习者在学习一种新的语言时，常把母语的语言规则套用在目标语上。有些时候，来自母语的语言习惯有助于更快地掌握新语言，有的时候则可能使学习者产生一些语言偏误，前者可视为学习者母语的正迁移（Positive Transfer），后者则视为学习者母语的负迁移（Negative Transfer）。

目前学者多推测《原本老乞大》可能是一部由韩国作者所做的元代官话教材，因此本文在本节拟以观察中介语的立场，尝试在汉字及句法方面找出并分析受到作者母语干扰的中介语现象。

### 3.1 汉字方面

本文根据金钟埙（1983）所著的《韩国固有汉字研究》考察了《原本老乞大》中汉字使用的情况，发现《原本老乞大》中出现了两个韩国人自创的汉字："侤"以及"獚"。

首先是"侤"字，"侤"的字音为"ko"，韩文写为"고"，是韩国人自造的吏读汉字。吏读是一种借用汉字记录韩语的方法，在吏读文中一般是以"侤音"来标记古代韩语的"다디다（ta-ti-ta）"，意指与人理论，现代韩语常作"따지다（tta-chi-ta）"，因此"侤"字有"供辞、服罪之文、自白书、陈述书"等义（金钟埙，1983：148-149）。然而在《原本老乞大》中"侤"则用来指"刑讯"，原文如下：

（1）官司检了尸，正贼捉不住，干把地主并侧近平人涉疑打侤。

（原本老乞大：8 左）

若进一步对照元代的直译体白话文献，我们也可发现在《元典章·刑部》及《至正条格》里，表示"刑讯"的汉字为"栲、拷"两字，原文如下：

（2）若犹有疑惑不能决者，申行中书省外，巡尉、捕盗官，捉获盗贼，随时发与本县，公座推问是实，解赴本州府，再行鞠勘施行，不得转委吏人及弓手人等栲问。

（元典章·刑部卷二：巡检司狱具不便）

（3）司狱司官常切照略，厘勒狱卒、当监人等，依理监禁，毋令非理栲掠，亦不得别致踈虞、违错。

（至正条格·条格卷第三十四：男女罪囚异处）

（4）若或事情疑似，赃仗已明，而隐讳不招，须与连职官员立案同署，依法拷问。

（元典章·刑部卷二：鞫囚以理推寻）

（5）至大二年九月，刑部呈："光禄寺酒匠玄药师奴，将领凶徒参拾余人，各执棍棒，将无辜平民李亦怜真等挟仇绑缚，游街打拷入城。

（至正条格·断例卷第一：门尉不严）

同时我们还发现《原本老乞大》中的“侤”在后来刊行的版本中，皆改为了“拷”字，见以下例句：

（6）官司检了尸，正贼捉不住，干把地主并左近平人涉疑打拷。

（翻译老乞大·上：28左；老乞大谚解·上：25左）

（7）官府去捡了尸埋了，正贼捉不住，单把地主并左近人拷打。

（老乞大新释：9右）

（8）官府捡了尸埋了，正贼捉不住，单地主并左近人拷打。

（老乞大重刊·上：25左）



本文在奎章阁韩国学研究院所建置的韩国文献在线数据库[1]中，搜寻到971笔出现“侤”字的语料，其中近九成的用例为“侤音”，但也有3笔“侤訊”或“侤讯”的用法，这3笔语料皆出自朝鲜史书《日省录》[2]。除此之外，本文也发现223笔“栲”的语料，以及304笔出现“拷”字的例子，两者的用例也多表示“刑讯”，前者如“栲训、栲问、栲掠”，后者如“拷训、拷打、拷掠”。根据语料搜寻的结果，在以汉字书写的韩国文献中，“侤”的使用频率远高于“栲、拷”两字，尽管“侤”字也出现了极少数类似《原本老乞大》用以表“刑讯”的例子，但大致上还是承袭吏读文以来的用法，而“栲、拷”的用例则几乎与中国文献里的用法一致。因此本文推测《原本老乞大》的作者可能在书写时，以使用频率较高的吏读汉字“侤”取代了字形相近的中国字“栲、拷”，后人在修订时又将之改正。

其次是“猠”字，“猠”的字音为“cen”，韩文写为“전”，意指“羊”。在朝鲜时代的法律文献《经国大典》中也有“猠皮匠”一词，金钟埙（1983）指出“猠皮”应是“羊皮”(金钟埙，1983：185)。韩国文献在线数

[1] 奎章阁韩国学研究院（KIKS）所建置的数据库收录了朝鲜时代末期至近代的韩国文书数据，包括奏章、地志、宫廷日志等历史文献。虽然该数据库文献的成书时间皆晚于《原本老乞大》，但本文认为其中的语料仍具有参考价值，有助于了解韩国人使用汉文的概括情况。

[2] 《日省录（일성록）》是一部以统治者立场记录朝鲜时期历代君王每日言行和日常政务的日志，记载了1760年（英祖36年）到1910年（隆熙4年）间长达150年的历史。

据库中也有9笔关于“羖”字的语料，用例全为“羖皮”，且全部出自记载宫廷事务的《朝鲜王室仪轨》。

“羖”字在《老乞大》中出现的例句如下：

（9）穿靴呵，春间穿云南羖皮靴，上头更缝上花样，夏间穿紫斜皮四垂头刻子靴夹金线黑斜皮靴 。

（原本老乞大：34右）

由上面的例句来看，“羖皮靴”应该就是指“羊皮靴”，不过本文在考察共时语料时，并未在元代的直译体文献中找到任何字形相同或相似的汉字。但有趣的是“羖”字并不像“侤”字一样，后来被改为中国人使用的汉字，而是继续保留在刊行时间晚于《原本老乞大》的各版本中，例句如下：

（10）穿靴时，春间穿皂麂皮靴，上头缝着倒提云，夏间穿羖皮靴。

（翻译老乞大·下：52左；老乞大谚解·下：47左）

（11）若穿的靴，春间穿皂麂皮靴，上头缝着倒提云，夏间穿羖皮靴。

（老乞大新释：39左）

（12）穿的靴，春间穿皂麂皮靴，上头缝着倒提云，夏间穿羖皮靴。

（老乞大重刊·下：49右）

综上所述，本文认为《原本老乞大》中“侤、羖”两字的用法应是源于韩语，若《原本老乞大》的作者确为高丽时代人士，那么文本中出现的“打侤、羖皮”无疑是作者将母语习惯套用至目标语，因学习者母语负迁移而导致的中介语例子。

## 3.2 句法方面

### 3.2.1 《原本老乞大》的句法特征

从语言类型学的角度来看，我们知道属孤立语（Isolating Language）的汉语，其宾语一般位于动词后，是SVO语言。大致上来说，这种类型的语言大多有介词，通常也可称前置词（preposition），而少有后置词

(postposition)。相反地，属阿尔泰语系的蒙古语，其宾语则多位于动词前，是SOV语言，在语言系统中缺乏前置词，不过却有丰富的后置词。介词(前置词)和后置词在句子里的位置虽然不同，但功能相似，前者位于名词前，后者位于名词后，两者都可表示该名词在句中扮演的语义角色，例如动作的对象、目的、起点、终点，等等。

元朝时蒙古族进入中原成为统治者，在当时的背景下，语言、文字系统各不相同的蒙、汉两族势必需要藉由一个共通语言来进行交流，语言接触(language contact)自然也就不可避免。从现存的元代白话文献中，我们不难发现许多混合蒙语和汉语特色的“蒙式汉语”，蒙式汉语显然是一种语言接触下产生的“言语变体(speech variety)”。祖生利(2007)认为蒙式汉语是一种以汉语为上层语言(superstrate language)，以蒙古语为底层语言(substrate language)的皮钦汉语(Mongolian Pidgin Chinese)。《老乞大》从十四世纪开始便是朝鲜半岛最具代表性的汉语口语教材，元朝末期成书的《原本老乞大》更是为后人呈现了蒙式汉语的语言面貌，许多学者分析、比对了《原本老乞大》和元代直译体白话文的相似之处，并指出蒙式汉语的特点就是在语言结构上表现出蒙古语的句法特征。祖生利(2007：5-6)提到蒙式汉语在语法上是蒙、汉两种语言的折中，在语序及语言规则方面也呈现出不稳定性，并且同时存在着套用蒙古语句法、汉语句法以及混合蒙、汉句法的例子。他曾分别举出三个句子来说明蒙式汉语在语法系统上的不稳定性，例句如下：

(13)他根底八十七打了。　　　(元典章·刑部卷四：倚势抹死县尹)

(14)将他孩儿打了。　　　(元典章·刑部卷十一：父首子为盗，免罪)

(15)却将他胡家的亲子胡总管根底杀了有。

(元典章·刑部卷三：胡参政杀弟)

祖生利(2007)认为例(13)到(15)分别反映了蒙古语、汉语和蒙、汉相混的三种语序。首先是例(13)，该句套用的是蒙古语序，且方位词“根底”充当宾格标记，换句话说“他根底打”也就是“打他”；相反地，例(14)反映的则是典型的汉语处置式，介词“将”可视为前置宾语的形式标记；例(15)融合了前两者，是蒙汉混合格式，宾语前后同时使用了“将”

和“根底”两个宾格标记。三种语序如下所示：

蒙古语序：
主语（S）＋宾语（O）＋后置词（Postp.）＋动词（V）

汉语语序：
主语（S）＋介词（Prep.）＋宾语（O）＋动词（V）

蒙、汉相混之语序：
主语（S）＋介词（Prep.）＋宾语（O）＋后置词（Postp.）＋动词（V）

祖生利（2007）提出的观点能帮助我们更清楚地再次检视《原本老乞大》中的语言特色，在《原本老乞大》里我们也发现了相似的情况，请看以下例句：

（16）a. 汉儿田地里来，都是汉儿言语。（原本老乞大：2右）
b. 汉儿地面来，都是汉儿言语。（翻译老乞大·上：5左）
c. 汉儿地面来，都是汉儿言语。（老乞大谚解·上：5右）
d. 到了中国地方，都是官话。（老乞大新释：2右）
e. 到了中国地方，都是官话。（重刊老乞大·上：4左）

（17）a. 俺往大都去。（原本老乞大：1右）
b. 我往北京去。（翻译老乞大·上：1右）
c. 我往北京去。（老乞大谚解·上：1右）
d. 我往北京去。（老乞大新释：1右）
e. 我往北京去。（重刊老乞大·上：1右）

（18）a. 投俺下的房子里去来。（原本老乞大：20左-21右）
b. 我下处去。（翻译老乞大·下：3右）
c. 我下处去。（老乞大谚解·下：3右）
d. 我到下处去。（老乞大新释：23左）
e. 我到下处去。（重刊老乞大·下：3右）

李泰洙（2003）曾指出汉语自古以来沿袭VO式语序，可是在《原本老乞大》里有许多前置宾语的例子是以处所状语的面貌呈现的[1]，这类句子主要出现在谓语为趋向动词“来”“去”的情况下，处所位于趋向动词前，表示动作的目的地，且处所词后面也常见一些方位词，如“里、上、后头”以用来表示动作的终点。（李泰洙，2003：49-56，81-87）例（16a）就是一个套用蒙语语序“处所词+后置词+动词”的例子，后置词“里”表示“汉儿田地”是动作终点。根据朴庸镇（2012）的研究，在《原本老乞大》中终点处所词与表“往”义的动词“去”搭配时，其位置几乎都是置于“去”之前。朴庸镇（2012）将其考察结果与王锦慧（2002）的研究对照比较后，发现《原本老乞大》中“终点+去”的结构并不符合当时的汉语通例。一般而言，晚唐五代以后“去（‘往’义）+终点”大量出现，且呈现白话语体色彩，因此朴庸镇（2012）认为造成《原本老乞大》中“终点+去”高频出现的原因应与汉语的历时演变无关，而是与其他外来语言的因素有关。（朴庸镇,2012：117-118）梁银峰（2007）也指出“去+处所词”是上古汉语常见的句法形式，在语序类型上可表示为“VO”，相对地，“处所词+去”是中古汉语产生的句法形式，语序类型上可表示为“OV”，梁银峰（2007）根据其语料考察的结果提出了“去”在汉语中的演变路线：“去+处所词（VO）”→“方位词+去”→“处所词+去（OV）”，他认为造成如此演变路线的原因，除了需考虑汉语内部因素之外，也要考虑北方阿尔泰语系对汉语的影响，因为“处所词+去”的形式出现于中国北方被大量阿尔泰语族占据的历史时期。（梁银峰，2007：48-51）

例（17a）则是符合汉语语序“介词+处所词+动词”的例子，介词“往”引介终点“大都”；而例（18a）也是混合前两者的句子，介词“投”和后置词“里”并存共现，因而产生了“介词+处所词+后置词+动词”的结构。不过由于（16a）和（18a）与汉语语法不同，因此在后来的明代、清代版本中出现了变化。首先，（16b）和（16c）先删去了原版本中的后置



[1] 处所词是否可充当宾语，是一个仍有争议的问题，李泰洙（2003：85）在文中提到：原本是目的地的处所宾语位于不及物动词“来、去”之前，相当于表示动作终点的处所状语。由于所谓的不及物动词本就不带宾语，因此此说法仍有讨论空间，不过本文的讨论重点在于对照、比较汉语“介词+处所词”和蒙语“处所词+后置词”的结构和语序，而不是处所词可否做宾语或状语，所以文中仅引用并保留原文说法。

词“里”，而后（16d）和（16e）则在处所词前加上动词“到”以取代原先位于处所词后的动词“来”。其次是例（18），（18b）和（18c）同时略去了介词“投”和后置词“里”，但到了（18d）和（18e）则在处所词前补上了介词“到”。相较之下，合于汉语语言规则的例（17），其结构的发展相对较为稳定，而例（16）和（18）则呈现出不稳定的蒙式汉语往规范汉语发展的趋势。

3.2.2 《原本老乞大》里“到”的用法

本文根据祖生利（2007）提出的三种蒙式汉语语序考察《原本老乞大》的语言结构，然后在一段文本的对话里，发现了“我送到你外头去”这样有趣的句子，显而易见，该句的宾语“你”、方位词“外头”以及介词“到”的语序与一般汉语通例不同，且该句在后来的版本中皆改为合乎汉语语法的句子“我送你到外头去”，例句如下：

（19）a. 甲：我送到你外头去。

乙：索甚么你送？你这房里无人，不索去。

（原本老乞大：22 右）

b. 甲：我送你到外头去。

乙：不要你送，你这房里没人，不要去。

（翻译老乞大·下：7 右 、老乞大谚解·下：6 左）

c. 甲：我送你到外头去。

乙：不须你送了，你这炕里没人，不要出去罢。

（老乞大新释：25 右、重刊老乞大·下：6 左）

如前文所述，不稳定的语言结构会逐渐朝规范汉语发展，那么造成（19a）的可能因素自然是来自阿尔泰语系的影响，不过本文在《元典章·刑部》和《至正条格》这两部元代直译体白话文献里，却找不到句法结构类似“我送到你外头去”的例子。李崇兴（2003）分析了《元典章·刑部》中的动补结构，“到”在趋向补语一类中，是充任补语频率最高的趋向动词，不过在《刑部》中，“到”做补语表示趋向意义的例子不多，“V 到＋处所词”的结构仅 9 例，如例（20）。还有一例是“V 到＋一般名词”以表示达到某种程度，如例（21）。其余的例子都是表示动作达到目的或有了结果，结构上多为“V到＋受事宾语”，如例（22）。（李崇兴，2003：216-217）

（20）如各官赴任，委无人力，许令带行，送到任所，立限发遣回还。

（元典章•刑部卷十：带行人过钱断罪发还元籍）

（21）因着胡家的气力里，做到参政的名份有。

（元典章•刑部卷三：胡参政杀弟）

（22）责到刘志朴状昭。（元典章•刑部卷四：年老打死人赎罪）



本文考察《至正条格》中“到”的用法时，发现“到”除了动词的用法以外，也不出上述三种用法，不过本文拟分析的《原本老乞大》例句，句中的“到”具有趋向意义，且其后有动作终点，因此本文仅着重讨论该用法，若分析时需对照其他用法，则再与之比较。

根据李崇兴（2003）的研究以及本文考察《至正条格》语料的结果，带趋向义的“到”，其用法和结构可大致归纳如下表：

**表4　带趋向义的“到”的用法和结构**

| 句法角色 | 结构 | 例句 |
|---|---|---|
| 谓语 | 到＋终点 | （23）巡按到浦城县。<br>（元典章·刑部卷四：溺子依故杀子孙论罪）<br>（24）如到彼国，博易物货。<br>（至正条格·断例卷第十二：市舶） |
| 趋向补语 | V到＋终点 | （25）陈胜去到袁层二家房内。<br>（元典章·刑部卷四：用铁棍于被上打死）<br>（26）被干讨虏军人虏到陕州，卖与人家做奴婢来。<br>（至正条格·断例卷第一：阑入宫殿） |

由上表看来，《元典章•刑部》和《至正条格》中表示趋向义的“到”，在结构上极为单纯，一般而言，“到”的后面都紧接着终点处所词，但句法角色则有两种：谓语或趋向补语。李崇兴（2003）指出《元典章•刑部》中“动词＋趋向补语”的结构一般可以带两种宾语：受事宾语和处所宾语，但在文献语料中并未发现动词后同时带有两种宾语的例子，只发现一例用“将”字把受事宾语提到动词前的例子，例句如下：

（27）将本人拖入巷内偏处。　（元典章·刑部卷十二：巡军夺钞刺断）

不过曾海清（2009）在调查元代“到”字的用法时，以关汉卿所写的杂剧代表作《窦娥冤》为语料，发现了八个使用“动词＋受事宾语＋到＋终点”结构的句子。本文在曾海清（2009）的研究基础上，也进一步考察了《窦娥冤》中同时出现受事宾语和处所词的例子，如例（28）到（31）：

（28）谁想他赚我到无人去处，要勒死我，赖这银子。

（29）他说今日好日辰，亲送女儿到我家来。

（30）你爷儿两个随我到家中去来。

（31）只得将他父子两个领到家中。

例（28）的结构为“动词＋受事宾语＋‘到’＋终点”，例（29）和（30）在终点后多了移位动词，其结构为“动词＋受事宾语＋‘到’＋终点＋‘来/去来’”，例（31）则与例（27）相同，都是用“将”字把受事宾语提到动词前的例子。显然《原本老乞大》的例句（19a）“我送到你外头去”，其结构不仅异于李崇兴（2003）的研究结果，句中受事宾语和处所词的顺序也与《窦娥冤》的例句不同，（19a）是一个结构为“动词＋‘到’＋受事宾语＋终点＋‘去’”的特例。

《原本老乞大》中的“到”共有93例，几乎都具有趋向义，如不计入（19a），那么后接处所词的“到”则有52例，当中以担任谓语的情况最多，共44例。剩余的8个例子，其中5例的结构是“V到＋终点”，如例（32），另外3个例子则是“‘到’＋终点＋V”，如例（33）到（35）：

（32）收买些绵绢，将到王京卖了。　（原本老乞大：4右）

（33）到大都去也。　（原本老乞大：17右）

（34）俺两个到城里去便来。　（原本老乞大：20右）

（35）俺且到下处去。　（原本老乞大：21左）

从例句（23）到（35）的结构来看，谓语用法的“到”，在句中做主要动词，表示施事主语位移或抵达终点，结构和语义较单纯。而趋向补语用法的结构则为“V到＋终点”，不过这里的“到”和“‘到’＋终点＋V”的“到”又有何不同？陈昌来（2002）认为介词的语义功能主要是标记，标示出其后成分的语义性质，以及该成分跟动词的语义关系，其中处所介词就是标记出事物存在的处所，以及事物位移运动中的起点、经过点、终点、方向。（陈昌来，2002：169-170，178-181）刘丹青（2003）指出汉语的语序从先秦以后到现代，基本上没有出现重大变化，唯一的重要例外就是介词由动词后往动词前发展。李蓉（2012）指出“介词由动词后往动词前”的看法基本上承袭了《马氏文通》的观点，这类词有“在、到、于”等字，它们继承了古代汉语语法的规则，位于动词后时可分析为“介词结构做补语”，例如：“置（个人名位）于度外”，不过李蓉（2012）也认为这样的看法是受古代汉语语法的影响，而未能考虑现代汉语发展的事实。由于本文研究的是元代的语言材料，因此拟把“V到＋终点”和“‘到’＋终点＋V”这两种结构的“到”视为介词。

综上所述，本文认为元朝时后接终点处所的“到”有以下几种结构：

**表5　元朝后接终点处所的“到”的结构形式**

| 词性 | 结构 |
|---|---|
| 动词 | ①“到”＋终点 |
| 介词 | ②V到＋终点 |
| | ③“到”＋终点＋V |
| | ④V＋受事宾语＋“到”＋终点 |
| | ⑤V＋受事宾语＋“到”＋终点＋V |

根据上表，《原本老乞大》只使用了上述五种结构的前三种，例句（19a）“我送到你外头去”也无法对应结构④、⑤，不过当中受事宾语“你”的位置为何会出现在“到”的后面，导致成为“动词＋‘到’＋受事宾语＋终点＋‘去’”的例外？本文认为这并非偶然，因此下一小节本文拟藉由《翻译老乞大》《老乞大谚解》的韩语翻译来对应《原本老乞大》的“到”字用法，并进行汉韩对比分析，以期找出例句（19a）的成因。

### 3.2.3 “到”的汉韩对比分析

依前述内容，我们已了解《原本老乞大》里并存着三种蒙式汉语语序，韩语和蒙语一样都属阿尔泰语系，语序也是 SOV 式，因此我们很好奇《原本老乞大》的语言是否也可能呈现出韩语的句法特征，加上《元典章 • 刑部》《至正条格》和《窦娥冤》里并未出现与例句（19a）结构一致的句子，因此更引起我们由韩语角度分析该句的高度兴趣。例句（19a）在翻译本和谚解本中的韩语翻译如下：

（36）a. 我送到你外头去。　　　　（原本老乞大：22 右）

b. 我送你到外头去。

내 너 보내라 밧 싀 가마[1]

我 你 送 为了 外头 终点标记 去 语末语尾[2]

（翻译老乞大·下：7 右、老乞大谚解·下：6 左）

（36b）韩语翻译的“싀”是后置词，亦是终点标记，在这里似乎对应汉语的介词“到”，不过为了进一步确认介词“到”的韩语对译情况，我们也考察了例句（32）到（35）的韩语翻译，情况如下：

（37）a. 将到王京卖了。　　　　（原本老乞大：4 右）

b. 将到王京卖了。

王京 의 가져 가 ᄑᆞ 라

王京 终点标记 拿 去 卖 语末语尾

（翻译老乞大·上：13 右、老乞大谚解·上：12 右）

（38）a. 到大都去也。　　　　（原本老乞大：17 右）

b. 到了京城。

[1] 例（36）到（42）以及例（45）的韩语对译部分，皆为《翻译老乞大》和《老乞大谚解》里所记载之朝鲜时代的韩语，且部分古字已不复见于现代韩语中，如：싀、ᄑᆞ、ᄒᆡ、ᄂᆞᆫ。

[2] 韩语中的语末语尾（sentence endings），顾名思义，一般位于句末，具有表示句子结束以及说话者语气的功能，比如说：建议的语气、对晚辈或下属的命令语气，或者对长辈的礼貌语气等。

잣 안 해　　　드러 가 져

城 里 终点标记 进　　去 语末语尾

（翻译老乞大·上：59 左）

c. 到了京城。

京城 의　　　　가 져

京城 终点标记　去 语末语尾

（老乞大谚解·上：53 左）

（39）a. 俺两个到城里去便来。　　（原本老乞大：20 右）

b. 我两个到城里去便来。

우리 둘흔 자 새　　　　　　가 즉재 오 리라

我们 两个 城 里+终点标记[1]　去 马上 来 语末语尾

（翻译老乞大·上：71 右）

c. 我两个到城里去便来。

우리 둘히 자 안 히　　　　가셔 즉제 오 마

我们 两个 城 里 终点标记　去　便　来 语末语尾

（老乞大谚解·上：64 右）

（40）a. 俺且到下处去。　　（原本老乞大：21 左）

b. 我且到下处去。

내 안직 하츄 에　　　　가 노라

我 且　下处 终点标记 去　语末语尾

（翻译老乞大·下：6 左）

c. 我且到下处去。

내 아직 햐쳐 의　　　　가 노라

我 且　下处 终点标记 去 语末语尾

（老乞大谚解·下：6 右）

例（37）到（40）中，仅例（38）的结构有较大的变化，（38b）的“到”已非原先（38a）的介词用法，而是动词用法，因此（38b）的韩语

[1] “새（say）”是相当于汉语方位词“里”的“안（an）”以及终点标记“해（hay）”的结合形式。

翻译无法与（38a）对应。不过其他例句的结构仍然一致，只出现名词用语上的改变，如例句（39）和（40）的第一人称主语，就由“俺”更替成了“我”。

剔除例句（38）以后，我们发现汉语介词“到”基本上对应韩语的终点标记“싀、의、해、희”，这些终点标记的形式虽然不同，但语音相近，造成形式变化的原因与韩语的发音规则有关，使用哪一个标记取决于终点处所词最后一个音节的组合情况。

若我们对照语序，并站在汉语学习者的立场来看，母语为韩语的学习者在学习介词“到”时，必须提醒自己改变母语的语序，把终点标记的位置提至处所词前面，也就是把韩语的“终点＋终点标记＋ V”代换成汉语的“到＋终点＋ V”。但如果学到了像例（37）的结构，学习者在语序上又如何从韩语代换至汉语？首先，我们必须比较例（37）和例（39）、（40）的结构。本文认为例（37）可分析为“将到王京（VP1）＋卖了（VP2）”的连动句，“到”在连动句的第一动词组中做趋向补语，而例（39）、（40）的“到”在句中则做状语。根据本文语料考察的结果，《原本老乞大》里不同的动词类型与“到”搭配后，在结构上可归纳为如后的两种：“‘到’＋终点＋ V”的动词都是移位动词“去”，而“V ＋‘到’＋终点”的动词则都是非移位动词。不过《元典章・刑部》《至正条格》及《窦娥冤》里的情况并非如此，《元典章・刑部》和《至正条格》都没有“‘到’＋终点＋移位动词”的例子，但各有一例“移位动词＋‘到’＋终点”的句子，如“去到袁层二家房内 / 来到南阳府”；《窦娥冤》则有一个“‘到’＋终点＋移位动词”的例子，原文为“老汉自到蔡婆婆家来”，以及三个“移位动词＋‘到’＋终点”的例子，原文为“早来到他家门首 / 来到此处 / 今日来到这淮南地面”。

我们推测《原本老乞大》的介词“到”在结构上，呈现出“‘到’＋终点＋移位动词”以及“非移位动词＋‘到’＋终点”的分工现象，可能与非汉语母语的作者将目标语中较复杂的语法系统逻辑化、规则化有关。在语言学习者学习新的目标语时，语言迁移（Language Transfer）往往是造成中介语的重要因素，而语言迁移现象又可分为“语际迁移（Interlingual Transfer）”和“语内迁移（Intralingual Transfer）”，前者大多是指学习者的母语干扰目标语的学习，后者则通常是指目标语言系统内的负面迁移，换句话说，学习者学了新的语言知识以后，把目标语的规则过度类化（overgeneralization），即经由不正确的归纳和推论产生中介语，不过中介语不全然是错误的，亦有正确的部分（Selinker, L. , 1972：217-218；H. Douglas Brown, 2000：224-225；刘珣，2000：169-170；赵金铭，2009：204-209）。由《元典章·刑部》《至正条格》及《窦娥冤》的考察结果看来，元朝时的介词“到”不但可接在“非移位动词”后面，也可以接在“移位动词”之后，结构上并不像《原本老乞大》那般规则化，虽然《原本老乞大》这种结构上的分工现象并未造成目标语的偏误，但在某种程度上仍是体现了“过度类化（overgeneralization）”的中介语现象。

接着再对应《原本老乞大》里“‘到’＋终点＋移位动词”和“非移位动词＋‘到’＋终点”的韩语对译情况，由例（39）、（40）和例（37）来看，两者翻译成韩语后，前者的介词“到”对译为韩语的终点标记，而后者除了将“到”译为后置词以外，还多加了一个汉语原文中没有的移位动词“가”，“가”相当于汉语的“去”，类似的例子还有例（41），如下：

（41）a. 咱这马每路上来，每日供路子生受，喂不到，都没甚膘息，便将到市上，市上人也出不上价钱。

（原本老乞大：20右）

b. 便将到市上

즉재 가져 져 제 가 면

便 拿 市 终点标记 去 的话

（翻译老乞大·上：70右）

c. 便将到市上

즉제 가져 져 제 가 면

便 拿 市 终点标记 去 的話

（老乞大谚解·上：63右）

由此看来，不管在汉语里带终点的介词“到”是否跟移位动词搭配，翻译为韩语时，韩文中都必然出现移位动词。朴庸镇（2012）也分析了

《翻译老乞大》《老乞大谚解》和《重刊老乞大谚解》[1] 中“终点＋‘去’”的韩语对译情况，他举（42）为例，并指出不论汉语结构中是否带有介词，韩语翻译里都有后置词，即终点标记，例子如下：

（42）a. 这饭店里去来　　　　　　　　　　　　（原本老乞大：17 左）

b. 饭店里去来

음식 ᄑᆞ ᄂᆞᆫ　　　　　　　　뎜 에　　　가 져

饮食 卖 的（V 定语标记）[2] 店 终点标记 去 语末语尾

（翻译老乞大·上：61 右）

c. 饭店里去来

음식 ᄑᆞ ᄂᆞᆫ　　　　　　　뎜 에　　　　가 쟈

饮食 卖 的（V 定语标记）店 终点标记　去　语末语尾

（老乞大谚解·上：55 右）

d. 到饭店里去

밥店 [3]　에　　　가 쟈

饭店　终点标记　去 语末语尾

（重刊老乞大谚解·上：55 左）

通过例（41）、（42）可知在韩语中“终点＋终点标记”和“移位动词”有搭配的强制性。若进一步比较（37b）和（41b）的韩语翻译，则会发现句中的非移位动词“拿”可出现在终点前面或后面。在现代韩语中，如果句中出现多个动词，可在动词后添加连接性成分（clausal connectives），来显示该动词与其他动词的语义关系，比如说“서（se）”就是一个用来表示动作发生顺序的连接性成分，句子结构通常为“VP1 ＋서＋ VP2”，表示“先发生 VP1，而后发生 VP2”，例句如下：

---

[1] 《重刊老乞大谚解》与《重刊老乞大》同样都刊行于 1795 年，两者的差别在于前者比后者多了韩语的批注。

[2] “V 定语标记”是一种附加在动词词干后的成分，从句法功能上来说，它可使动词成为修饰其后名词的定语。

[3] 《重刊老乞大谚解》在该句的韩语对译中使用了汉字“店”。

（43）a. 拿到市场卖了

시장 에　　가져 가 서　　팔 자[1]

市场 终点标记 拿　去 连接语尾 卖 语末语尾

b. 拿到市场卖了

가지 고　　시장　에　　가 팔 자

拿　连接语尾　市场　终点标记　去 卖 语末语尾

例（43）其实就是例（37）的现代汉语和韩语形式，在例（43）中我们可藉由“아서（ase）/ 고（ko）”得知动词之间的时间顺序，因此动词“拿”的位置较灵活，可在终点前或后。不过在例（37）和（41）的韩语例句中，尽管非移位动词的后面缺乏连接性成分，但是其在句中的位置仍很自由，本文认为这可能是由于“终点＋终点标记”与移位动词在韩语中有搭配的强制性，而其他动词没有此种限制，因而使得其他动词在句子中的位置比移位动词灵活，但这也并不表示非移位动词在句子中的位置就是任意的，从例（37）、（39）、（41）的韩语翻译来看，多个谓词性成分的排列顺序，似乎不违背动作发生前后的逻辑关系。综合上述内容以及语料对比的结果，《原本老乞大》里介词“到”的韩语对译结构大致如下：

**表 6 《原本老乞大》中介词“到”的韩语对译结构**

| 语言 | 结构 | |
|---|---|---|
| 汉语 | A1.“到”+ 终点 + 移位动词 | B1. 非移位动词＋“到”＋终点 |
| 韩语 | A2. 终点 + 终点标记 + 移位动词 | B2. 终点＋终点标记＋非移位动词＋移位动词 |
| | | B3. 非移位动词＋终点＋终点标记＋移位动词 |

依据上表，本文认为母语为韩语的学习者在练习如同例（37）或（41）的（B1）结构时，若试图从韩语语序代换至汉语，则势必要改变自己原先的语言习惯，先省略母语中的移位动词，然后使终点标记位于终点处所前，

[1] 意为“去”的韩语动词“가（ka）”加上连接语尾“아서（a-se）”应构成“가아서（ka-a-se）”，但由于“가（ka）”的母音和连接语尾第一个音节的母音都同为“ㅏ（a）”，为便于发音，所以连接语尾的第一个音节“ㅏ（a）”产生脱落现象，在书写形式上也因而省略，最后成为“가서（ka-se）”。

以及非移位动词后。

不过例句（19a）的“我送到你外头去”又是如何产生的呢？如果我们先把句中动词“送”的受事宾语“你”拿掉，使其成为“我送到外头去”，那么“送到外头去”的结构可分析为“非移位动词＋‘到’＋终点＋移位动词”。张赪（2002）的研究指出，处所介词词组的位置与它所表示的语义有关，元明时期引进起点的位于动词前，引进终点的位于动词后，引进方向的介词可前可后，不过动词带补语时，介词绝大多数位于动词前，但张赪（2002）也发现了五个例外，其中有两个是带趋向补语的例子[1]，例句如下（张赪，2002：232-241）：

（44）走从这里来。（周史平话）

（45）遂往躲于卯温都儿坐阳处去。（元朝秘史）

根据张赪（2002）和本文语料考察的结果，“非移位动词＋‘到’＋终点＋移位动词”并不符合当时的语法通则，而且张赪（2002）发现的例外也没有使用介词“到”的例子，因此本文认为可将“我送到外头去”视为中介语，并且由语言迁移的角度，寻找构成该结构的原因。从语内迁移的角度看，“非移位动词＋‘到’＋终点＋移位动词”很像是（A1）和（B1）两种汉语语式的结合式，但若从语际迁移的角度出发，并与结构（B3）对照的话，也会发现该结构与（B3）前移终点标记后产生的结构一致，而这个情况正好呼应了汉韩两种语言在语序上对比分析的结果。据此，本文认为“我送到外头去”这一结构可能为一个语言迁移的中介语例子，而语言迁移的源头可能来自于学习者对目标语规则的不当归纳，于是创造出了（A1）和（B1）的结合式，又或者此结构来自于学习者母语系统的干扰，也就是把韩语结构（B3）套用至汉语结构（B1），并把终点标记提前，因而产生了以韩语语序为底层结构的中介语。

不过“我送到你外头去”的受事宾语“你”又是如何产生的呢？张赪（2002）认为如果动词后带有受事宾语，处所介词一般位于动词前，但是在元明时期常见的形式是用处置式，以“将、把”将宾语前置，而这一点与



[1] 张赪（2002）认为例句（43）和（44）的“来、去”是趋向补语。

《元典章·刑部》《至正条格》的语料情况一致。李崇兴（2003）提出的三种“V到”结构中，只有在“表示达到动作目的或结果”的用法中，受事宾语才出现在“V到”的后面，可是这种用法《原本老乞大》里也只有一例，例句如下：

（46）a. 自己元买到赤色骟马 （原本老乞大：24左）

b. 自己元买到赤色骟马

내 본ᄃᆡ 사 온 졀다악대ᄆᆞᆯ

自己 原本 买 的（V定语标记）赤色骟马

（翻译老乞大·下：16左、老乞大谚解·下：14左）

王锦慧（2013）认为类似例（46）的“到”强调的是整个动作事件的结果，强调动作状态的完成或实现，可视为“动相补语”，其后出现的成分是受事宾语（王锦慧，2013：232-233）。李崇兴（2003）也说此种“V到”的用法大致有两项：其一是带受事宾语，其二是做定语。对应例（46b）的韩文翻译，我们可发现“到”相当于韩语中的“V定语标记”，因此汉语“动词＋‘到’＋受事宾语”的结构可对应为“动词＋动词定语标记＋受事宾语”，而有趣的是汉语和韩语在这种用法的语序上也如出一辙。所以本文认为“我送到你外头去”的受事宾语位置，很可能是因为非汉语母语的作者混用了“到”的介词结构和动相补语结构的结果，所以才会把受事宾语“你”放在介词“到”的后面。

## 4. 结论

综合以上的研究结果，《原本老乞大》的中介语现象体现在汉字和句法两个方面，而中介语的成因也大致可归结为母语或目标语知识的负迁移。

在母语的负迁移方面：《原本老乞大》中出现了两个韩国固有的汉字“㑖、獏”，其中“㑖”因形似中国汉字“栲、拷”，且在韩国文献中的使用频率远高于“栲、拷”两字，因而被误用。在句法方面，本文发现了一个不符合当时语言通则的句子“我送到你外头去”，而且在其他的共时语料里，也找不到结构与之相同的例子。根据分析的结果，我们认为，“我送到你外头去”的结构可能是以韩语语序为基础，将后置词前移之后产生的例子，也可能是结合两种汉语语式的结果。

在目标语知识的负迁移方面：首先，《原本老乞大》里的介词“到”和不同类型的动词搭配后，结构上呈现出分工清楚的二元情况，即“非移位动词＋‘到’＋终点”和“‘到’＋终点＋移位动词”，不过《元典章·刑部》《至正条格》和《窦娥冤》却都有“移位动词＋‘到’＋终点”的例子，可见当时的汉语并不如《原本老乞大》那般规则化，虽然这种情况并未造成语言偏误，但在某种程度上也可视为学习者将目标语规则“过度类化（overgeneralization）”的中介语现象。其次，元代时“到”的用法已趋向多元，学习者不易掌握，因此在目标语知识掌握不完整的情况下，混用了“到”做介词和动相补语时的句法结构，因此造成“我送到你外头去”的受事宾语“你”在句法位置上的偏误。

# 参考文献



安炳浩、尚玉河 2009《韩语发展史》，北京：北京大学出版社。

陈昌来 2002《介词与介引功能》，合肥：安徽教育出版社。

宫海峰 2013《至正条格》文书解读研究，《内蒙古大学学报（哲学社会科学版）》，第 45 卷第 4 期。

金钟埙 1983《韩国固有汉字研究》，首尔：集文堂。

李崇兴 2000《元典章·刑部》的语料价值，《语言研究》，第三期。

李崇兴 2003《元典章·刑部》中的动补结构，《汉语史学报》，第三辑。

李　蓉 2012“V＋P＋N”中“P”的词类研究综述，《现代语文（语言研究版）》，第 9 期。

李泰洙 2003《老乞大四种版本语言研究》，北京：语文出版社。

梁伍镇 1998《老乞大朴通事研究》，首尔：Thayhaksa。

梁伍镇 2010《汉学书研究》，首尔：博文社。

梁银峰 2007《汉语趋向动词的语法化》，上海：学林出版社。

刘丹青 2003《语序类型学与介词理论》，北京：商务印书馆。

刘　晓 2012《大元通制》到《至正条格》：论元代法典的编纂体系，《文史哲》，第 1 期。

刘　珣 2000《对外汉语教育学引论》，北京：北京语言大学出版社。

朴庸镇 2012《老乞大》诸版本中特殊语言现象研究——试探中介语现象，《中国语教育与研究》，第 15 号。

汪维辉 2005《朝鲜时代汉语教科书丛刊》，北京：中华书局。

王锦慧 2013 论“V 到”结构的历史发展，《成大中文学报》，第四十一期。

曾海清 2009 也论“到”的语法化—兼与北京大学刘子瑜先生商榷，《安徽大学学报（哲学社会科学版）》，第 6 期。

张　赪 2002《汉语介词词组词序的历史演变》，北京：北京语言大学出版社。

赵金铭 2009《对外汉语教学概论》，台北：新学林出版社。

郑　光 2004 朝鲜时代的汉语教育与教材——以老乞大为例，《国外汉语教学动态》，第 1 期。

朱德熙 1958《老乞大谚解》《朴通事谚解》书后，《北京大学学报》，第 2 期。

祖生利 2005 元代蒙古语同北方汉语语言接触的文献学考察，《蒙古史研究》，第八辑。

祖生利 2007 元代的蒙式汉语及其时体范畴的表达——以直译体文献的研究为中心，《当代语言学》，第 1 期。

H. Douglas Brown.（2000）. *Principles of Language Learning and Teaching, fourth edition*. New York: Longman

Jaehoon Yeon and Lucie Brown.（1987）. *Korean——A Comprehensive Grammar*. New York: Routledge

Selinker, L.（1972）. Interlanguage. *International Review of Applied Linguistics in Language Teaching*. 10：209-231

# Special Syntactic Structures of the *Laoqida*（*Nogeoldae*）— Some Examples of Interlanguage

YONGJIN PARK
Chonbuk National University
PEI-LING CHENG
Jeju National University

**Abstract:** Different from the researchers who analyzed the text of Nogeoldae by comparing Mandarin and Mongolian language, this paper reanalyzes the language of Nogeoldae on the basis of Interlanguage theory. In order to determine whether interlanguage interference exists in Nogeoldae due to the native language of the author, Korean, this research compares synchronic and historic Mandarin and Korean language to exclude interference factors from Mongolian language, and finally finds the examples of interlanguage influenced by Language Transfer in Chinese characters writing and syntactic structures. Regarding Chinese characters writing, the author of Nogeoldae replaced two Chinese characters with the other similar Chinese characters created by Korean people. Regarding Syntactic structures, the author either substituted the rule of Korean word order for the rule of Chinese word order, or mix two Chinese syntactic structures.

**Keywords:***Laoqida*，Interlanguage，Language Transfer，Interlingual Transfer，Intralingual Transfer

# 汉语成词能力探讨与教学应用[1]

王楚蓁[2]　台湾　中央大学

**摘要**　华语教学中，二语学习者经常因词与黏着词素、词与词组划分不明而产生偏误现象，教学者和教材编纂者也常常遇到划分难点。针对这些问题，本文提出建立现代汉语共时的“词”定义的重要性。本研究透过分析多项成词能力测试法的优缺点，提出综合测试的具体操作程序。希望此研究成果能给华语教学研究者、教材编纂者和教学者提供一定的帮助，能成为判断是否成词时的参考依据。

**关键词**　成词能力　汉语构词　离合词　教学语法　华语教学

[1]　本文初稿发表于 2013 年六校华语文研究生联合论坛，并获得优秀论文奖。

[2]　王楚蓁，台湾中央大学语言中心，讲师，wangchuzhen@gmail.com。

## 1. 研究动机

汉语词（word）的界定向来是语言学家讨论的热点。词是句法的最小单位以及构词（morphology）的最大单位。汉语的孤立特性、单音节字（character）和现代汉语双音节化、动宾结构（verb plus object constituents）纷杂的结合与分离形式等都使得“词素”“词”“词组”的界线更加模糊，因而左右了现代汉语词法或句法分析的结果，使得最基础的语言学概念在汉语语言学探讨上莫衷一是。

在华语教材中，我们经常可以在词表中看到教材编纂者给汉语黏着词素（bound morpheme）指派词类的做法：

（1）因— *N: cause, reason* （《初级阅读》，第五课）

赋予词类，代表该生“词”在句法上已具有某词类的分布特征，这一做法使得二语学习者容易产出如下病句：

（2）a.* 晚睡不是我迟到的因。

b.* 我父母的婚很好，我希望我也是。

现代汉语虽然倾向于双音节化，但仍保留了大量的单音节词。这一特点也使得词素和词的界定更加困难，二语学习者亟需华语教材和教师的区分和说明，但由于华语字典和教材中仍常采用“字本位”的做法，加上现代文白层次的差异，因此学习者（尤其是初级学习者）经常出现无法区分词或（黏着）词素的偏误，尤以 VO 结构为多：

（3）a. 婚，他都结了三次。

b* 他这次的婚很美满。

（4）a. 我毕了业以后要去芝加哥工作。

b* 业，我毕了以后要去芝加哥工作。

由上述汉语词法与句法划分不明的例子来看，我们必先区分词素、词和词组的差别，才能避免将句法或黏着词素放入词汇库（lexicon）。也就是必须在句法词（syntactic word）的基础上去指派词类。因此，汉语需要成词能力测试（wordhood tests）来帮助划分词与词组之间的界线。

所谓的成词能力（wordhood）指的是“词”所需具备的能力及性质，在汉语中，是否成词可从结构、语义、重音和音节数等条件来判断（Duanmu,1998）。囿于篇幅，本文仅就结构和语义来谈。

## 2. 文献讨论

关于现代汉语词和词组之划分方式，赵元任（1968）、吕叔湘（1979）和 Duanmu（1998）等学者已多有探讨。这些成词能力测试操作以 Huang（1984）提出的词汇完整假说（The Lexical Integrity Hypothesis）为主轴，其要义为“词的内在结构不能套用于短语的句法结构规则”[1]。实际操作上，LIH 概念不总是能清楚划分现代汉语词和词组的界线，原因在于不同的成词能力测试互有抵触。以赵（1968）为例，他提出“停顿与否”“独用与否”“单独回答与否”“意念完整与否”等多项可操作的成词能力准则：

一、停顿：以“今天我要上理发铺去理发”为例，赵元任认为，词之间虽有各种停顿方式，但不致在如“理——发铺”或“今——天我”等中间停顿。赵元任亦认为，汉语的二语学习者，除非经过仔细观察及长期练习，很难将词与词之间的停顿运用自如。

但以“理——发”来看，中间可有停顿，“发”似乎是词，但在现代汉语中，“? 我的发太长了”却又不如双音节“头发”来得合宜。可见“停顿”测试法运用于动宾结构时，难以区分词与词组的差异。

二、独用：目前汉语语言学界采用最广泛的成词能力测试方式。倘若该词能够独用，称为自由词素（free morpheme），不能单独使用则称为黏着词素（bound morpheme），相关讨论见下文。

三、单独回答：此测试法与“是否能单独使用”的概念重叠，可视为其具体操作方法。赵元任依实词的不同词类提出不同的问句，比如说，是

[1] Huang（1984:60）: “…the hypothesis that information regarding the internal structure of words is often inaccessible to rules that apply in syntax to phrases.”

非问句“V不V”:“你好不好？”回答“好”;“他健康不健康？”回答“健康”，因此判定这些能单独回答的成分为词。

四、意念完整：有些语言学家或教师在判定是否成词时，用意念是否完整的语感判定，这种抽象的语感亦能体现在词与词之间的停顿上。也可以外语翻译来对照是否为词。然则意念的区分对于许多汉语黏着词素无可着力，对照于外语更易造成误用，如睡觉的“觉”、洗澡的“澡”等。

本研究将以上述学者提出的成词测试法为主轴，核心操作策略仍以Huang（1984）的词汇完整假说为依据，建立现代汉语成词能力测试的具体流程。



## 3. 研究内容

### 3.1 自由词素与黏着词素

赵元任（1968）提出以自由词素（free morpheme，以下简称F）和黏着词素（bound morpheme，以下简称B）来判断汉语（复合）词或词组，顾名思义就是以词素是否独立成词来划分。这种判断法经常受到质疑，汤廷池（1992:50）认为因为现代汉语语体混杂和语义转变造成F和B区分不易。吕叔湘（1979:17）提出以F和B划分词和词组可能导致错误判断，他说:“如果一个组合里有一个不单用的成分就认为这个组合是词，那么，一个带语助词的句子就也得算是一个词。”此外，他也认为一个组合里出现B亦有可能为词组。他说:“如果因为驼和鸭不能单用，所以驼毛和鸭蛋是词，因为羊和鸡可以单用，所以羊毛和鸡蛋是短语，那是非常可笑的。”

笔者认为，自由词素和黏着词素的区分在所有的成词能力测试中，只能作为最基础的筛选机制，因为现代汉语的“成词能力（wordhood）”所遇到的困境，大部分非“单独使用与否”的问题，有很多成分具有看似黏着却又自由的双重身份，如:“小车”“鸭蛋”“金牙”等（见后文探讨），或如Her（1996）提出的具有双重状态的VO结构如“放心”“帮忙”等（见后文探讨）。

为了避免出现如汤廷池或吕叔湘等学者提出的疑虑，增强自由词素和黏着词素成词判断法的有效性，必须设定如下几项原则来运作自由词素和黏着词素的成词测试。

第一，划分 F 与 B 时容易受到文言、熟语、术语和区域性的影响造成误判，如在大陆较常单说"鞋"而台湾则更常说"鞋子"；文言可单用"必"（"父母在，不远游，游'必'有方"），然口语则多半只能出现于否定形式："你不必来了！"（cf. * 你"必"来）。笔者认为在现代汉语的内容中，我们需以口语语料作为 F 与 B 的判断准则，若掺杂以书面语、古代汉语或特殊术语等书面语料来判定，则汉语多数词汇都可单独使用，无法显示现代汉语口语使用的真实面貌。

第二，在实词类中才区分 B 和 F。虚词类历经语法化过程，在句法中多已成为黏着定位，无划分 B 与 F 之必要。以此标准进行判断，上述吕叔湘（1979）所提，与语法词组合的是否为"词"的疑虑即可消除。比方说"只"在古汉语有"单独"之意，为形容词用法，如"形单影只"；现代汉语则只作为量词之用，成为无法单用的"语法词"，因此无需再去讨论"只"与其他数词或名词组合是否为"词"，"只"作为虚词，自然进入了句法层次。

第三，该结构为合成义或是历经语义转变。举例来说"油嘴"中"油"和"嘴"都是自由词素，但此组合已经产生语义转变或为熟语（idiom），无需个别分析组合中的 F 和 B（见后文探讨）。

综上所述，以组合中是否有 B 来反推成词能力的效度极高，B 是无法独立成词的词素，因此不论再跟 B 还是 F 结合都代表得到了成词的门票[1]。前提是须充分掌握划分 B 的三项原则。B 与 F 的划分可应用在"w〔B+F〕""w〔F+B〕""w〔B+B〕"之复合（compounding）结构中，若是结构为"c〔F＋F〕"之组合，得加上语义转变、并列消除等其他成词测试才能判别〔F＋F〕之组合为词或词组。

### 3.2 并列消除

Huang（1984:60）认为并列消除（conjunction reduction，以下简称

[1] 从构词学的角度来看，当结构内部为〔F＋F〕时，理应为词组，如"white house"（白色的房子），但熟语或语义转变不在此列，如"White House"（白宫）。结构为〔B+F〕、〔F+B〕、〔B+B〕时，理应为词，如"担心""睡觉""鞠躬"等，但在汉语中却有不同程度的分离形式和能产力，因此仍需进一步检视成词能力。

CR）是短语层次的规则，无法套用于词的内部结构，因此也常被应用于成词能力测试。以“修饰语＋中心语”结构（以下称〔M＋H〕）为例：当连词连接两个修饰语（modifier）相同的短语时，可以消除其中之一的修饰语；抑或连接两个中心语（head）相同的短语时，可消除其中之一的中心语：

（5）a. 新的衣服和新的鞋子→新的衣服和鞋子

b. 旧的书跟新的书→旧的跟新的书 （Duanmu,1998）

然而当并列连词连接两个词时，CR 无法运作：

（6）a. 汽车和火车→＊汽和火车 （Huang,1984）

b. 生菜与生鱼片→＊生菜与鱼片

CR 的操作性强，但应用范围较小，必须在两个中心语或两个修饰语（或补语）相同的前提下才能运作。而在形式上相同的成分，也可能会受到语义转变的影响无法运作 CR：

（7）a. 他打了家里电话以及打了手机给老婆。

b. 他打了家里电话以及手机给老婆。

（8）a. 他今天打了电话以及打了果汁。

b.＊他今天打了电话以及果汁。

另外，汉语修饰语若没有出现结构标记“的”，使用 CR 会得出不加“的”的〔M＋H〕必为词的结论：

（9）a. 女人跟女军人→＊女人跟军人

b. 小行星和大行星→＊小和大行星

（10）a. 女的工程师跟女的博士→？女的工程师跟博士

b. 小的房子和大的房子→？小的和大的房子[1]

CR 跟其他成词能力测试结果互有冲突，见后文探讨。

### 3.3 语义合成

赵元任（1968）认为大多数的词组语义是合成的（synthesizable），而复合词则经常具有词汇义[2]（lexical meaning）：

（11）a. 大车（≒大的车子，合成义）

b. 大衣（≠大的衣，词汇义） （赵元任，1968）

如前文所述，语义合成判定法只用于辅助测试〔F＋F〕结构，应用范围不大。汉语部分词汇具有词汇义与合成义的双重身份，须借助语境显现出来而非单凭结构的语义分析：

（12）a. 我今天吃饭，没吃面。（合成义）

b. 我现在还没吃饭，请你去帮我买麦当劳好不好。（词汇义）

以下我们利用自由词素与黏着词素判断法、并列消除法和语义合成法对“鸡蛋”和“鸭蛋”两词进行成词测试：

（13）a. 这只“鸡”很健康 -F

b. 这只“鸭子”很健康 -F

c. ? 这只“鸭”很健康 -B

d. 这颗“蛋”很健康 -F

[1] 汉语连词如“和”“跟”等，经常用于名词连接，很少用于动词或形容词连接，因此不宜作为判断 CR 的唯一连词，此外，汉语的动词或形容词连接，常以关联副词代之，如“他又高又帅”“我吃了饭也喝了酒”等，因之 CR 测试法在这些方面是有局限的。

[2] 由于现代汉语的双音节化，许多单音节与单音节复合而成的词已经过词汇化（lexicalization）产生了语义或功能的转变。

（14）a. 我有鸡蛋和鸭蛋≠我有鸡和鸭蛋

b. 我吃鸭蛋和鸡蛋≠我吃鸭跟鸡蛋

（15）a. 鸡蛋≒鸡的蛋

b. 鸭蛋≒鸭（子）的蛋

**表 1 “鸡蛋”和“鸭蛋”二词成词测试之比较表**

| | 鸡蛋 | 鸭蛋 |
|---|---|---|
| B & F 判断法 | 词组 | 词 |
| 并列消除法（CR） | 词 | 词 |
| 词义合成 | 词组 | 词组 |



透过表 1 可看出这三个成词测试互有扞格。尤其是当修饰语为名词时，不易区分词或词组[1]。应考虑语义是否转变来区别，可进一步用扩展式测试：

（16）a. 他是我男的朋友，不是我“男朋友”（男的朋友≠男朋友）

b. 他是一个“男护士”≒他是一个男的护士

例（16a）判别为词，例（16b）判别为词组。或是使用 B & F 测试法：

（17）a. 金戒指（cf. * 我有一块金）

b. 钻石戒指（cf. 我有一颗钻石）

从 B & F 测试来看，“金戒指”为词，“钻石戒指”为词组。如同“鸡蛋”判为词，“鸭蛋”判为词组，似乎与语感不符，因此我们可以加上最后一项补充条件，就是能产性（productivity），“金”“男”等名词性词语虽然都是定位的 B，但是能产性高[2]：

[1] Quirk et al.（1985:1330）: “Noun premodifiers are often so closely associated with the head as to be regarded as compounded with it.”

[2] “金”“银”“男”“女”“人造”“大型”等词朱德熙（1982）称为区别词，刘月华等（1996）称为非谓形容词。

（18）a. 金戒指、金马桶、金项链、金牙……

b. 男老师、男同志、男秘书、男校长……

由于它们作为定语的能产性，笔者建议将这些例子处理为词组，这样的处理是为了避免“鸡蛋”为词组，“鸭蛋”为词的推论破坏 B & F 成词测试结果，因为这些词的能产性而判定为词组的做法也比较符合现代汉语使用现况。

### 3.4 扩展式

汤廷池（1992）认为扩展式可用来判别词与词组。如果词素 X 和 Y 之间可以插入另一个词素 Y，那么词素 X 和 Y 都是独立的词。

（19）a. 看书→看过书（词组）

b. 小看→ * 小地看（词）

扩展式乍看之下具有可操作性，然而却不能区别熟语化的词或因扩展造成的语义改变：

（20）油嘴≠油的嘴 （赵元任，1968）

也就是说，使用扩展式之前得先判定该组合为词汇义还是合成义，若是词汇义，则不适用于扩展式。Duanmu（1998:145）提出操作扩展式的两个前提：扩展之后需和原结构相同，扩展之后需和原语义相同：

（21）a. 羊肉≒羊的肉 （〔M + H〕结构不变，语义不变）

b. 羊肉≠羊的身上有肉 （结构改变，语义改变）

事实上这两个前提是很难达成的，当我们使用扩展法时，很难确保维持和原结构相同的语义。即使只是多了结构标记“的”，其存在与否也代表了例（22a）描写关系（属性关系）和例（22b）限制关系（领属关系）的转变：

（22）a. 我要买一斤羊肉。

b.* 我要买一斤羊的肉[1]。

扩展式还可用来区分汉语的动补式复合词或动补结构。朱德熙（1982）认为，动补结构与动补式复合词最大的区别在于前者可用“得”与“不”扩展，因此（23a）应视为词组，（23b）为词：

（23）a. 写成→写得成 / 写不成

b. 推翻→ * 推得翻 / * 推不翻

Li & Thompson（1982）指出汉语复合词具有“无法分离或有限的分离性”(inseparablity or limited separability of the constituents)。“有限的分离性”的定义使得动补结构与动补式复合词之间产生了模糊地带。笔者认为以扩展式来测动补结构对判定词与词组仍是有效的，但是必须加上 B & F 判断或“能产力”的补充条件，比方说例（23b），“推翻”虽然是两个 F 所组成的动补式，但是不能经由扩展式扩展，因此归为词。或如下例：

（24）a. 不是每个人都<u>遇得到</u>如此美好的事情。

b.* 我<u>遇</u>了那个人。

（25）a. 买到 / 吃到 / 看到 / 想到 / 摸到……

b. 看见 / 听见 / ？闻见 / * 摸见 / * 读见

“遇到”“看见”“听见”等词常被处理为动补结构，但“遇”为黏着词素，“遇到”应归为词；“看见”等词虽然是〔F + F〕的动补结构，但其能产性极弱，处理成词不致影响分析其他动补式结构之情况。

[1] 例（22a）“羊肉”的“羊”作为描写性定语时，“羊肉”仍旧保留原语义的指称功能，而例（22b）加入“的”之后，“羊的”成为限制性定语，“羊”从属性转为领属，因此量词必须转而修饰前面的属格“羊”，因此（22b）为病句。为加深对这两种情况差异的理解，我们还可以试比较“这间木头房子”和“这位老师的书”的量词修饰的差别。

### 3.5 向心结构（endocentric structure）和离心结构（exocentric structure）

向心结构与离心结构是 Bloomfield（1933:194）提出的用语，当中心词与其组成的词组（constituents）分布一样时，称为向心结构，反之则为离心结构。生成语法的词组律即应用了向心结构的概念。赵元任（1968:140）将离心结构当作判断词或词组的一项指标，他认为离心结构通常为词，而向心结构为词组。Huang（1984:63）认为向心结构和离心结构的区分亦源于 LIH，离心结构必须转变成词，这样一来它们的内在结构将不再被视为是词组律而衍生：

（26）a. 开关（VV → N）：房间的开关坏了。

b. 绑腿（VN → N）：我跑步时会用绑腿。

c. 大小（AA → N）：这双鞋子大小刚刚好。

笔者认为，汉语的离心结构必为词，然而向心结构却不一定是词组，在向心结构中也有偏正式、动宾式和动补式组合而成的词与原中心词的功能相同，因此还必须加上 B & F 判断并辅以语义合成测试，以区别词与词组结构。

### 3.6 移动法

汤（1992:55）说明了移动法的操作策略，他认为在句法中可变形移位的成分为 F（自由词素或词），不能移位的是 B：

（27）a. 书，他买了。

b.* 躬，他鞠了。　　（汤廷池，1992）

这个看法与易荷梅（2007:72）相左，易认为"前移"为动宾复合词的"离"形式之一，因此 B 仍有可能前移：

（28）a. "仗"打完了，应该过和平的日子。

b. "婚"都没结，怎么能当起妈妈来了。　　（易荷梅，2007）

由此看来，移动法并非可靠的成词测试。尽管如此，我们仍可就离合词受局限的前移形式讨论 B 与 F 的关系：

（29）a. 他连“课”都没上，就走了。（上课）

b.* 他连“天”都没聊，就走了。（聊天）

离合词的组合若是〔 $V_B + O_F$ 〕或〔 $V_F + O_B$ 〕会比〔 $V_B + O_B$ 〕容易前移[1]，语义合成离合词比词汇义离合词容易前移[2]，因此前移法并非有效的成词测试。



### 3.7 能产力

能产力是成词测试的补充依据。当一个词具有能产力，能够与其他的词产生组合与聚合关系，往往代表它具有句法的生成力。能产力可从两方面来观察：一是句法位子的变换性（组合关系的变换），二是定位的能产性（聚合关系的变换）：

**表 2 组合关系的能产性**

| 修饰语 | 主语 | 谓语 | 宾语 |
|---|---|---|---|
| 他的 | 工作 | 不保 | |
| | 他 | 找不到 | 工作 |
| 工作的 | 内容 | 难倒 | 他 |

[1] 动宾复合词的组成成分若皆为B时，比组合中有一个F的离合词凝固性（frozenness）强，试比较“鞠躬”“幽默”“介意”“道歉”（以上为 BB 组合离合词）与“帮忙”“送礼”“回头”“化妆”“睡觉”（以上为 FB 或 BF 组合离合词）的前移合法性。

[2] 词汇义动宾复合词比语义合成的动宾复合词的凝固性强，Teng（1974:118）认为，虚拟（virtual）的同源宾语（cognate object）无法主题化（topicalized），如“吃饭”一词，当我们说“饭，他都吃了”，这里的“饭”只能作“米饭”（Patient）解，而不可能是“食物”（Range）之意。当离合词宾语语义是泛称时（general reference），比特指（specific reference）难前移，试比较“聊天”“开腔”“革命”“抽空”（以上为词汇义）和“录音”“结婚”“上课”“挂号”（语义合成）的前移合法性。

能产力的高低与其他成词测试有关，能产力高，经常是自由词素或是向心结构；能产力低，往往是黏着词素，或为离心结构。能产力与构词力有所区分，能产力指的是生成能力，也就是可以不断产生新的结构的能力，而构词力是透过现有的词的结构所分析出来的，比方说汉语的“子”的构词能力很强，现今却已无生成能力。依能产力原则可建立最经济的词汇库。

**表 3　聚合关系的能产性**

| | |
|---|---|
| 教室 | 里 |
| 外套 | 里 |
| 心 | 里 |

## 4. 结论与建议

本文仅就结构和语义来谈成词测试，以下依上述讨论整理出汉语成词测试简表：

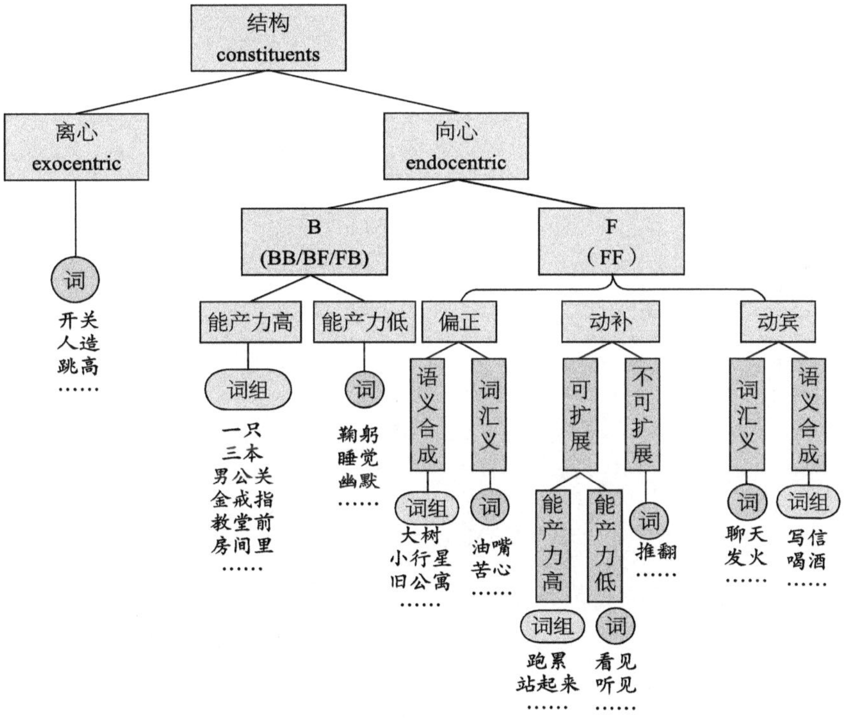


**图 1　现代汉语成词测试简表**

根据此表，教师或教材编纂者看到一个不能确定词或词组的结构时，首先可看其内部结构为离心或向心，一旦确立离心，则确定为词。反之，则必须继续应用其他成词能力测试，最基本的就是黏着词素与自由词素之区分，若结构中含有黏着词素，如〔B+B〕等，唯一的判别标准就是“能产力”，倘若能产力高，则可判定为词组。倘若结构为〔F+F〕就需经过较多的成词能力测试才可确立（一般而言，一个结构是否为词最多的争议都是出现于此）。必须根据〔F+F〕的内部结构再行细分，完成判断该结构是否已具备词的特质之历程。

本文探讨了LIH如何多方应用于现代汉语“成词能力”（wordhood）的测试，然现代汉语既是庞杂的共时现象，又为文白混杂的历时结果，加上音节和韵律等超音段因素之影响，若有相关例子无法以这个成词测试架构涵盖之，则仍待学者进一步更精确的补充。

# 参考文献


刘月华、潘文娱、故　韡 1996《实用现代汉语语法》，台北：师大书苑。

汤廷池 1992《汉语词法句法三集》，台北：学生书局。

王楚蓁 2008 现代汉语词类划分与教学应用，台湾师范大学华语文教学研究所硕士论文。

易荷梅 2007 现代汉语“离合词”的研究及其在教学上之运用的探讨，台湾师范大学华语文教学研究所硕士论文。

赵元任著，丁邦新译 2002《中国话的文法（增订版）》，台北：学生书局。

朱德熙 1982《语法讲义》，北京：商务印书馆。

Bloomfield, L.（1933）. *Language*. New York: Henry Holt.

Duanmu, S.（1998）. Wordhood in Chinese. In J. L. Packard（Ed.）, *New Approaches to Chinese Word Formation: Morphology, Phonology and the Lexicon in Modern and Ancient Chinese*（pp. 135-196）. Berlin: Mouton de Gruyter.

Her,One Soon（1997）. Interaction and Explanation: the Case of Variation in Chinese VO Construction, *Journal of Chinese Linguistics*, Vol.25, pp.146-165.

Huang, J. C.-T.（1984）. Phrase Structure, Lexical Integrity and Chinese Compounds. *Journal of the Chinese Language Teachers Association*, 19（2）, 53-78.

Lyons, J.（1977）. *Semantics*（Vol. 2）. New York: Cambridge University Press.

Quirk, R., Greenbaum, S., Leech, G., & Svartvik, J.（1985）. A *Comprehensive Grammar of the English Language*. New York: Longman.

Teng, S.-h.（1975）. *A Semantic Study of Transitivity Relations in Chinese*. Berkeley: University of California Press.

# The Chinese Wordhood Tests and Pedagogical Applications

Wang, Chu-Zhen
National Central University



**Abstract:** The distinction between bound morphemes, words and phrases in Chinese is of vital importance to second language learners and instructors. This paper assumes that there should be operational Chinese wordhood tests with regards of morphological, syntactic and semantic properties. The result could provide a feasible scheme which is based on The Lexical Integrity Hypothesis（LIH）to Chinese pedagogical grammar.

**Keywords:** wordhhood, Chinese morphology, separable word, pedagogical grammar, teaching Chinese as a second language

# 对外华语教材断词标音异同之探析 [1]

巫宜静 [2]　台湾　铭传大学

**摘要**　本文参考词汇学家对区分词汇所提出的准则、中研院现代汉语平衡语料库的分词标准，以及大陆的汉语拼音正词法基本规则，观察对外华语教材断词标音的方式。在专名、指示词与量词、数词、结构助词、动貌助词、重叠词、节缩词、合并词等的切分与汉拼标示方面，两岸的规范均呈现出一定的差异。而对外华语教材的汉拼标音方式，也有不同。此乃因教材的编辑不完全遵守汉语拼音正词法基本规则，且各教材对单音节词缀的合、分词处理不同，以及教材编辑内部系统不一致所致。为了避免造成华语教学之困扰，建议华语教学界建立对词汇断词、标音的共识。

**关键词**　断词　语音标注　汉语拼音　华语教材

---

[1]　本论文的初稿发表于 2011 年 10 月 29 至 30 日于台南中山大学举办的第十届台湾华语文教学年会暨学术研讨会中。

[2]　巫宜静，台湾铭传大学华语文教学学系，助理教授，yichingw@mail.mcu.edu.tw。

## 1. 前言

语言的书写系统中，有的使用空格作为大致的词汇标记，例如英语，有的并未使用空格作为标记，如汉语。对外华语文教材，为了辅助学习者，多提供了语句的语音标注讯息。大多数华语教材仅使用或同时使用大陆制定的汉语拼音系统。为了帮助母语书写系统中使用空格作为大致词界标记的学习者学习华语，这些教材也采用以词为本位标注语音的方式[1]。不过，各教材的断词方式不一致，例如“我的”，有的合词标成 wǒde（新版实用视听华语 1-6:95），有的分词标成 wǒ de（新实用汉语课本 1-7:78）。此现象容易造成学习者的困惑与教学者的困扰。因此，本文参考词汇学家、语料库语言学家，以及大陆为汉语拼音制定的标注规则，考察对外华语教材中的汉拼标注方式，讨论其中词汇切分的差异。

## 2. 词汇的界定与区分

关于汉语词汇的区分，词汇学家提出过许多标准，也有语料库语言学家观察庞大的语料后，为便于计算机自动断词而制定的分词标准。此外，为了推广汉语拼音，大陆也制定了汉语拼音正词法基本规则。

### 2.1 词汇学上的词汇区分

词（word）可界定为语言中有独立意义，能扮演特定语法功能，能单说或用来造句的最小单位。一般具有固定的语音形式，在实际运用语言时，可以独立使用（中研院词库小组，1998 [1995]:13；符准青，2007 [1985]:1；竺家宁，2009 [1999]:10）。词的判定准则，包括音韵准则、语义准则和词

[1] 以词为本位的标注方式是以词为标注单位，词内组成字之间的语音标示无空格，以空格作为大致的词汇界线标记，如将“爸爸爱妈妈”标注成 bàba ài māma。坊间也有华语教材以字为标注单位，以空格作为字与字之间的界线标记，如将“爸爸爱妈妈”标注成 bà ba ài mā ma。以字为标注单位的华语教材，标注语音时无断词问题，故不在本文探讨范围内。

汇完整性准则（连金发，2000:62-64）。汉语较难单以音韵变化来判词[1]，而后二者则在汉语分词中应用较广。

语义准则和“非组合性”（non-compositional）有关，即若构件的语义无法组合成整个语串的语义，则该语串为一词（连金发，2000:62-63）。若整个语串的语义，可由其中的构件组成，则该语串可能为词组。例如“黑板”，可泛指一般挂放在教室中，供教学书写的器具，早期台湾地区的书写板为黑色，后来多为墨绿色，现今也有白色（或称“白板”），连金发（2000:62）认为“黑板”的语义非由“黑”和“板”两个个别意义相加而成，因此为词而非词组。而“黑的板”，其语义可以由其中的成分语义推断而来，故为词组。然而，该文认为此语义准则，无法将成语和词区分开来。因为有很多词组都是成语，而成语的语义为非组合性的，例如“翘辫子”（意即“死”）。不过，词汇学研究中，词汇项目（lexical item，以下简称“词项”）除了一般单词（single word）之外，也包含词组性的成分（phraseological combination）（Hanks, 2008:3）。竺家宁（2009 [1999]）、贾宝书（2003:61-62）、符准青（2004:9）认为词汇包括语言中的词和固定语。固定语包括专门用语和熟语（含成语、谚语、歇后语和惯用语），以及一些习用的词组。一般词典中，也多收录了固定语。在华语教学方面，华语教材在选列“生词”（new word）或“词汇”（vocabulary）时，也会将固定语列入，例如“大开眼界”（新版实用视听华语 3-14:383）、“萝卜青菜，各有所爱”（新实用汉语课本 4-50:235）等。因此，语义准则虽然无法精确区分出单词和词组性成分，但有助于词项的辨识。

根据“词汇完整”（lexical integrity）准则，词组规律无法干预词内部的结构（连金发，2000:63）。换言之，如果观察到在一般词组里可运作的规律，无法在某一语言单位中运作，则该语言单位非词组。连金发（2000:63）举了以下数例说明。（一）在词组层次上可以进行对等结构的变换，如词组“黑的板”中，其修饰语“黑的”，可容许对等式的变换，如“又脏又黑的板”。而复合词“黑板”则不行，没有“* 又脏又黑板”的表

[1] 音韵准则适用于词汇内部产生音韵变化，如“轻重音”（stress）、“连音”（sandhi）、“声韵变化”（phonetic modification），但唯有音韵现象出现于词内而不出现于词组，这个准则才有效（连金发 2000:63）。汉语的变调，为可跨越词界的音韵变化。汤廷池（2000 [1996]:66-67）认为轻声与重音均非判断汉语词汇的良法。

达式。（二）词组规律中，副词可修饰形容词，因此偏正词组“黑的板”中，“黑的”之前可加“相当”修饰，形成新词组“相当黑的板”。但“* 相当黑板”则不合法，“黑板”中，修饰成分“黑”前无法再加副词“相当”修饰。（三）词组一般为同心（endocentric）结构，例如名词词组的中心语（head）为名词。因此，“异心”（exocentric）结构，便为辨识复合词的标志。譬如闽南语中“牵手”（意即“太太”），其内部结构是动宾式，由动词中心语“牵”（意即“拉”）和名词宾语“手”组合而成，其外部功能为名词性的复合词。[1]（四）因为复合词有词内的组合关系（word-internal syntax），不同于词组的超越词的外部组合关系（word-external syntax），故语串中，若组成成分的语序和一般句子中的语序不同，即可判定该语串为复合词。例如闽南语中，一般句子内动词词组的语序为动词在前、宾语在后的 VO 语序，如“炒米粉”，而“米粉炒”的语序是宾动（OV）格式，和一般的顺序相反，故为复合词。（五）若语串内部结构关系的表现方式不同于一般词组的结构关系的表现方法，也可判定该语串为复合词。例如“雪白”中，“白”为中心语，“雪”为修饰语，可以直接修饰“白”。但在词组层次上，“雪”不能直接当副词，须改成“像雪一样地白”，因此“雪白”为复合词。较之其他准则，词汇完整准则为判词性较强的准则，和语义准则同为较常应用于汉语词汇判断的准则。

### 2.2 语料库中的词汇区分

中文词知识库小组（1998 [1995]:13-21）为处理中研院现代汉语平衡语料库（以下简称“平衡语料库”）中语料的断词与词类标注，研制分词标准（以下简称“平衡语料库分词标准”），提出二条基本原则，以及六条辅助原则。

其基本原则（一）即为语义准则，规定语义无法由组合成分直接相加而得到之字串应该合为一分词单位。基本原则（二）和词汇完整准则有关，规定词类无法由组合成分直接得到，应该合为一分词单位（中文词知识库小组，1998 [1995]:13-14）。

[1] 除了“VN → N”型的异心结构外，华语还有含其他类型异心结构的词汇，如“大小”（意即“尺寸”）（SV SV → N）、“开关”（VV → N）、“地震”（NV → N）、“眼红”（N SV → SV）、“开放”（VV → SV）等。

为了便于处理语料库中大量的实际语料，中文词知识库小组（1998[1995]:14-17）所提出的六个辅助原则为：（一）有明显分隔标记应该切分之。（二）附着语素尽量和前后词合为一个分词单位。（三）使用频率高或共现率高的字串尽量视为一个分词单位。（四）双音节结构之偏正式动词尽量视为一个分词单位。（五）双音节加单音节之偏正式名词尽量视为一个分词单位。（六）内部结构复杂之词尽量切分之（中文词知识库小组，1998[1995]:14-17）。此六项辅助原则，可谓为便于标注语料的操作策略，非词汇学中所界定的判词准则。其分词单位不等于词汇学中词汇的单位，而是语句切分标注的单位，包含多音节词内部的组成成分，以及双音节和单音节自由词素的组成等。

辅助原则（一）中所述的"明显分隔标记"，包括离合词的中插成分（含"了""个""得""不"等）、合并词中的标点符号，以及外来语等。如"洗了个澡""吃不饱"中，"洗"与"澡"以及"吃"与"饱"之间，中插了"了个""不"，因此"洗""吃"分别与"澡""饱"分开标示词类。平衡语料库的词类标示为"洗（VC[1]）[+spv] 了（Di）个（Nf）澡（Na）[+spo]""吃（VC）[+vrv] 不（D）饱（VC）[+vrr]"。其中以 [+spv]、[+spo] 标示动宾式离合词的动词与宾语成分；以 [+vrv] 与 [+vrr] 标示动补式离合词的动词和补语成分。又如合并词"七、八月"中，"七"与"八月"之间有顿号隔开，因此也分开标示为"七（Nd）[+p1]、八月（Nd）"，因"七"表"七月"，故同"八月"标记为时间词（Nd），以[+p1]表示"七"为"七月"之省略形式，为"七、八月"中的第一个成分。此外，"BBS 站""user 们"的标示为"BBS（FW）站（Nc）""user（FW）们（Na）"，也以 FW 标示外来语成分，和汉语成分分别标示。

依照辅助原则（二），如"情势立告逆转"中，因为"立"在现代汉语中不能单用表示"立刻"，独用可见于书面语中，为附着词素，故"立告"合为一词。但如附着词素无法和前后成分合词，则单独标注成为一词，例如"为什么还吝而不做呢？"中，"吝"和前成分"还"、后成分"而"皆

[1] 本文中所使用的平衡语料库的词类标记如下：Na 普通名词，Nb 专有名称，Nc 地方词，Nd 时间词，Neu 数词定词，Nes 特指定词，Nep 指代定词，Neqa 数量定词，Nf量词，VC动作及物动词，VH状态不及物动词，D副词，Di动貌标记，T语助词，DE 标记"的""之""得""地"，FW 外文标记。

无法合为“* 还吝”“* 而吝”，故“吝”自成一词。其余含“员”“化”等如“演员”“现代化”等，也均合词。不过，“的”“地”“之”等通常被视为词缀的成分，因其所附着之词干无词类限制，名词、动词、副词、数量词甚至句子皆能带这些词缀，和一般词缀表现不同，且常和词组结合，如“常常和官员打交道的记者”“欲退出选委会之人”等，和一般词缀的衍生方式不同，故该分词系统中，将此三者和其余成分断开，同“得”均标记为DE。

辅助原则（三），高频字串尽量视为一个分词单位，可将不符合基本原则，即语义、语法上未失组合性的自由词素合为一词，例如“进出”“大笑”“洗衣”“春夏秋冬”“象牙”“暂不”等。但因有如何得出使用频率，与区分值应该设在何处两个难解问题，故此原则仅为一参考原则（中文词知识库小组，1998 [1995]:16）。

辅助原则（四），仅适用于双音节结构之偏正式结构，如“紧追其后”中的“紧追”，虽其语义、语法功能未失组合性，不含附着词素，也不是常见字串，但在语句切分中依此原则合词（中文词知识库小组，1998 [1995]:16）。在该标准中，并未解释为何仅将双音节结构之偏正式动词合词，而不将述宾式如“警察无故擒人”中之“擒人”，以及主谓式如“股市陷入价升量减的走势”中的“价升量减”的组合合词。

辅助原则（五），双音节加单音节之偏正式名词尽量视为一个分词单位，则允许可独立成词的单音节名词中心语和前面的双音节修饰语合词。例如虽然“线”“权”“车”“点”为自由词素，但“捷运线”“使用权”“垃圾车”“共同点”依此原则合词（中文词知识库小组，1998 [1995]:16）。

辅助原则（六）为一暂行原则，由于多音节组合若合词恐过于冗长，故不合词。例如专有名词后接普通名词时，分词，如“胡（Nb）先生（Na）”。动词后带双音节结果补语的组合，分词，如“看（VC）清楚（VH）”“讨论（VE）完毕（VH）”。词组带接尾词，也分词，如“太空（Na）计划（Na）室（Nc）”。此外，由词组或句子构成之专名，也分成若干词（中文词知识库小组，1998 [1995]:17）。

### 2.3 汉语拼音正词法基本规则

汉语拼音正词法基本规则（以下简称“汉拼正词规则”）为大陆的

标准方案[1]，该基本规则条列合词与分词的情况，但并未解说其原因。在声调标记上，该规则规定声调一律标原调，不标变调，但在语音教学时可以根据需要按变调标写。在书写上，规定句首和专有名词首字母大写，例如“北京 Běijīng”。此外，专有名词内切分成若干分写成分时，每个成分的首字母也大写，例如“光明日报”分写成 Guāngmíng Rìbào。专有名词和普通名词连写在一起的，第一个字母要大写，例如“中国人 Zhōngguórén”“广东话 Guǎngdōnghuà”。移行方式，也规定要按音节分开，在没有写完的地方加上短横，不可任意将同一音节分写成二行。

该规则的规范分为二大类，含跨越词类的总原则，以及针对各词类特殊情况的原则。总原则除了规范以汉拼拼写普通话基本上以词为书写单位之外，还规定：（一）表示一个整体概念的双音节和三音节结构，合写[2]，例如“问答 wèndá”“图书馆 túshūguǎn”。（二）四音节以上表示一个整体概念的名称，按词（或语节）分开写，例如“中华人民共和国 Zhōnghuá Rénmín Gònghéguó”；不能按词（或语节）划分的，全部合写，例如“红十字会 hóngshízìhuì”。（三）单音节词重叠，合写，例如“人人 rénrén”；双音节词重叠，分写，例如“研究研究 yánjiū yánjiū”。重叠并列即 AABB 式结构，当中加短横连写，例如“来来往往 láilai-wǎngwǎng”。（四）为了便于阅读和理解，在某些场合可以用短横，例如“环保 huán-bǎo”“八九天 bā-jiǔ tiān”“人机对话 rén-jī duìhuà”“中小学 zhōng-xiǎoxué”。

总的来说，使用汉拼标注时，以三音节为上限，超过三音节以上的长词，便会被断成若干单位。故，同英语一样，空格仅为大致的词汇界标，而非绝对的词界。上述（四）中使用短横的场合，包含了节缩词，如“环保”节缩自“环境保护”，合并词“八九天”“中小学”，表“八天或（/到）九天”与“中学与（/或）小学”，以及内部包含事件共同参与者的词语，如“人机对话”表示“人与机器对话”，在“对话”事件中包含“人”“机器”双方。使用短横标示前后联结成分有特殊的结合关系。在平衡语料库

[1] 汉语拼音正词法基本规则于 1996 年 1 月 22 日发布，于该年 7 月 1 日实施。2010 年 4 月 1 日于北京召开修订会议。目前在中华人民共和国教育部网页中可搜寻到 1996 年版本的内容档案，请参见 http://202.205.177.9/edoas/website18/level3.jsp?tablename=1264&infoid=16419。

[2] 该规范中使用“连写”一词，本文将紧邻书写无横杠连接者称为“合写”，将以横杠连接者称为“连写”。

中，动宾式的节缩词合词，合并形式如“中小学（Nc）”也合词。表示约量形式，如“两三（Neu）次（Nf）”中，“两三”也合词标记。

三音节以内的词，两岸规则，大致相似。差别仅在于如果中心语名词是单音节的自由词素，修饰成分为双音节，则平衡语料库中依辅助原则尽量合词，而汉拼正词规则中无此规范，故可见地名“北京市”分写成 Běijīng Shì。不过，“中国人 Zhōngguórén”“广东话 Guǎngdōnghuà”等，出现在该规则示范大写的范例中，也均合词[1]。四音节以上的部分，差异较大。重叠词，不论是 AABB 式或 ABAB 式，中文词知识库小组（1998 [1995]:13-14）因其语义和 AB 形式有所差异，故均合词。在平衡语料库中，如“研究研究”“休息休息”等 ABAB 式，以及 AABB 式的“来来往往”“清清楚楚”均合词标记。而在汉语拼音正词法基本规则中，则将 ABAB 分开，AABB 式则在 AA 与 BB 中加一短横连写。

汉拼正词规则针对名词、动词、形容词、代词、数词和量词、虚词（含介词、连词、结构助词、语气助词、叹词、拟声词），以及成语等，均有规范。虚词的部分，介词、连词、语气助词、叹词、拟声词等各自成词，两岸分词处理方式，与词汇学家均有共识，华语教材中的汉拼标示一致性也高。结构助词与其他成分的切分，差异性较大。以下将论述汉拼正词规则和平衡语料库分词标准相异之处。

#### 2.3.1 名词

汉拼正词规则关于名词的规范中，对人名和地名的规定，与平衡语料库的处理不同。汉拼正词规则规定汉语人名按姓和名分写，姓和名的开头字母大写，例如“梅兰芳 Méi Lánfāng”。“老”“小”“大”“阿”等称呼开头大写，如“小刘 Xiǎo Liú”“阿三 Ā Sān”。汉语地名中的专名和通名分写，每一分写部分的第一个字母大写，例如“北京市 Běijīng Shì”“泰山 Tài Shān”等。

在平衡语料库中，人名、地名则多合词标记，如“梅兰芳（Nb）”“小王（Nb）”“老李（Nb）”“阿三（Nb）”“泰山（Nc）”“日月潭（Nc）”等。唯三音节以上含“老”“小”“大”等的称呼，可见分词标记的用例，如“小

[1] 该规则中并未说明为何国名和“人”“话”合写，仅规定“专有名词和普通名词连写在一起的，第一个字母要大写”。

（VH）曾（Nb）老师（Na）”。

### 2.3.2 代词

汉拼正词规则关于代词的规范中，规定“这”“那”“哪”和名词或量词分写，如“这人 zhè rén”“哪张报纸 nǎ zhāng bàozhǐ”，但和后面的“个”连写，例如“这个 zhègè”。且“我”“你”等和后面的名词或量词分写，例如“我校 wǒ xiào”“你单位 nǐ dānwèi”。在平衡语料库中，“这”“那”等定词（Nep）后接量词（Nf）“个”时，分二词标记，如“这（Nep）个（Nf）工作（Na）”；“我”“他”等定词则和其后名词合词，如“我国（Nc）”“他国（Nc）”均合词标记。

### 2.3.3 数词

汉拼正词规则中，数词的规定有以下四点：（一）十一到九十九之间的整数合写，例如“十一 shíyī”“三十三 sānshísān”。（二）“百”“千”“万”“亿”与前面的个位数合写；“万”“亿”与前面的十位以上的数，分写。例如“六十三亿七千二百六十八万四千零九十五”，写成 liùshísān yì qīqiān èrbǎi liùshíbā wàn sìqiān líng jiǔshíwǔ。（三）表示序数的“第”与后面的数词中间，加短横连写，例如“第一 dì-yī”。（四）数词和量词分写，例如“两个人 liǎng gè rén”。而表示约数的“多”“来”“几”和数词、量词分写，例如“一百多个 yībǎi duō gè”“十来万人 shí lái wàn rén”“几天工夫 jǐ tiān gōngfu”等。“十几”“几十”合写，如“十几个人 shíjǐ gè rén”“几十根钢管 jǐshí gēn gāngguǎn”。

在平衡语料库中，数词、约数词和含“第”的序数词，均合词。例如“四十三亿一千二百万”“一百多亿”“十几”“几十”“好几百”“一百多”“十来万”“第一”等，均合词标示为数词定词（Neu）。

### 2.3.4 动词

汉拼正词规则中，关于动词的规定如下：（一）动词和“着”“了”“过”合写，例如“看着 kànzhe”“看了 kànle”“看过 kànguo”。和句末“了”分写，例如“火车到了 Huǒchē dào le”。（二）动词和宾语分写，如“看信 kàn xìn”“开玩笑 kāi wánxiào”。动宾式合成词中间插入其他成分时，则分写，如“鞠了一个躬 jūle yī gè gōng”。（三）动词（或形容词）和补语，两者都是单音节的，合写；其余的情况，分写。例如“打死”合写成

“dǎsǐ”，“走进来”“整理好”则分写成“zǒu jìnlái”与“zhěnglǐ hǎo”。

平衡语料库标记中，动词后的“了”“着”“过”与动词分成二词标记，如“看（VC）了（Di）”“看（VC）着（Di）”“看（VC）过（Di）”。动词和宾语，语意无法由组合成分直接相加而得到之字串，则合词，例如“开玩笑（VB）”；如果语意和词类可由组合成分得知，则分词，如“看（VC）信（Na）”。动词后带补语时，如果语意和词类无法由组合成分得知，则合词，补语若为双音节的结果补语，中文词知识库小组（1998 [1995]:18）依辅助原则（六）“内部结构复杂之词尽量切分之”，和动词分开处理，例如“看（VE）清楚（VH）”。换言之，结果补语为非双音节，或补语为非结果补语的双音节补语时，亦可合词，如“整理好（VC）”“走进来（VA）”。

平衡语料库的分词标准中，语意或词类无组合性则合词，包含动词与宾语之间语义具组合性者分词的处理方式，与词汇学家分析词与词组的分法一致。对动词后带能表示动貌（aspect）的“了”“着”“过”等的处理方式，汉拼正词规则与平衡语料库的标记不同。汉拼正词规则中合词，可能是因为将表示动貌的“了”“着”“过”视为附着词素（bound morpheme）；而平衡语料库分词标准中分词，可能因其能接的动词数量多，或将之视为具有语法功能的虚词（function word）。此情况可能因汉语无明显的词汇界标，不易区分屈折词缀（inflectional affix）与虚词所致。对动词后接补语的处理，汉拼正词规则也与平衡语料库的标记有所差异。如果动词后接双音节的结果补语，两个标准均分词。如果动词和补语均为单音节，汉拼正词规则中合词；平衡语料库分词标准中虽未规定合词，但在其标记的语料库中，也多见合词如“打死（VC）”“搞坏（VC）”“建成（VG）”“熟透（VH）”等。如果动词为双音节，补语为单音节，或者动词为单音节，但补语为双音节，在汉拼正词规则中分词，如“整理好 zhěnglǐ hǎo”“走进来 zǒu jìnlái”，但在平衡语料库分词标记中，可能结果补语非双音节，或者补语非结果补语的合词成“整理好（VC）”“走进来（VA）”。

### 2.4 小结

综上所述，为了便于标注，台湾平衡语料库分词标准与大陆汉拼正词规则均有异于词汇学的分词准则。两岸规范也彼此不同。可推知两岸华语教材中的汉拼标示，如均依循汉拼正词规则，则应一致，但若依循的准则不同，则将呈现差异。

## 3. 华语教材中的汉语拼音

本文自两岸华语教材中，各选两套进行汉拼标示的观察。分别是台湾出版的《新版实用视听华语》《远东生活华语》，以及大陆出版的《新实用汉语课本》《当代中文》(以下分别简称《新视华》《远东》《新实汉》《当代》)。

此四套教材所包含的册数、总课数，以及课文的语音标示情况如下表1所示。

**表1　本文所选四套华语教材的册数、课数和语音标记**

| 教材＼内容 | | 册数 | 总课数 | 课文全文语音标记 | 课文语音标记仅标声调 | 课文无语音标记 |
|---|---|---|---|---|---|---|
| 台湾出版 | 新视华 | 5 | 73 | 第1-2册<br>(共25课) | 第3册<br>第1-7课<br>(共7课) | 第3册第8课-第5册全册<br>(共41课) |
| | 远东 | 3 | 47 | 第1册<br>第1-9课<br>(共9课) | 第1册第10课-第2册第12课<br>(共15课)<br>其中前9课课文内生词加标汉语拼音 | 第2册第13课-第3册全册<br>(共23课) |
| 大陆出版 | 新实汉 | 6 | 70 | 第1册<br>(共14课) | 第2册全册<br>(共12课) | 第3-6册全册<br>(共44课) |
| | 当代 | 4 | 44 | 全4册<br>(共44课，标示于汉字课文之后) | 第1-2册<br>(共20课，标示于课文汉字上方) | 第3-4册<br>(共24课，课文页面中无声调标示) |

《新视华》共五册，第一册有十二课，第二册有十三课，第三、四册各有十四课，第五册有二十课，共计七十三课。第一册和第二册汉字课文后附有全文汉语拼音。第三册第一课至第七课汉字课文内容后已无全文的语音标注，仅在每行课文上方标示声调。第三册第八课以后，以及第四、第五册，仅有汉字课文，而无声调标示。

《远东》共三册，第一册有十二课，第二册共二十三课，分A、B两册。A册有十四课，B册有第十五课至第二十三课，共九课。第三册有十二课。三册共四十七课。第一册第一课至第九课，于每一行汉字课文内容下，标示汉语拼音。第一册第十课至第二册第六课，课文中除生词标示汉语拼音外，课文汉字下无拼音标示，于每行汉字课文下标示声调。第二册第七课至第十二课，课文内生词亦无汉语拼音标示，仅于每行汉字课文内容下标示声调。第二册第十三课以及其后各课，仅有汉字课文，而无声调标示。

《新实汉》共六册。第一册有十四课，第二册至第四册，各有十二课，第五册与第六册各有十课，总计七十课，各册课别序号接续，由第一课至第七十课。第一册，课文中先呈现汉语拼音，再于各行下方呈现汉字内容。第二册，汉字课文上，仅标示声调，无完整汉语拼音标示。第三册至第六册，仅有汉字课文，无声调标示。

《当代》共四册，第一册有八课，第二册至第四册各有十二课，共计四十四课。当代的四册课文后，均附有全文汉语拼音的语音标示。第一册、第二册每课课文前约有三、四句重点句，于汉字上方标示汉语拼音，此二册汉字课文上均仅标声调，第三册与第四册课文页面中则无声调标示。全文汉语拼音则置于汉字课文内容之后。

上述所观察的教材中，除了《当代》全四册均于汉字课文后标示汉语拼音之外，其余教材仅部分的汉字课文附有汉语拼音标示。本文对教材中汉拼使用的观察，以教材中含有汉语拼音的课文内容为主，以生词之汉拼标示为辅。

在这四套教材中，"一""不"均标变调，量词"个"在《新视华》《远东》《新实汉》中标轻声，在《当代》中主要标示四声[1]。在专名、指示词与量词、数词、结构助词、动貌助词、重叠词，以及节缩词与合并词等部分的汉拼标示处理，各有特色，分述于下各小节。其差异之因有三：（一）教材编辑不完全遵守汉语拼音正词法基本规则。（二）对单音节词素和前后成分之间的分词标准不一。（三）教材编辑内部系统不一致或校对、检查疏失，即使同一本教材，也可能对相同的词素组合有不同的断词与标音方式。

[1] 当代第一册第三课生词"个"的语音标示为四声 gè（当代 1-3:72），对该课课文"你一个人在这儿？""一个孩子"（当代 1-3:75）中"个"的语音标示亦为四声 gè（当代 1-3:78）。但对"我想大概三万个"（当代 1-3:71, 81）中"个"的语音标示，则有四声 gè（当代 1-3: 83）与轻声 ge（当代 1-3:71）。

### 3.1 专名

本文所观察的华语教材中，专名的汉拼标示，大致符合汉拼正词法的规范：姓与名字分写，且首字母均大写；昵称中之“小”“阿”等与其后成分分写，且各成分的首字母大写。不过在对人的称呼中，专名后接普名时，《新视华》中，也将普名的首字母大写，如“李先生 Lǐ Xiānshēng”(新视华 1-1:4)，其中“先”首字母 X 大写，不同于其他教材中普名首字母小写的标示法，如“杨老师 Yáng lǎoshī”(新实用 1-4:36)、“林老师 Lín lǎoshī”(当代 1-1:37)、“谢老师 Xiè lǎoshī”(远东 1-4:66) 中，l 均小写。

此外，国名后接自由词素“人”“话”等时，各教材中均将国名和普名等分词，如“美国人 Měiguó rén”(新视华 1-1:4、新实汉 1-4：38)、“台北人 Táiběi rén”(远东 1-9:168)、“广东人 Guǎngdōng rén”(当代 1-3:78)。这一处理方式和两岸准则、规则均有所不同。可见台湾华语教材并未按照平衡语料库标准或汉拼正词规则分词，大陆教材也未完全遵守汉拼正词规则。

在《当代》中，也有国名和“人”合词标示的用例，如“美国人 Měiguórén”(当代 2-3:44)、“中国人 Zhōngguórén”(当代 2-3:44)、“加拿大人 Jiānádàrén”(当代 2-7:106)。可见教材编辑内部系统不一致或因校对、检查疏失而未能有一致的标示。

### 3.2 指示词与量词

汉拼正词法规则中规定“这”“那”“哪”后接“个”，如“这个”时，合词，标为 zhège。不过，大陆《新实汉》中，“这”后直接接量词如“个”“张”等时，均分词处理，如“这个 zhè ge”(新实汉 1-10:130)、“这张 zhè zhāng”(新实汉 1-10:131)。《当代》中，亦可见分词用例，如“这个 zhè gè”(当代 1-4:97, 3-1:6)，但也可见合词用例，如“这个 zhège”(当代 3-1:7)。此二套教材，对后无数词的“这”均标为zhè，其与“个”的处理，不完全遵守汉拼正词法规则。

台湾的《新视华》和《远东》中，无数词的指示词“这”“那”“哪”接量词时，均将“这”标为 zhèi，将“那”标为 nèi，将“哪”标为 něi，均与量词合词，如“这枝 zhèizhī”(新视华 1-4:56)、“这个 zhèige”(远东 1-1:2)、“那位 nèiwèi”(新视华 1-4:62)、“那本 nèiběn”(远东 1-3:47)、“哪种 něizhǒng"( 新视华 1-4:56 )。指示词后接数量词时，则与其后成分分词，如 "这两张 zhè liǎng zhāng"( 远东 1-3:55 )、"那三枝 nà sānzhī"( 新视华 1-4:63 )。但《新视华》亦可见与量词合写之 "这两个 zhèliǎng ge"( 新视华 1-5:81 )。

指示词 "这 zhè" "那 nà" "哪 nǎ" 之后省略数词 "一"，读为 zhèi、nèi、něi 的情况，如补回数词，仅能补上数词 "一"，无法补上其他的数词。读音的变化，可表示这三个指示词仅与数词 "一" 连读。书写形式中虽然无数词 "一"，但在语音形式中仍保留 "一" 之音，且并入其前的音节。此一读音的变化，虽然是包括指示词和数词的跨词类音变，但音变的适用对象极为有限，无法适用于其他任意紧邻的二词类，例如 "我很快就把一本故事书读完了" 与 "我只能喝一杯酒" 中，"把" 与 "一" 并未连读成 "百 bǎi"，"喝" 与 "一" 也并未连读成 "黑 hēi"。因此，产生连读音变的 "这 zhèi" "那 nèi" "哪 něi" 可视为句法上充当定语的成分。由于和充当代词的 "这 zhè" "那 nà" "哪 nǎ" 如 "这 zhè/ 那 nà 是我的书" 不同，无法在其后名词不出现的情况中单独使用，如 "* 这 zhèi/ 那 nèi 是我的书"，故其音变律可谓为词汇内部的音韵规律。这可能是台湾华语教材皆将后无数词的 "这" "那" "哪" 与量词合词之因。不过，一般也往往容易忽略这一连读音变规律，将后无数词 "一" 而直接接量词的 "这" "那" "哪" 读为 "这 zhè" "那 nà" "哪 nǎ"，导致无法从音韵准则判定是否合词。可能因此使得汉拼正词法、大陆教材编纂者，以及平衡语料库的断词系统，均将之与其后量词切分为二。

### 3.3 数词

华语教材对于基本数词、序数词、数词后接量词，以及时间词等，均有异同，分述于下。

#### 3.3.1 基本数词

汉拼正词法中规定，十一到九十九之间的整数合写，而 "百" "千" "万" "亿" 与前面的个位数合写；但 "万" "亿" 与前面的十位以上的数则分写。平衡语料库则将数词合词。汉语教材中，对基本数词的汉拼标示，大多遵循汉拼正词法的规定，如 "二十八 èrshíbā"( 新实汉 1-8:98 )、

"一百 yìbǎi"( 新实汉 1-8:98 )、"两千九百五十 liǎngqiān jiǔbǎi wǔshí"( 远东 1-3:43 )、"两千三百六 liǎngqiān sānbǎiliù"( 远东 1-3:43 )。

然而，教材中也可见违反上述规则的标示方式，例如"二十七点五 èrshí qī diǎn wǔ"( 远东 1-3:55 )，"二十七"分写成 èrshí 与 qī。"三万 sān wàn"( 当代 1-3:71 ) 与"一千 yì qiān"( 当代 1-3:82 ) 也皆分写，但应分写的"三十万"却合写，如"三十万 sānshíwàn"( 新视华 1-9:164 )。

### 3.3.2 序数

大陆的《当代》大致遵守汉拼正词法的规定，在表示序数的"第"与后面的数词中间加短横杠连写[1]，如"第一 dì-yī"( 当代 1-1:37 )、"第六 dì-liù"( 当代 2-3:39 )。但也可见"第"与其后数词合词无短横杠标示的用例，如"第一 dìyī"( 当代 2-4:57 )。

台湾的《新视华》与《远东》则将"第"与其后的数词分写，中间无短横杠，如"第一 dìyī"( 新视华 1-1:4、远东 1-5:89 )。

### 3.3.3 数词与量词

汉拼正词法规则与平衡语料库分词标准中，数词与量词，均分词。《新实汉》《当代》，以及《远东》中，也均分词，如"两个弟弟 liǎng ge dìdi"( 新实汉 1-8:96 )、"几口人 jǐ kǒu rén"( 当代 1-3:71 )、"一杯茶 yì bēi chá"( 远东 1-1:15 )。

然而，在《新视华》中，则将数词与量词合词，例如"两枝 liǎngzhī"( 新视华 1-4:60 )、"几本 jǐběn"( 新视华 1-4:60 )。

### 3.3.4 时间词

汉拼正词法规则中没有明确对时间标示的特殊规范。平衡语料库的标示中，对于时段，则将时间名词同一般名词一样，和数词、量词分词标示。描述时间点与日期名称时，数词和"年""月""日""号""星期""周""时""点""点钟""半""刻""分"等均合词，各个时间单位之间则分词标示为时间词（Nd），如"民国（Nd）四十七年（Nd）的（DE）四月（Nd）十日（Nd）""三月（Nd）十七号（Nd）(农历（Na）)，星期二（Nd）""周三（Nd）上午（Nd）""早上（Nd）七点钟（Nd）""二十九日

---

[1] 大陆《新实汉》"第"出现在第二册，课文中已无汉语拼音标示，故未观察到"第"后接数词时，该教材的标示情况。

（Nd）下午（Nd）四点（Nd）半（Neqa）[1]”“四点（Nd）三刻（Nd）”“昨天（Nd）下午（Nd）七点（Nd）四十分（Nd）”。

华语教材对时段的处理，除了《新视华》以外，其余教材均将数词、量词分开，也将数词与表时段的时间词如“钟头”“小时”“分钟”等分开标示。《新视华》中对时段的处理与对时点的处理方式相同，也将时间单位与前面成分连写，由横杠连接，如“一个钟头 yíge-zhōngtóu”（新视华 1-11:220）。

华语教材中，对时点与日期名称的处理，呈现出不一致的情况。大陆的《当代》中，将数词和“年”“月”“日”“号”“时”“点”“点钟”“半”“刻”“分”等分词，如“二〇〇年十月三十日上午九点四十分”标示成 èr líng líng èr nián shí yuè sānshí rì shàngwǔ jiǔ diǎn sìshí fēn（当代 1-7:164）、“七月一号”标示为 qī yuè yī hào（当代 1-7:149）。其中“二〇〇二”中的每个数字均分写。但“星期”与其后数词合写，如“下星期三 xià xīngqīsān”（当代 2-1:12）。

台湾的《远东》中，不止数词和“月”“号”等时间词分写，如“四月十一号 sì yuè shí yī hào”（远东 1-7:131）；“星期”也与其后的数词分写，如“下星期一 xià xīngqī yī”（远东 1-4:78）。

而大陆的《新实汉》中，则更显复杂。“年”与前面数词分写，“月”与前面的数词合写，“日”“号”等与前面数词以及表疑问的“几”分写，“星期”和“一”到“六”“日”等合写，但和表疑问的“几”分写。例如“一九八二年十月二十七日”标示成 yī jiǔ bā èr nián shíyuè èrshíqī rì（新实汉 1-9:112）、“星期日是十月二十七号”则为 xīngqīrì shì shíyuè èrshíqī hào（新实汉 1-9:112），以及“星期日是几号 xīngqīrì shì jǐ hào”（新实汉 1-9:112）、“星期几 xīngqī jǐ”（新实汉 1-9:111）、“下星期一 xià xīngqīyī”（新实汉 1-12:171）。

华语教材中，对时点的处理，多将数词与“点”“点钟”“分”“刻”等分开标示，如“三点 sān diǎn”（远东 1-4:77）、“十一点半 shíyī diǎn bàn”（新实汉 1-11:153）、“几点钟 jǐ diǎnzhōng”（当代 1-6:140）、“八点一刻 bā diǎn yí kè”（当代 1-6:129）。仅有《新视华》以合词的方式标示，将

[1] Neqa 标示数量定词。

数词与时间单位合写如“几点钟 jǐdiǎnzhōng”(新视华 1-11:215)、“七点钟 qīdiǎnzhōng”(新视华 1-11:220),并且不同单位之间以小横杠连接,如“三点半 sāndiǎn-bàn”(新视华 1-11:215)、“八点二十分的(火车)bādiǎn-èrshífēn-de”(新视华 1-11:215)。

除了不同教材标示方式不一之外,教材内部也常见标示不一致的情况,如《新视华》中可见“三点四十分 sāndiǎn-sìshí-fēn”(新视华 1-11:215),其中“四十”sìshí 与“分”fēn 之间中插小横杠连写,与上文中“二十分”èrshífēn 数词和时间单位合写的方式不同。又如“五点一刻 wǔdiǎn yíkè”(新视华 1-11:215)中,“刻”与“半”“分”相似,均为二个时间“点”之间的单位,但“五点”wǔdiǎn 和“一刻”yíkè 之间分写,中间无小横杠连接,也与上文“三点半”“八点二十分”中的标示不同。

### 3.4 “的”“地”“得”

关于“的”“地”“得”和其前成分之间的合分词标示处理,华语教材中也呈现出一定的差异。大陆的《新实汉》与《当代》中,此三者均单独成词,与其前成分分词,符合汉拼正词法的规定。例如表领属的“我的 wǒ de”(新实汉 1-13:186、当代 1-2:66)、“王小云的 Wáng Xiǎoyún de”(新实汉 1-5:48),名前修饰语“漂亮的(姑娘)piàoliàng de”(新实汉 1-13:158)、“(你昨天)买的(那张新地图)mǎi de”(当代 2-3:32),句末成分“(他们是什么时候)来的? lái de”(当代 2-3:32),以上各例中,“的”均单独成词。“得”“地”在《新实汉》中,出现在生词中,独列一词(新实汉 2-15:2、3-29:38)。在《当代》中,如“(今天你)穿得(真漂亮)chuān de”(当代 2-4:50)、“(让我在这儿)安安静静地(休息一会儿)ānān-jìngjìng de”(当代 2-10:161)中,“得”“地”单独成词。

台湾的《新视华》与《远东》中,“的”“地”“得”有独特的合词方式,与汉拼正词法的规定不同,也与中研院的断词方式不同。《新视华》中,“的”“地”“得”均与前面最接近的成分合词,例如“他的 tāde”(新视华 1-5:81)、“你爸爸妈妈的 nǐ bàba māmade”(新视华 1-5:81)、“你们家的 nǐmen jiāde”(新视华 1-5:81)、“你画的(这张画)nǐ huàde”(新视华 1-8:143)、“(我想买一个)新的 xīnde”(新视华 1-6:99)、“(你是为什么)去的? qùde”(新视华 1-10:189)、“(我们是在飞机上)吃的(午饭)chīde”

（新视华 1-10:193）、“很快地 hěn kuàide”（新视华 2-11:261）、“唱得（真好听）chàngde”（新视华 1-7:119）。这样的处理方式，将“的”“地”“得”视为前面词素的附着成分。不过，从内部组成成分之间的亲疏关系来看，如“你们家的”与“很快地”之中，“你们”与“家”、“很”与“快”的关系应比“家”与“的”、“快”与“地”之间的关系密切。如欲延长或停顿，一般应读成“你们家——的”，以及“很快——地”而不是读成“你们——家的”与“很——快地”。

《远东》中表领属的“的”也与其前成分合词，如“你的 nǐde”（远东 1-3:47）。但非表领属者，则分词，如“（你现在）住的（地方不好吗）zhù de”（远东 1-8:142）、“（我是从美国）来的。lái de”（远东 1-9:167）。“得”则独列于《远东》生词中（远东 1-11:212）。含“地”的副词性词语如“连带地 liándàide”则合词列于生词表中（远东 3-3:54）。



### 3.5 “了”

《新视华》《远东》以及《当代》中，标示动貌的“了”（一般称“了$_1$”）与前面动词合词，符合汉拼正词法的规范，如“下了（课，马上去买票）xiàle”（新视华 1-11:215）、“（谁）拿了（我的笔）nále”（远东 1-5:92）、“喝了（一杯牛奶）hēle”（当代 2-2:17）。但《远东》中，也可见分词用例，如“打了（好几次了，都没人接）dǎ le”（远东 1-8:153）。

而《新实汉》中，“了”与其前动词分词，与平衡语料库的断词方式相同，如“（听说你）得了（感冒）dé le”（新实汉 1-13:158）。

语尾助词“了”（一般称“了$_2$”）则除了在《新视华》中和前面动词合词（如“我生病了。Wǒ shēngbìngle.”（新视华 2-1:5））之外，在《新实汉》《当代》以及《远东》中，均与其前动词分词，符合汉拼正词规则以及平衡语料库的断词处理方式。

### 3.6 重叠词

华语教材中，单音节重叠形式，均合写，符合汉拼正词法规则，并且大多与宾语分词，如“看看书，做做别的事 kànkàn shū, zuòzuò biéde shì”（新视华 1-11:220）、“想想 xiǎngxiang”（当代 2-9:141）。但台湾的《远东》

中，单音节重叠形式则和单音节的名词宾语合写，如“爬爬山、打打球 pá páshān dǎ dǎqiú”(远东 1-9:178)，但和双音节宾语分写，如“看看房间 kàn kàn fángjiān”(远东 1-6:117)。

ABAB 与 AABB 式则多遵照汉拼正词法规则，前者分写，后者加横杠连写，例如“休息休息 xiūxí xiūxí”(新视华 2-1:8)、“介绍介绍 jièshào jièshào”(远东 1-9:177)、“练习练习 liànxí liànxí”(当代 2-7:106)，以及“安安静静地 ānān-jìngjìng de”(当代 2-10:161)。

对于中插“一”的重叠式“V 一 V”，台湾的《新视华》合词，如“想一想 xiǎngyìxiǎng”(新视华 1-9:164)，而大陆的《当代》则分词，如“试一试 shì yi shì”(当代 1-5:109)。

## 3.7 节缩词与合并词

节缩词与合并词，在汉语拼音正词法的规定中，为可加短横连写的适用对象。在平衡语料库分词标准中，若组成成分之间无标点符号隔开，也合词标记。正反问句结构中有不完整结构，也合词，例如在平衡语料库中“喜不喜欢（VK）”“可不可以（D）”均合词标示词类。

在华语教材中，节缩词词素之间不加短横，直接合写，如“环保 huánbǎo”(新视华 4-12:311)、“公交车 gōngjiāochē”(新实汉 6-62:24)、“交警 jiāojǐng”(新实汉 6-63:46)、“高考 gāokǎo”(新实汉 5-59:173)。合并词之间如果有标点符号，则汉拼的标示会由逗号隔开，如“七、八千 qī, bāqiān”(新视华 1-6:99)。如果未含标点符号，则三音节以内者多合词并不以横杠连写，如“水电费 shuǐdiànfèi”(远东 1-6:116)、“青少年 qīngshàonián”(新视华 4-6:149)。此外，如果合并词作为修饰语修饰其后的名词中心成分，或者前接定语，则与其后中心成分、其前修饰成分分词，如“进出口公司 jìnchūkǒu gōngsī”(当代 1-2:61)[1]、“我爸妈 wǒ bàmā”(当代 2-3:36)、“你父母亲 nǐ fùmǔqīn”(当代 2-3:39)。在大陆教材《当代》中，含数词的合并形式，如“一两年 yì liǎng nián”(当代 2-12:193)，则将各组成成分分写。

[1] “进出口公司”为普名，首字母应小写，但该教材标示为 Jìnchūkǒu gōngsī，首字母大写（当代 1-2:61）。

对于双音节动词与否定词"不"形成的"V不V"正反形式，在第一个动词以省略形式仅出现第一音节时，华语教材视同第一个动词的完整形式处理，与其他成分分词标示。如"可（以）不可以（给你发电子邮件）Kě（yǐ）bu kěyǐ（当代 1-2:62）"中将"可（以）"与其后否定词"不"、完整形式"可以"分词标示。

## 4. 结语

为了便于实际操作，台湾平衡语料库分词标准以及大陆汉语拼音正词基本规则均有异于词汇学学理上的词汇切分标准。两岸教材的实际处理方式也不一。台湾《新视华》和《远东》，并未依照平衡语料库标准分词，也未完全依据汉拼正词规则标音。大陆《新实汉》与《当代》也并非全然遵守汉拼正词规则。两岸教材对单音节词缀和前后成分之间的分词标准不一，对三音节以上的长词切分也各有独特之处。此外，即使同一套教材，对相同的词素组合也可能有不同的断词与标音方式。不一致、纷乱的断词标音系统易造成华语学习者的困扰，因此本文建议华语教学界应统一词汇的断词标音方式。

# 参考文献



符准青 2004《现代汉语词汇》(增订本)二版(1985 初版)，北京：北京大学出版社。

贾宝书 2003 第一编汉语的词和词汇探析，载葛本仪(主编)《汉语词汇学》3-118，济南：山东大学出版社。

连金发 2000 构词学问题探索，《汉学研究》(Chinese Studies)，台湾语言学的创造力专号(New Directions in Taiwan Linguistics)18 卷特刊，61-78。

刘　珣(主编)2005《新实用汉语课本 1》八刷(2002 初版)，北京：北京语言大学出版社。

刘　珣(主编)2005《新实用汉语课本 2》五刷(2002 初版)，北京：北京语言大学出版社。

刘　珣(主编)2008《新实用汉语课本 5》三刷(2005 初版)，北京：北京语言大学出版社。

刘　珣(主编)2009《新实用汉语课本 6》，北京：北京语言大学出版社。

台湾师范大学(主编)2008《新版实用视听华语》1-5 册，二版，台北：正中书局。

汤廷池 1996 汉语的词：自由语与粘着语的画分，《人文及社会学科教学通讯》第七卷第四期，131-163。(本文亦收录于：汤廷池 2000《汉语词法论集》，65-85，台北：金字塔出版社。)

吴中伟(主编)2003《当代中文》1-3 册，北京：华语教学出版社。

叶德明(主编)2005《远东生活华语 Book I》，台北：远东图书公司。

叶德明(主编)2006《远东生活华语 Book III》，台北：远东图书公司。

中文词知识库小组 1995/1998《技术报告 95-02/98-04 中研院汉语料库的内容与说明》，台北：中研院资讯所、中研院语言学研究所筹备处。

竺家宁 2009《汉语词汇学》四刷（1999 初版），台北：五南图书出版公司。

Hanks, Patrick. 2008. General Introduction in Patrick Hanks（Ed.）*Lexicology: Critical Concepts in Linguistics*, 1:1-35. New York: Routledge.

# An Investigation of the Similarities and Differences in Word Segmentation and Phonetic Notation among Materials Used to Teach Chinese as a Second Language

Yiching Wu
Ming Chuan University



**Abstract:** This paper observes word segmentation and phonetic notation of materials which are used to teach Chinese as a second language. The principles that were consulted include lexicological principles, the principles for Academia Sinica Balanced Corpus of Modern Chinese and the Basic Rules for *Hanyu Pinyin* Orthography. The three types of principles are not the same, and the latter two principles are also different, so that proper nouns, demonstratives, measure words, numbers, structural particles, aspect particles, copying words, abbreviations and portmanteau words are segmented differently by them. Words in Chinese teaching materials also differ in segmentation and *Hanyu Pinyin* notation. This is because that the Chinese teaching materials do not fully obey the Basic Rules for *Hanyu Pinyin* Orthography, they treat monosyllabic morphemes differently, and they lack inner consistency of material compilation. This paper suggests that the field of TCSL should have a common consensus on word segmentation and phonetic notation in order to avoid difficulties in teaching Chinese.

**Keywords:** word segmentation, phonetic notation, *Hanyu Pinyin*, Chinese teaching materials

# 现代汉语“跟”的多义性分析及教学启示

叶信鸿[1] 美国 哈佛大学

**摘要** 本文主要探讨现代汉语“跟”的多义性。已有研究发现，古代汉语中“于”的历史演变与“跟”有类似之处，语义特征和隐喻延伸同为多义性演变的原因。此外，现代汉语中“向”和日语中格助词“に”的多义性也为我们提供了佐证。最后根据上述分析结果提出教学建议和未来相关研究主题。

**关键词** 多义词 介词 动词分类 及物性关系 认知关系

[1] 美国哈佛大学东亚系中文组中文讲师，hsinhungyeh@fas.harvard.edu。

# 1. 前言

本文旨在为现代汉语“跟”的多义性提供认知层面的解释。过往文献多讨论“跟”从名词到动词，接着到介词以及最后到连词（conjunction）的语法化过程（Zhang, 2010），然而并未涉及“跟”在现代汉语中的其他功能，例如：“跟”也可以作为词组连接词（phrasal conjunction）、伴随格标记（comitative marker）、起点（source）标记和终点（goal）标记。见下例。

（1）张三跟李四一块儿来了。（词组连接词）　　（Teng, 1970）
（2）张三昨天跟李四一块儿来了。（伴随格）　　（Teng, 1970）
（3）我想跟他借钱。（起点）
（4）我得跟他道歉。（终点）

本文拟先提出对“跟”的传统分类的看法，其次进行语言内部和跨语言的对比，最后提出针对“跟”的教学建议与排序。

# 2. “跟”的次类

## 2.1 传统分类

现今主要的汉语词典中关于“跟”的词条，多将其列为动词、名词、介词和连词。本文仅讨论后两者，例句如下：

（5）汉典[1]：
　a）（= 和、同）
　我跟他在一起工作。
　b）（= 对、向）
　我已经跟他说了。

上节例句（3）的用法并未包含在词条中，此外各家词典的解释也不尽

[1] http://www.zdic.net/z/25/js/8DDF.htm.

相同。例如深受对外汉语教师和学习者所喜欢的网络词典“NCIKU[1]”列了如下例句：

（6）a）（介词，同）

我跟朋友去公园了。

b）（介词，向）

①跟我说说这件事。

②婚姻大事得跟父母商量。

c）（介词，用于“比较”）

他的教育背景跟我相似。

d）（连词，和）

珍妮跟海伦都去上课了。

对母语者而言，上列词条似乎已经包括“跟”所有可能的意义与功能，但我们应注意“跟”与其提供的中文介词及英文介词并非完全对应。例如，学习者常将例句（7）和（8）中的“with”以“跟”直接代替，而例句（9）中的偏误则与“跟”后名词的生物性（animacy）限制有关。见下例[2]：

（7）* 跟这封求职信也寄给您我的优秀证。

（8）* 跟我的妈妈同情。

（9）* 我真愿意跟贵公司在一起工作。

## 2.2 格语法及语义角色

上一节中对“跟”的传统定义和英语翻译可以从更深层的角度来进行分析。在 Fillmore（1968）和 Chafe（1970）提出的格语法框架下，Teng（1975）扩展并应用于中文动词分类上，其架构基础建立在动词与名词于语义结构中的及物性关系上。根据 Teng（1975）及其后来的

[1] http://www.nciku.com/search/zh/detail/%E8%B7%9F/1304980.

[2] 例句（7）-（9）从北京语言大学 HSK 动态作文语料库选出。

讲课笔记[1]，动词为句子核心，并指派语义角色给句中的名词或名词性成分（nominal elements），这是其最基本的默认值（default value）。换句话说，不同的动词类型需要带有不同语义角色的名词或名词性成分来加以定义。"格（cases）" 可以被分为两类，核心格（transitivity cases）和周围格（circumstantial cases）。核心格参与动词类型的定义，而周围格则不参与定义。核心格包括施事（agent）、受事（patient）、目标（recipient）、范围（range），而周围格包括工具（instrument）、场所（locative）、起点（source）、终点（goal）、路径（path）、伴随（comitative）和受益（befenective）等。在大部分的情况下，周围格一般带有格标（case markers），在中文和英文中主要由介词引进，而日文和韩文主要由助词引进。而在表层结构中，部分格标并不标志一个固定的语义角色。

为了更深入了解"跟"在上述框架下的分类，我们从北京大学中国语言学研究中心现代汉语语料库以及台湾中研院平衡语料库中各抽出500条例句加以分析。需要说明的是，只有介词和连词在我们的分析范围内。

（10）他要跟他一起来。

（11）他常常跟他抱怨。

（12）他每年跟他借钱。

（13）他的生活习惯跟他的一样。

根据Teng（1975）及其后修改过的框架，例句（10）中的"跟"为"伴随格"，（11）中的为"终点格"，（12）中的为"起点格"，而（13）也为"终点格"。接下来的问题是，这些"跟"彼此之间有无关系？如果相关，在哪些程度上，我们需要把哪些合并？比方说，（11）和（13）中的"跟"都标记着"终点格"，是否应该合并？我们将在之后详加讨论。

## 3. 认知关系

普遍认为词的多义性与历史发展有关（Heine &Kuteva, 2002）。另一

[1] 邓守信的理论（1975）于台湾师范大学华语文教学研究所授课时已修改，修改后的理论主要根据未出版的上课笔记内容而成。

方面，格标，比如“跟”，也通常与我们对事件的认识有关（Langacker, 1991）。接下来我们将通过语际和语内的对比检视几个相关的格标[1]。

### 3.1 古代汉语“于”

在本节中，我们将检视古代汉语中的格标“于”，并指出其语法化的证据，为“跟”的多义性提供理论基础。

关于“于”的起源有二：一为格助词（Shi, 2003），二为动词衍生出来的介词（Mei，2004；Xie，2008）。其中后者取得了较多共识，在古代汉语的文献中“于”也多被用作动词（Xie，2008）。Xie（2008）指出，“于”主要经历了三次语法化过程，首先从动词到介词，其次从介词到词素（morpheme），最后从接在单音节动词后的黏着词素到接在双音节动词后的黏着词素。

Xie（2008）的研究相当有意思。首先，她注意到了“于”的省略与动词的意义和类型有关。例如，带有“给予”和“拿取”之义的动词其后通常会接“于”，也就是说若是句中的名词带有起点格和终点格，“于”会较常出现，如（14），但若为场所格和目标格，“于”则较少出现，如（15）。见下列 Xie（2008）的例子：

（14）归咎、加害、有利、得益

（15）群居、陶醉、就学

其次，“于”和单音节状态动词的共现导致两个成分的词汇化并使状态动词出现类似动作动词的语法功能，如例（16）：

（16）苦于、忙于、羞于

最后，若单音节状态动词为程度动词，和“于”的结合将产生比较结构，而“于”之后的名词则作为比较标准，如例（17）：

[1] 格标在本文中包括传统对介词的定义，后文所指的格标亦同。

（17）长于、大于、早于

Xie（2008）的第一点非常具有启发性，因为“跟”也出现了类似的演化现象（参考 Zhang, 2010）。虽然 Xie 并未区分终点和起点的不同，并将两者都视为对象（target），但我们不同意将此二者合并在一起，因其方向性正好相反（参考例句（11）、（12）），而这两者也正好为现代汉语中的其他格标所标记，如“从”(起点格）和“向”(终点格）。

Xie（2008）的第二点和第三点说明“于”可以表明动词和名词之间的方向性（directionality）。其演化力量应为隐喻延伸（metaphorical extension）。Teng（1970）已经指出深层结构中的主体性（principality）将连词（conjunction）和伴随格（comitative）区分开来。主体性源自做动词用的“跟”，原意为“跟随”。该主体性从隐喻的层面上可以被视为对某个对象的方向性。此外，当我们检视 Xie（2008）中的例句时发现，在“于”后带起点格的名词比带终点格的少，而带起点格的名词前的“于”比起带终点格的“于”较少省略。原因应在于和起点格相比，终点格所带的方向性较符合时间顺序，亦可视为时间到空间的隐喻延伸。

隐喻延伸也可从其他例子中找到。前段提及 Xie（2008）已经指出表程度的状态动词和“于”的词汇化产生比较结构，如（17）所示。古代汉语中“跟”的方向性和“跟随”之义，其后也发展出比较结构，特别是当两个被比较的成分相同、类似或者完全不一样时。然而若两个被比较的成分不在前述状况中，则使用另一个表示比较的标记“比”。这应与这两个词在古代汉语中作为动词时的意义不同有关。“比”为“比较”之义，用于两个比较的成分，而“跟”为“跟随”之义，也隐含两个成分之间（一般是“人”）“同意”的语义。在英语中，也可以见到如“to follow the path”或者“to follow the steps”的表现，而在汉语中类似的表现也非常多。这也能说明为何“跟”在现代汉语中常与“一样”和“不一样”作为固定形式出现。

就上述几点而言，在上节中所列的几个例子应保持不变。“于”的演化证据能为我们提供一些立论基础。

### 3.2 日语“に”

在日语的格助词中，“に”应该是最多义的一个。根据共现动词的类型,“に”的分类也不同，且十分多样。Moriyama（2004）找出了这些“に”次类的认知关系。让我们先回顾一下 Moriyama（2004）的文献。

Moriyama（2004）主要将“に”分为四类，如下：

（18）

a）终点（goal）

① tomodachi-NI hon-woageru.（动作的终点“给”）

friend-to book-accu. give

to give a book to a friend / 把书给朋友

② gakusei-NI nihongo-wo oshieru.（动作的终点）

student-toJapanese-accu. teach

to teach Japanese to students/ 教学生日语

③ tsukue-noue-NI hon-wo noseru.（动作的终点）

table-gen. upside-tobook-accu. put

to put a book on the table / 把书放在桌上

b）起点（source）

① tomodachi-NI hon-wo morau.（动作的起点“给”）

friend-frombook-accu. get

to get a book from a friend / 从朋友那儿拿书

② sensei-NI nihongo-wo osowaru.（动作的起点）

teacher-fromJapanese-accu. toreceiveinstruction

to receive instruction from teachers / 从老师那儿得到指示

③ taifu-NI ie-wo tobasareru.（原因）

typhoon-by house-accu. be blown away

The house is blown away by typhoon. / 房子被台风吹走。

c）时间和地点（time and location）

① tsukue-no ue-NI hon-gaaru.（地点）

table-gen. upside-on book-nom. be

There is a book on the table. / 桌子上有一本书。

② jyuji-NI ie-wo deru.（时间）

10 o’clock-athouse-abl. depart

to depart from house at 10 / 十点从家里离开

d）经验者（experiencer）

① watashi-NI-wakotomo-gaaru.（拥有者 possessor）

I -?to-top kid-accu. have

I have kids/a kid. / 我有孩子。

② watashi-NI-waFujisan-gamieru.（感受者 perceiver）

I -?to-top. Fujisan-accu. see

I can see Fujisan（from here）. / 我（从这儿）看得到富士山。



上述例子和分类非常有意思。首先，表层结构的格助词和深层结构的语义格的不同常使分类系统变得相当复杂。例如，（18d）中的“孩子”和“富士山”都以が标记，但却不是“主格”或是语义结构中的“施事格（agent）”，而“孩子”实际上更像是 Teng（1975）及其后框架中的范围格（range），“富士山”更像是目标格（recipient），“我”则是“受事格（patient）”。

其次，根据 Moriyama（2004），Langacker（1991）提出的框架可以说明四个次类之间的区别。请见下图：

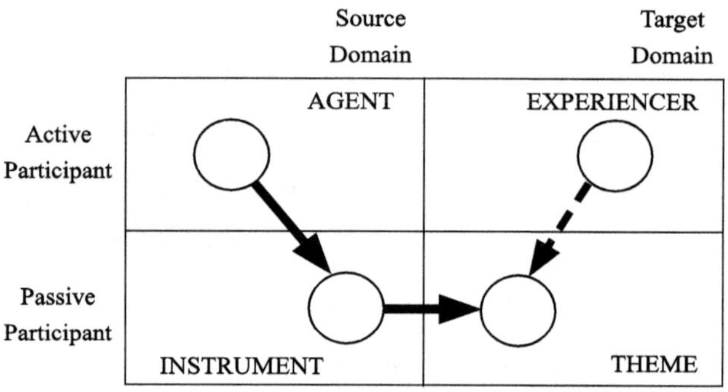


**图 1　Langacker（1991）提出的框架**

Langacker（1991）因将经验者（experiencer）纳入架构中而使其系统更加复杂。根据 Langacker（1991）的系统，经验者参与动词论元和动作链（action chain）的定义。Langacker 的例子是“我弄断了他的手”( I broke his arm. / I to him broke the arm）中的“弄断”( to break )。我们认为弄断“谁（经验者）”的手并不积极参与“弄断”的基本定义。

然而，Moriyama（2004）对此四类的认知分析特别具有启发性。他提出了程序——存在角度（procedural-ontological perspectives）和客观——主观角度（objective-subjective perspectives），以此作为四个次类的划分标准。因为汉语中的“跟”只涉及起点格和终点格，因此我们的讨论将仅限于这两者。根据 Moriyama（2004），终点格在客观——程序范围内，而起点格在主观——程序范围内。当に带终点格时可以被视为无标（unmarked），而带起点格时则为有标（marked），因为从历史发展的角度来看，に的方向性指向终点，因此当带起点格的时候，应视为有标。另外，降格（demotion of case）的现象也出现在“に”带起点格的时候。（参考 18b1-3）

例句（18b）①，在语义结构中，“朋友”应该是“给”这个动词的“施事”者，但是在表层结构中，“朋友”被降为起点格[1]。（18b）②和（18b）③中的“老师”和“台风”也分别降格为“教”和“吹走”的起点格。

Lin（2007）发现现代汉语中的另一个介词“向”也会因其后的动词类型有不一样的方向性。我们将先在此介绍 Lin（2007）提出的外向动词（extrodirectional verbs）和内向动词（introdirectional verbs）对我们分析“跟”的启发。根据 Lin（2007）的分析，带有起点格的“向”与内向动词共现，而带有终点格的“向”则与外向动词共现。见下例：

（19）内向动词：

单音节：要、借、聘、问、卖、求

双音节：学习、争取、募集、索命

外向动词：

单音节：走、退、逃、冲、看、推、转

双音节：提出、解释、说明、前进、道谢、张望、发展、挑战、打开

上面一些动词也可以和“跟”共现（阴影部分）。关于“跟”的一个特别有意思的现象是，当后面带有起点格的名词时，“跟”有时被省略，而



[1] 在 Teng (1975) 的框架中，核心格没有格标，而周围格则带有格标。升格指的是周围格在表层结构具有类似核心格的性质，而降格指的是核心格在表层结构中带有格标并具有周围格的性质。升格的例子包括，“对他生气”→“生他的气”，而降格的例子则包括“研究这个问题”→“对这个问题的研究”。

该名词则移到动词后，在表层结构中产生升格[1]（promotion of case）现象。如下：

（20）

a）跟他要钱→要他的钱

b）跟学校聘助理→聘学校的助理[2]

c）跟他学习努力的精神→学习他努力的精神

d）跟人民募集物资→募集人民的物资



与“跟”共现的外向动词也同样有一些有意思的现象。这些动词多半与言语行为或情绪的表达有关，包括（19）中的提出、解释、说明、道谢以及其他例子如抱怨、诉苦、说谎、示爱。

这与 Teng（1970）提出的“跟”的主体性有关。除了“多指称动词”（multiple-reference verbs），“跟”所带的名词在事件中扮演比较重要的角色，这与古代汉语中“跟”为“跟随”之义有关。因此，与日语に不同的是，带有起点格的“跟”比带终点格的时候更无标。当“跟”后面的名词的主体性不强时，则较接近物品移动的终点，隐喻机制将这些话语行为延伸至在空间中移动的对象上。

### 3.3 现代汉语“向”

本节主要探讨“跟”与现代汉语中另一个格标“向”的不同。如（19），Lin（2007）已经指出动词的方向性，如外向动词和内向动词，会影响“向”的意义。同时，我们也已知道“跟”和“向”能与上节列出的部分类型的动词共现。本节将讨论两者之间的两个主要不同之处。

首先，Lin（2007）指出“向”与外向动词共现的频率比与内向动词共现的频率高，在（19）中我们知道“跟”和外向动词的共现有较多的限制。事实上“向”与“于”的历史发展类似（见 3.1）。“向”终点格的方向性决

[1] 升格现象并未在“求”和“争取”中出现，原因应在于这些物品并不是“跟”后面名词的所有物，例如“跟他求情”→“? 求他的情”以及“跟他争取自由”→“? 争取他的自由”。

[2] 歧义句。这个句子的意思也可以是“聘一个（为）学校（工作）的助理”。

定了其与外向动词较高的共现频率，而“跟”的主体性使其倾向于与内向动词共现。

其次，接在“向”和“跟”后面的名词的生物性（animacy）也不同。更具体地说，“跟”后面只能带有生物性的名词，而“向”后面的名词则无此限制。也就是说，带有生物性的名词可以接在“向”和“跟”后面，但没有生物性的名词则只能接在“向”后面[1]，见（19）。原因在于古代汉语中“向”的方向性与生物性无关，而古代汉语中“跟”的主体性则与生物性有关，因为“跟随”无标记的对象通常是人类。

### 3.4 现代汉语“跟”

在我们对现代汉语“跟”的分析做出小结之前，我们认为有必要回应 Furukawa（2000）对“跟”的双向性（reciprocal directionality）的分析。Furukawa（2000）提出“跟”有下列四个用法：

（21）

a）并列：A with B

小黑已经跟小芹订婚了。

b）终点：A to B

不许你用这种无赖腔调跟我说话！

c）起点：A from B

这本书你跟谁借的？

d）存在点：A at B

你跟哪儿买的白菜？

Furukawa（2000）指出（21d）是北京方言用法。他认为（21d）中“跟”的双向性是两个相反方向中和的结果，并指出主动性（activiness）在（21b）和（21c）的区别中扮演着重要的角色。我们认为这样的论证存在一些问题。

首先，我们都知道普通话以北京语音作为标准音，是一个以北方话

[1] 本文并不讨论拟人用法 (personification usage)。

为基础方言建立起来的语言。我们尚无法确定（21d）中的“跟”是否在（21b）和（21c）之后出现。如果能提供更多北京方言中“跟”的语法化证据，比方说从区分起点——终点到中和的用法，那么论证则会更有说服力。

其次，虽然 Furukawa（2000）在引言中提到传统语法化过程为动词 / 名词→介词→连词，但在文中并未指出这一层关系或演化过程。

最后，Furukawa（2000）提到双向性并不只在“跟”上看得到，也能在一些动词、介词和其他结构上看到。我们在这里只聚焦在介词上。请见下列 Furukawa（2000）的例子。



（22）介词：给

a)（被动式：给）

王大夫给坏人打了。

→“坏人”是“打王大夫”的施事，也就是起点。

→“王大夫”是“坏人打”的受事，也就是终点。

b)（受益式：给）

王大夫给病人检查身体。

→“病人”是“王大夫检查身体”的受事，也就是终点。

→“王大夫”是“检查身体”的施事，也就是起点。

（23）介词：叫

a)（被动式：叫）

李老师叫小偷偷了钱包。

→“李老师”是“小偷偷钱包”的受害者，也就是终点。

b)（使动式：叫）

李老师叫小张念课文。

→“李老师”是“叫小张念课文”的起因，也就是起点。

这一段例子存在着几个问题。第一，部分例句中的语义角色似乎有点混淆。例如,（22b）中“检查”的受事应该是“身体”，而不是“病人”。“病人”并不参与“检查”的定义，至少不是在积极层面上，但“身体”却是积极参与了“检查”的定义。

第二，（23a）中的“李老师”应该是“钱包”的拥有者，所以“李老师”应该是“钱包”位移的起点，而不是事件受害者，也不是终点。

第三，在（23b）中，“李老师”和“小张”应该都是施事格，但是是不同动词的施事格，也就是分别为“叫”和“念”的施事格。

最后，根据 Furukawa（2000）的分析，假设“李老师”分别是（23a）和（23b）的终点和起点，那么（23a）和（23b）的起点和终点都无法在句子中找到。而一个标准的位移事件中，应该能找到明确的起点和终点。

结合上述分析，“跟”和其他类似的语际或语内的介词或格标一样都经历了语法化过程。Zhang（2010）指出在古代汉语中“跟”的原义是“脚跟”，后来的动词“跟随”之义也是从“脚跟”衍生出来的。他同时也认为连动式（serial verb constructions）减弱了“跟随”之义，伴随格和连词的用法也随之而生（参见 Hein and Kuteva，2002）。那么伴随格（with）、连词（and）、起点格（from）、终点格（goal）和另一个终点格（as）之间的关系为何呢？我们认为主体性仍然扮演着决定性的角色。Teng（1970）已经提出在深层结构中主体性将伴随格和连词区分开来。因为主体性，起点格的用法逐渐发展出来。在前一段例句（20）中，我们已经知道一些“跟”后面的“起点格”的名词升格为准领属格（pseudo-genitive）的例子。“跟”所标志的主体性也是“起点格”这种衍生用法的原因。应注意的是，在现代汉语中，也有另一个标记起点格的格标“从”。两者的区别可以在下列句子中呈现。首先，“从”并不是标记抽象名词起点的最佳格标。其次，“跟”所标记的名词的确显示了一定程度的“主体性”，比方说（24a）和（24b）中的权威者（authority）以及（24c）中的拥有者（possessor）。“从”或许能标记如（25）中的抽象名词，但只能与特定种类的动词共现，而且在（24）中也没有标记任何的主体性，因此不影响我们的分析。

（24）

a）跟老师 / ? 从老师那儿学习新知识。

b）跟政府 / * 从政府那儿争取自由。

c）跟他 /* 从他那儿索命

（25）

a）我从他那儿得知你明天不会来。

b）我从他那儿了解到你的双亲去世了。

另一方面，Teng（1970）指出如果深层结构中没有主体性，“跟”所带出的是词组连接（phrasal conjunction）。那么“跟（and）”“跟（to）”和“跟（as）”的关系究竟是什么呢？第一，由连词“跟”带出的名词与主语名词的语义格是相同的，但“跟（to）”和“跟（as）”则不然。第二，关于“跟（to）”和“跟（as）”，方向性和隐喻延伸扮演着重要的角色。Teng（1970）认为方向性的特征让“跟（起点格）”和“跟（终点格）”与“跟（伴随格）”和“跟（连词）”区分开来。然而，如我们上一节所述，“跟（起点格）”应该与主体性有关，而非方向性。此外“跟（终点格）”则与部分外向动词共现，例如语言行为（speech behaviors），如下：



（26）

a）我跟他提出一个计划。

b）我跟他解释迟到的原因。

c）我跟他道谢。

d）我跟他发火。

e）我跟他开玩笑。

每一个句子中的“他”都可以从隐喻角度视为移动物品的终点。在深层结构中，每个例句中的“他”并不协助定义动词或者是参与及物性关系，而是充当终点。

“跟（as）”可以视为“跟（to）”的隐喻延伸。“跟（as）”的比较意义从带有终点格“跟”的隐喻延伸而来。“跟（as）”只能与一些种类的状态动词共现，包括“一样”“相似”“差不多”。

综上所述，“跟”次类之间的认知关系如下图所示。

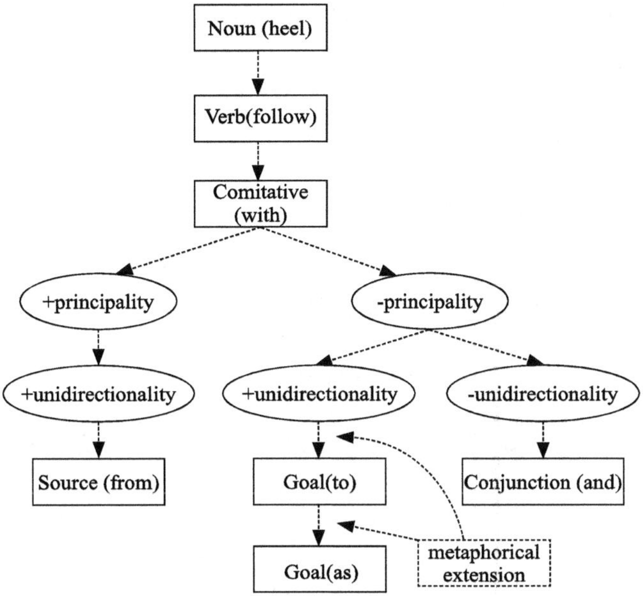


**图 2 “跟”次类之间的认知关系**

## 4. 教学启示

本节将把 Teng（2009）的教学语法应用于先前分析结果。前文的分析可随教学目的而进行调整。与“跟”有关的用法或句型略述如下（27）。虽然伴随格和连词的区别仍存有争议，然而在教学中，二者的区别并不一定会带来显著的教学效果，因此两者可以合并。动词的原型应该为动作动词，我们不采用任何标记，直接以 V 标记，状态动词被标为 Vs，而变化动词则为 Vp。

（27）

跟 $_{1（动词）}$： Sub. + 跟 + compl.（including particles）+ Obj.

跟 $_{2（伴随格 / 连词）}$： $Sub_{.1}$ + 跟 + $Sub_{.2}$ + V

跟 $_{3（起点）}$： Sub. + 跟 +sb. +V + O

跟 $_{4（终点）}$： Sub. + 跟 + sb. + V +（O）

跟 $_{5（终点 /as）}$： Sub. + 跟 + sb./sth. + Vs（一样 / 差不多等）

我们将先检视语料库中"跟"次类出现的频率次数，然后决定是否简化上述分类系统。

### 4.1 频率统计

我们使用两个语料库进行分析，分别是北京大学中国语言学研究中心现代汉语语料库（CCL），以及台湾中研院现代汉语平衡语料库（ASBC）。每个语料库都分析 500 条语料。统计结果表列如下。

**表 1 语料库统计结果**

| | CCL | ASBC | 总计 | 百分比 |
|---|---|---|---|---|
| 跟 $_{1}$（动词） | 44 | 50 | 94 | 9.40 % |
| 跟 $_{2}$（伴随格 / 连词） | 266 | 307 | 573 | 57.30 % |
| 跟 $_{3}$（起点） | 3 | 16 | 19 | 1.90 % |
| 跟 $_{4}$（终点） | 74 | 44 | 118 | 11.80 % |
| 跟 $_{5}$（终点 /as） | 73 | 67 | 140 | 14.00 % |
| 不适用（N/A） | 40 | 16 | 56 | 5.60 % |

除了不适用的语料以外，出现频率由高到低为"跟 $_{2}$ > 跟 $_{5}$ > 跟 $_{4}$ > 跟 $_{1}$ > 跟 $_{3}$"。不适用的语料包括古代汉语中作为名词"脚跟"的"跟"，或者是作为一个动词成分但与其他词素词汇化的例子。"跟 $_{2}$"出现的高频率是可理解的，因为这是"跟"主要的演化来源，其共现的动词也包括许多种类和意义。另一方面，虽然"跟 $_{1}$""跟 $_{4}$"和"跟 $_{5}$"都各有 10% 到 15% 的语料分布，但这些语料中共现的动词类型较为一致。如上节所述，"跟 $_{1}$"意思是"跟随"，因此在语料中多和持续貌 / 进行貌标记（progressive/continuative marker）"着"共现。与"着"和其他变化动词（process verbs）的共现，比如"走"或"改变"，都间接地削弱了"跟 $_{1}$"的动词性，为我们提供了演化证据。而与"跟 $_{4}$"和"跟 $_{5}$"共现的动词类型相当单一。最常与"跟 $_{4}$"出现的动词是"说"，如"跟他说"，而最常与"跟 $_{5}$"出现的则是"一样"及其否定形式"不一样"。

## 4.2 偏误分析

为了了解对外汉语学习者与“跟”有关的偏误类型，我们分析了北京语言大学 HSK 动态作文语料库中与“跟”有关的所有 175 条语料。根据偏误类型可以分为（a）省略、（b）误加、（c）取代、（d）错序、（e）混合，以及（N/A）非偏误。统计结果如下。

**表 2 “跟”的偏误类型**

| | 频率 | 百分比 |
|---|---|---|
| a. 省略 | 60 | 34.29% |
| b. 误加 | 29 | 16.57% |
| c. 取代 | 44 | 25.14% |
| d. 错序 | 0 | 0.00% |
| e. 混合 | 28 | 16.00% |
| 非偏误 | 14 | 8.00% |

每一个错误类型的表现如下列例句所示。我们将简单评论每一个错误类型的分析结果。

省略现象主要分布在“跟$_{2（伴随格）}$”以及“跟$_{5（终点/as）}$”中，如下。

（28）省略

a. * 他们希望别人也是自己的父母一样。

b. * 我一般我的姐姐和弟弟一起玩儿。

误加现象主要发生在与“跟$_{2（伴随格）}$”和“跟$_{5（终点/as）}$”相关的句子中。“跟”在这些情况下是不必要的，参考（29a），或是“跟”的功能可以被其他语法成分替代，参考（29b）。

（29）误加

a. * 我慢慢地改变了跟以前的样子。

b. * 他们好像跟爸爸妈妈一样招待了我。

取代现象主要与“终点”的“跟”有关，见（30）。

（30）取代

a. * 他们跟我们很热情。

b. * 跟他有意见

最后，混合现象说明有两个或两个以上的错误类型，特别是一些非及物性动词在表层结构中被用为及物动词。如下。



（31）混合

a. * 这样的做法相反原来的目的。

b. * 我开始打招呼别人。

从上述结果我们可以看出，偏误来源可能与负迁移（negative transfers）或目标语词汇的多样用法有关。我们会在以后讨论。

### 4.3 “跟”的教学排序及教学建议

在本节中，我们将应用 Teng（2009）提出的教学语法原则进行“跟”的教学排序。主要的原则如下。排序原则的指数越高，表示学习者越难习得。

（32）

a）结构复杂度（Structural complexity）

b）语义复杂度（Semantic complexity）

c）跨语言距离（Inter-linguistic distance）

d）类化困难度（Conceptualization difficulty）

e）语用功能（Pragmatic function）

因为我们只考虑语内排序，所以原则（c）和（d）在此并不列入考虑。根据其他三个原则和语料库频次统计，我们将每一个“跟”的难易度简单列表如下。

**表 3 “跟”的难易度**

| | 跟 $_1$ (follow) | 跟 $_2$ (with/and) | 跟 $_3$ (from) | 跟 $_4$ (to) | 跟 $_5$ (as) |
|---|---|---|---|---|---|
| 结构复杂度 | + | + | + | + | + |
| 语义复杂度 | + | − | − | − | − |
| 语用功能 | − | − | − | − | − |
| 低频率 | + | − | + | + | − |

如上表所示，每一个“跟”的结构和语义复杂度几乎一样，因此主要的排序因素落在了频率上。根据上节的统计,“跟 $_2$”和“跟 $_5$”的频率较高，特别是前者，因此“跟 $_2$”应该比“跟 $_5$”更早介绍给学生。另一方面，根据上一节的分析，“跟 $_1$”在实际语料中常跟进行貌 / 持续貌标记共现，动词性减弱，同时也较偏离“跟随”的核心语义，且与“着”的词汇化程度更高，因此我们认为应该比“跟 $_3$”和“跟 $_4$”更晚出现在教材中。最后，由于“跟 $_3$”和“跟 $_4$”分别与特定动词类型出现，例如“跟 $_3$（from）”常与“学”和“教”共现，而“跟 $_4$（to）”常与“说”共现。我们认为“跟 $_4$”应该比“跟 $_3$”更早介绍给学生，因为与“跟 $_4$”共现的动词比和“跟 $_3$”共现的动词频率要高，比如:“说”。教学排序如下：

（33）跟 $_{2\,(with/and)}$ > 跟 $_{5\,(as)}$ > 跟 $_{4\,(to)}$ > 跟 $_{3\,(from)}$ > 跟 $_{1\,(follow)}$

## 5. 结论

在撰写本文的过程中，我们发现了许多有意思的问题。第一，语义结构和认知结构的关系是什么？第二，介词和连词的区别是什么？介词和连词的原型（prototype）是什么？最后，拥有相似语法功能的介词之间的差异是什么？是否可帮我们更深入地了解每一个动词之间的语义或认知结构？这些问题还有待进一步的研究。

# 参考文献

邓守信 2009《对外汉语教学语法（修订版）》，台北：文鹤出版社。

林春霞 2007 汉语“向”“朝”“往”之语义分析与教学语法，台湾师范大学硕士论文。

梅祖麟 2004 介词“于”在甲骨文和汉藏语里的起源，《中国语文》，第 4 期：323-332 页。

时　兵 2003 也论介词“于”的起源和发展，《中国语文》，第 4 期：343-347 页。

谢雯瑾 2008“于”及其“V/A 于 X”的发展与演化，上海师范大学硕士学位论文。

张海霞 2010，“跟”的词义变化及语法化过程，《常州工学院学报（社科版）》，第 4 期：67-70 页。

森山新 2004 認知主体の把握の仕方と格助詞ニの多義構造について—認知言語学的観点から .《日本学报》第 59 期：89-102。

Chafe, Wallace 1970*Meaning and the Structure of Language*. University of Chicago Press.

Fillmore, Charles 1968 The Case for Case. In Bach and Harms（Ed.）: *Universals in Linguistic Theory*. New York: Holt, Rinehart, and Winston, 1-88.

Heine &Kuteva 2002 *World Lexicon of Grammaticalization*. UK: Cambridge University Press.

Langacker, Ronald 1991 Concept, Image, and Symbol. *The Cognitive Bases of Grammar*. Berlin: Mouton de Gruyter.

Teng, Shou-hsin 1970 Comitative versus PhrasalConjunction. *Papers in Linguistics* 2.2, 314-358.

Teng, Shou-hsin 1975 *A Semantic Study of Transitivity Relations in Chinese*. Berkeley: University of California Press.

# A Cognitive Analysis of Polysemous GEN in Modern Chinese and Its Pedagogical Implications

Hsin-hung Yeh
Harvard University



**Abstract:** This paper focuses on the cognitive relations between subcategories of polysemous GEN in modern Chinese. Historical evidence is drawn from previous studies of the preposition YU in classical Chinese, which shares similar properties with GEN in modern Chinese, although YU is no longer productive in modern Chinese. It is proposed that semantic features and metaphorical extensions are responsible for the polysemous development. Paralleling evidence can also be found in other modern Chinese preposition XIANG and Japanese particle NI. The paper closes with a brief remark on pedagogical implications and possible future research topics.

**Keywords:** polysemy, preposition, verb categories, transitivity relations, cognitive relations

# 汉语语言学及方言研究

# 汉语的理想词类系统及其预测句法效益的能力[1]

陈立元[2]　台湾　台湾大学

**摘要**　本文旨在揭示汉语理想词类系统的特征与预测最大句法效益的能力，以期实现汉语作为第二语言教育的最高效益，并且反思理论语法与语言习得等的相关研究。

本文的研究方法是从相关文献研究中提取出理想词类系统的四项外部条件与四项内部属性，作为评比理想词类系统的指针，进而构拟出理想词类系统，再考察二十一世纪以来六位著名的语法学家所提出的六套汉语词类系统，从中发现现实世界中的理想词类系统，探讨传统词类系统与汉语作为第二语言习得研究上的局限性，并且提出具体建议。

**关键词**　词类系统　句法预测　默认值　信息结构　语言习得

[1] 本文已于 2013 年 12 月 27 日台湾华语文教学学会学术年会发表，内容是根据陈立元（2013）博士论文撷取部分加以精简而成。

[2] 陈立元，台湾大学国际华语研习所，资深教师兼所务主任，ann7chen@ms45.hinet.net。

## 0. 前言

汉语作为第二语言教育学界近年来不论在学术论文中还是在研讨会上，都在不断提出“教什么？”“教多少？”“怎么教？”“什么时候教？”这样的问题，显见学界已经发觉传统的理论研究、教材编写、课堂教学等都面临着严峻的考验，迫使大家必须重新审视与思考汉语作为第二语言教育的本质及其效益。

上述一连串问题的症结，就在于汉语缺乏一套能有效预测句法效益的理想词类系统。一旦有一套理想的词类系统就能对症下药，不但上述问题能迎刃而解，而且可使汉语作为第二语言的教学更具系统性，化繁为简，达到教学与学习上的最大效益。举凡理论语法研究、习得研究、教材与教法、测验与评量等也都可以有确切的依据。

## 1. 什么是预测句法效益的能力（consequence）

consequence 的本义是指逻辑的推论，是现代句法学既定假设（assumption）下的共知。本文为了便于理解，指称为词类系统预测（predict）句法效益的能力。

词类系统能有效预测句法效益，进而预测出汉语的有所句式，其先决条件必然是词类划分极具系统性。汉语词类研究上，邓守信（1974b/2005:80/2012:114）是首位提出这一论点的语法学家：“就教学目的而言，语义或句法分类都不能单独厘清观念并促进学习。教授一种语言，我们不需要在使学生了解语言学知识的这个部分上着墨太多，例如，一个已知的动词是‘出现’动词还是及物动词，我们的目标是使学生能够合乎语法地使用一个特定的句法结构，也就是造出一个合乎语法的句子。这个目标是衡量动词分类系统的指标。因此，一个理想的词类系统必须具备有效的句法推论能力。”[1] 进而将 SM 与 BC[2] 两本初级教材中错综复杂的词类概括于动作动词、状态动词、变化动词三类动词次类当中。列出如下：

**表 1　SM 和 BC 中的动词次类**

| | 动作动词 | 状态动词 | 变化动词 |
|---|---|---|---|
| SM | FV | EV，SV，FV | FV |
| BC | TV，IV | EV，SV，TV，IV | TV，IV |

在逻辑上，词类是依据词在句子当中的方位与功能所划分出来的，此外，动词是句子的中心，因为一个动词能带出一个句子。换句话说，动词具有指派论元结构的能力，同时动词具有时间内部结构（邓守信，1985a），崔希亮（2003:129，131）也指出，“从意义上说，动词是表示行为、动作或者变化的词。动态动词有动量，因此，它们或者有大小，或者有方向，或者有频率，或者有变化的结果。静态动词没有动量，因此它们没有大小、没有方向，也没有动频，也不会产生结果，在表现形式上就是不能带动量补语，不能带趋向补语、不能与表示方向的介词共现，也不能重叠。”因此动词与周围成员搭配限制的条件最为丰富也最为严格，也因此，词类系统具有预测句法与句式的能力，而句法预测能力的大小与词类系统是否划分得宜是息息相关的。



## 2.　研究方法与理论框架

### 2.1　研究方法

本文所采取的研究方法主要是推论演绎法。研究步骤是，第一步，大

[1]　邓守信 (1974b/2005:80): “For pedagogical purposes, neither semantic nor syntactic classification alone can expedite clarification and learning. In teaching a language, our goal is not so much to make the student understand, for example that a given verb is an ‘appearance’ verb or a transitive verb, as to enable him to utilize a particular syntactic construction grammatically, that is, to form grammatical sentences. This goal acts as an evaluative measure in favoring a particular system of verb classification over another. It follows that a satisfactory system must have significant syntactic consequences.”

[2]　SM 即是指 Speak Mandarins, BC 即是指 Beginning Chinese。

胆假设在现有汉语词类方案中存在着一套理想的词类系统，如果现有词类方案中，不存在一套理想的词类系统，则由本文提出一套。第二步，通过西方理论语法学界与汉语理论语法学界对词类系统的研究，构拟出一套汉语理想词类系统的模型。第三步，从西方与汉语学界词类研究相关理论，以及构拟的理想词类系统的模型中，提取出理想词类系统外部条件与内部属性的八项特征作为评比指针。第四步，对 21 世纪以后六位名家提出的六套汉语词类方案逐项加以评比。第五步，根据各项评比的结果，若确实有一套现有词类方案与本文所构拟的理想词类方案一致，也就发现了真正的理想的汉语词类系统。第六步，通过语言习得的相关研究成果，以及语料库的语料，一方面为理想汉语词类系统的理论提出佐证，一方面验证理想词类系统具备预测句法效益的事实。第七步为应用语言学界提出建议。



### 2.2 理论框架

本文所采用的理论框架主要是生成语法理论 Chomsky（1995a）最简方案（The Minimalist Program）的最简精神与 Chomsky（1965）的标准理论，但不涉入该理论中错综复杂的运算系统。我们以最简方案为设置理想词类系统的最高原则—规则越少，记忆负担越小；并借助标准理论来分析讨论基式结构与信息结构。在动词次类的划分上，参照研究动词与格关系的格语法理论（case grammar），主要是邓守信（1975）汉语及物性语义关系理论。在讨论词类数多寡的议题上，参考 Miller（1956）7 ± 2 的信息加工理论，藉以解释词类数与语言规则，以及脑部记忆容量与信息加工效益的关系。用认知心理学的默认值理论来解释理想词类系统的层次性与标记系统。此外采用信息结构理论（information structure）来解释理想词类系统所统摄的信息结构。以语言习得理论与语料库来验证理想词类系统的效益。

## 3. 理想词类系统的指针与发现

本文从相关研究中，虚拟一套理想词类系统的模型，并勾勒出理想词类系统的四项外部条件与四项内部属性作为评比指针，以有效避免先验性（a priori）的循环论证。通过这四项内部属性与四项外部条件的结合，使词类系统达到经济简约的理想，使词库中的词可以储存完整的词类信息与句法规则。换言之，即做到“以最少的词类数达到最大的句法预测效益”，使汉语的使用者可以根据储存于词汇内在的语法讯息来遣词造句。

四项外部条件分别是词类数、动词次类、层次性、标记的经济性。这四项理想词类的外部条件是环环相扣的。词类数意指介于词类之上层与词类之下层当中的第一层词类的大类，理论上词类系统每多出一个类别，就意味着多出一条语言规则；动词次类则是以动词为中心的次类划分；层次性则指词类系统上下位成员之间具有层级关系的默认值（default values）属性的层次关系；标记的经济性则关注符号系统能否迅速有效地刺激语法讯息。

在四项外部条件的基础上，勾勒出理想词类系统的四项内部属性：及物性（±transitivity）、谓语性（±predicative）、定语性（±attributive）、分离性（±separability）。首先，通过理论语法学界先后提出的四种及物观的讨论，界定本章的及物观，廓清动后宾语的属性与类型，使动词的次类与宾语的关系条理分明，进而指出双宾动词的分类在逻辑上的悖谬，并藉以解决动后宾语争议的问题。四种及物观分别是：传统句法线性结构概念的及物观、动词与格关系的及物观、测试句式及物性等级的新及物观，以及非宾格假说的及物观。然后，通过谓语性的界定，指出“形容词、动词”等术语与“名词谓语句”的内在矛盾问题。而后通过定语性的界定与讨论来界定第一层的“限定词”词类与动词第四层次类——唯定状态动词的划分依据，进而指出汉语名物化与动名兼类的问题。最后通过分离性的讨论与界定，揭示汉语离合词与主语后置的特殊性，同时提出学界有人将动词后的名词性成分视为“施事宾语”所造成的句法分析上的棘手问题。以下仅就词类数与层次性加以说明。

### 3.1 词类数

本文认为词类系统的词类数每多出一个词类数，就表示多出一条语言规则来。比如：时间词（明天），依据句法分布来看，有的时间词可担任主语、宾语，因此，将时间词划入名词，又由于时间词也可以担任状语来修饰主要动词组，因而，又将时间词划入副词。这样的分类所依据的是句法功能，传统词类方案就是根据时间词在句法上的表现，将时间词独立出来。这样的后果是，时间词从词库生成句子的时候，至少有两条规则。

此外人类自然语言的词类数都在 8 大类上下，这正符合 Miller（1956）记忆加工效益 7±2 的原则，然而传统汉语词类方案的词类数却有逐渐增加的趋势，词类数从 12 类到 22 类不等。以张斌等（2010）的词类系统为例，第一层平行并列的词类数，共有 14 类，分别是：1）名词、2）数词、3）量词、4）动词、5）形容词、6）区别词、7）副词、8）连词、9）介词、10）助词、11）语气词、12）象声词、13）感叹词、14）代词。如果按照多出一个词类就是多出一条规则的原则来思考，张斌等（2010）的词类系统的词类数与西方八大类的规模相较，仅以第一层的大类而言，就多出 6 条规则，也就是多出 75% 的规则。

再以郭锐（2002）的词类系统为例，第一层的词类数共为 20 类，依此类推，则比 8 大类多出 12 条规则，也就是多出 1.5 倍的规则，其在人脑中信息加工的困难度是可以想见的。郭锐（2002）的二十类分别是：1）动词、2）形容词、3）状态词、4）名词、5）量词、6）方位词、7）时间词、8）处所词、9）区别词、10）数词、11）数量值、12）指示词、13）副词、14）拟声词、15）介词、16）连词、17）语气词、18）助词、19）叹词、20）代词。

本文设计出以八大词类为中心的计算公式，分别计算出各词类数（1 ~ 3000）的信息加工效益，然后将现有的汉语词类方案与教材词类数做出对应。将两表列出如下：

**表 2　各词类数的信息加工效益表**

| 词类数 | 脑部加工效益 | 加工困难度 | 词类数 | 脑部加工效益 | 加工困难度 |
|---|---|---|---|---|---|
| 1 | 53.30% | 46.70% | 6 | 80.00% | 20.00% |
| 2 | 57.10% | 42.90% | 7 | 88.90% | 11.1% |
| 3 | 61.50% | 38.50% | 8 | 100.00% | 0.00% |
| 4 | 66.70% | 33.30% | 9 | 89.90% | 11.1% |
| 5 | 72.70% | 27.30% | 10 | 80.00% | 20.00% |

（续表）

| 词类数 | 脑部加工效益 | 加工困难度 | 词类数 | 脑部加工效益 | 加工困难度 |
|---|---|---|---|---|---|
| 11 | 72.70% | 27.30% | 23 | 34.80% | 65.20% |
| 12 | 66.70% | 33.30% | 24 | 33.30% | 66.70% |
| 13 | 61.50% | 38.50% | 25 | 32.00% | 68.00% |
| 14 | 57.10% | 42.90% | 26 | 30.80% | 69.20% |
| 15 | 53.30% | 46.70% | 27 | 29.60% | 70.40% |
| 16 | 50.00% | 50.00% | 28 | 28.60% | 71.40% |
| 17 | 47.10% | 52.90% | 29 | 27.60% | 72.40% |
| 18 | 44.40% | 55.60% | 30 | 26.70% | 73.30% |
| 19 | 42.10% | 57.90% | 31 | 25.80% | 74.20% |
| 20 | 40.00% | 60.00% | 41 | 19.50% | 80.50% |
| 21 | 38.10% | 61.90% | 178 | 4.49% | 95.51% |
| 22 | 36.40% | 63.60% | 3000 | 0.30% | 99.70% |

**表 3　汉语词类方案等信息加工效益表**

| 出处 | 词类数 | 加工效益 | 困难度 | 优值序 |
|---|---|---|---|---|
| 马建忠 1898 | 9 | 88.99% | 11.01% | 2 |
| 黎锦熙 1924 | 9 | 88.99% | 11.01% | 2 |
| 吕叔湘 1942 | 9 | 88.99% | 11.01% | 2 |
| 王力 1947 | 11 | 72.73% | 27.27% | 4 |
| 语法讲话 1952 | 12 | 66.77% | 33.23% | 5 |
| 赵元任 1968 | 13 | 61.54% | 38.46% | 6 |
| 中学体系 | 12 | 66.77% | 33.23% | 5 |
| 胡裕树 1962 | 13 | 61.54% | 38.46% | 6 |
| 黄廖本 | 14 | 57.14% | 42.86% | 7 |
| 朱德熙 1982 | 17 | 47.16% | 52.84% | 9 |
| 北大 1993 | 15 | 53.33% | 46.67% | 8 |
| 张斌 1996 | 13 | 61.54% | 38.46% | 6 |
| 袁毓林 2000a | 17 | 47.16% | 52.84% | 8 |

（续表）

| 出处 | 词类数 | 加工效益 | 困难度 | 优值序 |
|---|---|---|---|---|
| 郭锐 2002 | 20 | 40.00% | 60.00% | 11 |
| 邓守信 2009 | 8 | 100% | 0% | 1 |
| 曹逢甫等 2009 | 12 | 66.77% | 33.23% | 5 |
| 黄正德等 2009 | 9 | 88.90% | 11.1% | 2 |
| 张斌等 2010 | 14 | 57.14% | 42.86% | 7 |
| 袁毓林 2010 | 19 | 42.10% | 57.90% | 10 |
| 《中文听说读写》2007 | 26 | 30.77% | 69.23% | 12 |
| 《新实用汉语课本》2002 | 31 | 25.80% | 74.20% | 14 |
| 《视听实用华语》2007 | 30 | 26.67% | 73.33% | 13 |
| 《Interactions》1997 | 41 | 19.51% | 80.49% | 15 |
| 《现代汉语课本》2010 | 10 | 80.00% | 20.00% | 3 |
| 《基础汉语》2011 | 30 | 26.67% | 73.33% | 13 |
| 中研院汉语平衡语料库 | 178 | 4.49% | 95.51% | 16 |
| XXX | 3000 | 0.27% | 99.73% | 17 |

为了有更直观的效果，我们将上述各项数值转换为统计图，如下：

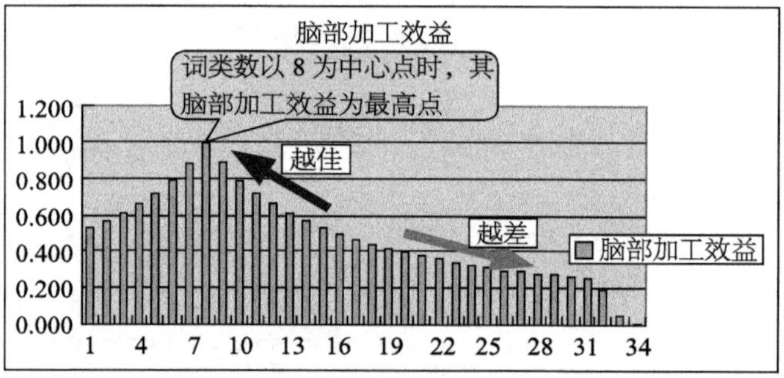


**图 1　各词类数脑部加工效益与困难度对应图**

### 3.2　层次性与默认值

层次性的优越之处在于能有效节省记忆空间，同时能达到高度的经济性，这是由于层次系统上下位成员之间具有层级关系的默认值（default values）属性。默认值取自于认知心理学的理论。认知语言学家 Miller（1996/2002:250）研究指出，在心理词库中，词汇的组织方式是层级性的。层级性的组织可以通过旧系统经济而有效地把藉以区辨每个词的独特属性、部件、功能储存在记忆中。举例来说，词 Wh 是词 Wg 的下属名词，则 Wh 的区辨特质清单中就会包括 Wg 的特质。Wh 与 Wg 这两个词共同的特质储存在 Wg 中，只要下属名词或上属名词紧密联结，这些共同特质就不必在 Wh 中再储存一次，需要时只要从上属提取即可。

举例来说,“榕树”是“树”的下属名词,“榕树”的区辨特质包括“树”的所有特质，也就是说“榕树”具有“树”所有的特质，以及“榕树”独有的特质，以便于与其他“树”做出区辨。因此，只要将“榕树”独特的特质储存于“榕树”中即可。只要能自动地辨识“榕树”为“树”的下属名词，那么“树”的特质就能随之而提取出来。

到底层次性的默认值，能有效节省多少空间？ Miller（1996:252）以 IMIS 模式（idealized model inheritance system）进行了估算，认为可以节省79%的重复记忆空间。假如IMIS模式是一个具有五个层级的词汇网络系统，分支的成员也是五个，那么，IMIS 模式中，总共有 1+5+25+125+625=781 个词。为了区辨每一个词，每层设置四项属性。如此一来，781 个词在每一个层级都得重复储存这四个属性一次，但是各层级之间并没有储存属性特质的继承机制。那么，第一层必须储存 4 x 781=3,124 个属性特质。第二层需要 5 x 8 = 40 种，第三层需要 25 x 12 = 300 种，第四层需要 125 x 16 = 2,000 种，第五层需要 625 x 20 = 12,500 种，总共需要 14,844 种属性特质。在 IMIS 模式五层级的属性特质的记忆过程中，其实其中 79% 是重复的。如果各层级之间的储存属性特质的继承机制是相通的，那么就能节省这 79% 的重复，也就是 11,727 次的重复。

理想词类系统采取邓守信（2009:180）的理论，认为词类系统的默认值分别是“词”(word）的不可分离性 [-separability]、动作动词的及物性 [+transitivity]、变化动词与状态动词的不及物性 [-transitivity]、状态动词次类的谓语性 [+predicative] 与定语性 [+attributive]，以及内部结构为 [Wv+Wn] w 的双音节合成词的分离性 [ ± separability]。

以动词次类系统为例，默认值在词类层次性上的应用如下。理想词类系统中动词次类的划分，必须遵守以下原则：1）把“以最少的词类数达到最大的句法预测的效益”与“规则越少越好，计算时运用越少的记忆力越好”作为最基本的指导原则。因此，在动词次类的划分上，必须做到词类数仅在 2 类到 3 类之间；2）动词次类划分，也必须立足于语言共性，同时能彰显汉语特性。为了兼顾语言共性与汉语特性，划分依据在句法与语义的两项标准之外，还得参照语言习得偏误的外部语言工具，以达到客观化；3）动词包含形容词；4）词类的判定是在基式结构而非表层结构上操作；5）划分的句法标准是依据动词与周围成分搭配限制的广义分布特征；语义标准是必须依据 [± 及物性]（±transitivity）语义关系，也就是依据动词与及物格、周围格的关系，再加上[±时间内部结构]、默认值（default values），以及 [± 定语性]（±attributive）、[± 谓语性]（±predicative）、[± 分离性]（±separability）等特征。以期达到次类内部具有同一性，外部具有排他性的理想。6）层次性的发现程序为：步骤一，利用动词与及物格、周围格关系、[± 时间内部结构] 等语义特征，以及能否与否定词不、没搭配，能否重叠的句法现象，划分出动词第二层次类：动作动词、状态动词、变化动词。步骤二，利用“V 不 V”将助动词从状态动词中划分出来作为第三层。步骤三，利用 [± 及物性] 语义关系将第二层的动作动词、状态动词、变化动词划分出第三层的次类：及物与不及物次类。步骤四，利用 [± 定语性]（±attributive）、[± 谓语性]（±predicative）特征，从不及物状态动词中划分出第四层的次类：唯定状态动词与唯谓状态动词。步骤五：利用 [± 分离性]（±separability）从第四层中动作动词、状态动词、变化动词的不及物次类划分出离合词作为第五层。

如此一来，词库中的词类系统，就有了明确的层次性。一旦看到及物动作动词，即可迅速判断出该类词的语法信息属于动词的第一层，具有时间内部结构，可以与时态助词（了$_1$、着、过）共现，深层语义论元结构具有及物格的施事格，因此具有意志力，能与否定词“不/没”共现。一旦看到助动词类（如：要），就能迅速与助动词是状态动词的下属，状态动词是动词的下属，不具有时间内部结构，不能与时貌标记共现等语法信息链接。又如，一旦看到动作动词的离合词（如：散步），就能从该类属所储存的语法信息确知，该类词的内部结构是 [Wv+Wn]w 的动宾结构，因此不具有及物性，但具有分离性。一般词汇是不具有分离性的，也就是说不具分离性的词汇是词汇的常态，一旦一个词允许内部结构分离，那么分离性就成为该类词汇的默认值之一。

根据上述理想词类系统动词次类层次性的默认值可知，如果某一个词类方案中将动词、形容词、状态词、区别词，以及动词性的疑问词，如："怎么""为什么"等都平行列入词类的第一层大类中，就意味着没能揭示出这五个词类之间在句法与语义上具有的共同属性，因而无法将这五类整并为一大类中的层次关系，难以提供上下位系统性关系上的语法信息，也就无法利用默认值减轻记忆负担以及取得句法表现上的最大效益。同理，要是在第一层次的词类大类中，名词、时间词、处所词、方位词、数词、代词都是平行并列的词类，也就不能揭示出这些词类在指称功能（reference）上具有的共同属性，而且不能鉴察其在句法表现上的一致性，因而，无法将这六类词归并于名词大类，也没能意识到这些次类是不需要在名词大类中加工分出次类层次的。

相对于印欧语言类型而言，汉语代名词类既没有词形标记，也没有格的要求，因此，在句法上的表现相当单纯，与名词毫无二致。理想的词类系统不需要模仿印欧语言的词类系统，非得突出代名词不可。毕竟汉语代名词的成员只有少数几个，归入名词大类中，能使词库的句法规则更为精简。印欧语言之所以要突出代名词，是由于印欧语言类型中名词与格的关系至关重要。Robins（1967/1997:34）指出，"格（ptôsis）是西方传统语言学作为词的基本描述形式跟语法有关系变化的核心。"而汉语的格不是显性表现于词形，而是隐藏于动词与及物关系的深层语义之中。因此汉语词类系统无须将代名词独立出来与名词并列。

传统方案中的疑问代词类，如："什么""谁""多少""哪里"等，在理想的词类系统中，都应归入名词大类中。因为其句法功能与表现与名词相同；"怎么""为什么"则与动词功能一致，因此都应归为动词。如何判定这些疑问词的句法功能是名词还是动词呢？可以通过 AB 对话的方式加以鉴别。举例来说，小孩问母亲："那是什么？"母亲回答："那是飞机。"从 AB 问答句进行观察，"什么"与"飞机"是平行整齐对应的，可见，"什么"是名词；以"怎么"为例，医生问病人："你怎么了？"病人说："不舒服。"可见"怎么"引出来的是动词类的词语，因此，归属于动词类。如此一来，便有助于实现以最少词类数获得最大句法效益的理想。

理想词类系统根据指称功能将时间词、处所词、代名词、方位词等都归并为名词，却将限定词（如：每、各、某、整、全、满）独立出来。理由在于，限定词在语义功能上与名词的指称功能不同，其功能是限定中心名词，使名词的指称限定为定指（definite），从而与非定指名词（non-definite）有所区隔，在句法上，若构成名词组的每个成员都出现，限定词位于指示词之后，在数量值与量词及中心名词前，其中数词与量词可以隐去。若要表达定指意义，限定词必须出现，否则整个名词组的定指意义就无所依附。Abney（1987）提出的限定词短语假设（DP-Hypothesis）证实了限定词在英语里的重要性，从而将限定词从名词大类中独立出来（石定栩，2002:152）。限定词类具有语言共性这一特点也是显而易见的。

理想词类系统中，这类限定词不同于赵元任（1968）的限定词中的指示定词（如：这、那、哪）与数量定词（如：几、两）。在理想的词类系统中，“这、那、哪”“几、两”这两类成员都因具有指称性且句法表现与名词相同，而归入名词大类。理想词类系统将传统词类系统中与名词并列的词类大类：时间词、处所词、方位词、数词、代词以及名词性疑问词等六大类都并入名词类中，将限定词独立出来，正符合“内部具有同一性，外部具有排他性”的原则。

上述说明足以证明，层次性的默认值能有效避免徒增词类系统带来的无谓的负担。反之，将属性与句法表现都类同的成员，依据词汇意义分别独立出来，不但加重记忆负担，也无法提供正确完整的语法信息，更无法解决跨类现象频仍的问题。这正是赵元任（1968）指出的：“他的分类就有毛病，应该修改，使得多数似乎跨类的词可以分开，否则就得承认原来的分类不是语法上的分类，应该合并。”

本文根据四项外部条件与四项内部属性的评比指针，制订出各项评比的原则，而后针对以下六套汉语词类系统：郭锐（2002）、黄正德等（2009）、邓守信（2009）、曹逢甫等（2009）、袁毓林（2010）、张斌等（2010），逐项加以评比与说明，最终邓守信（2009）的词类系统在各项评比中都脱颖而出，符合理想词类系统的标准。

## 3.3 六套词类系统及动词次类比较

### 3.3.1 六套词类系统比较

郭锐（2002）、黄正德等（2009）、邓守信（2009）、曹逢甫等（2009）、

袁毓林（2010）、张斌等（2010）这六家的词类系统，就词类数而言，分别是郭锐（2002）二十类，黄正德等（2009）九类，邓守信（2009）八类，曹逢甫等（2009）十二类，袁毓林（2010）十九类、张斌等（2010）十四类。其中黄正德等（2009）九类，分别为：1）名词、2）动词、3）形容词、4）介词、5）数词、6）量词、7）限定词、8）时貌助词、9）连接词。方位词是名词的次类。黄正德等（2009:9）指出，这九类只是为了示范生成语法理论的词类理论所做的部分列举[1]，显见，黄正德等（2009）的词类数应大于九大类，此外，在所列举的词类数中，独缺副词类，因此不确知如何描述与解释汉语状语与补语的句法行为。将六家词类系统表列如下，根据理想词类系统的词类数与层次性指针而言，各家词类系统在"以最少的词类数达到最大的句法预测的效益"上的评比就不言而喻了。

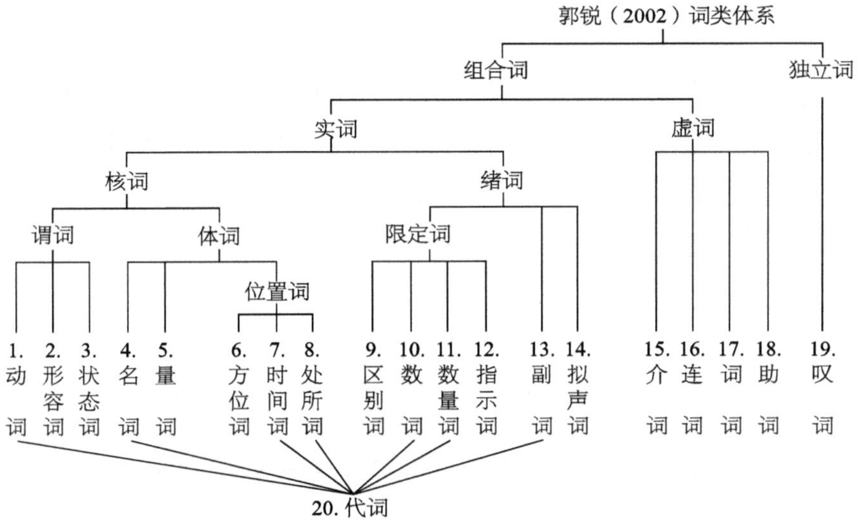


**图 2　郭锐（2002）词类系统及动词次类比较**

[1] We do not intend to spread our discussions evenly among all issues related to lexical categorization, nor do we attempt to provide an exhaustive list of categories in the language. Rather, the chapter concerns itself primarily with where we believe new insights are available from recent research.

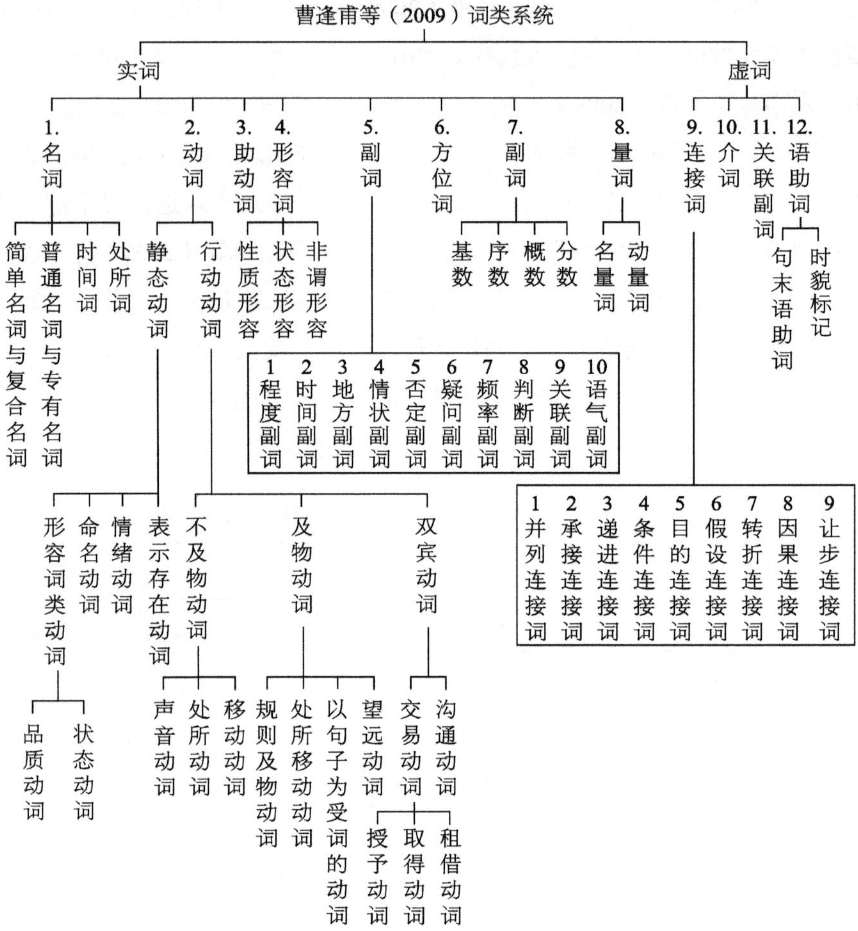


**图 3　曹逢甫等（2009）词类系统及动词次类比较**

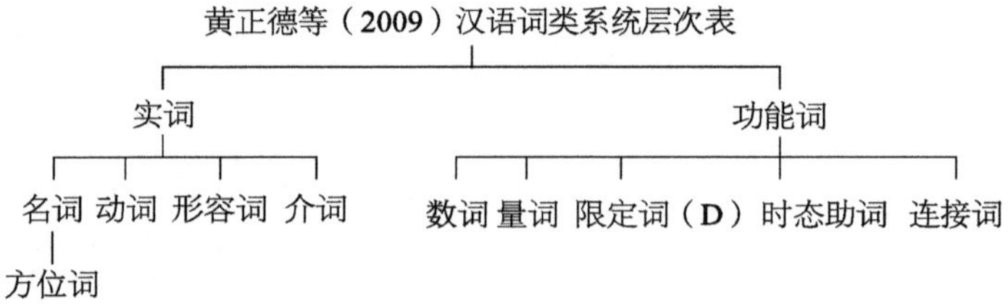


**图 4　黄正德（2009）词类系统及动词次类比较**

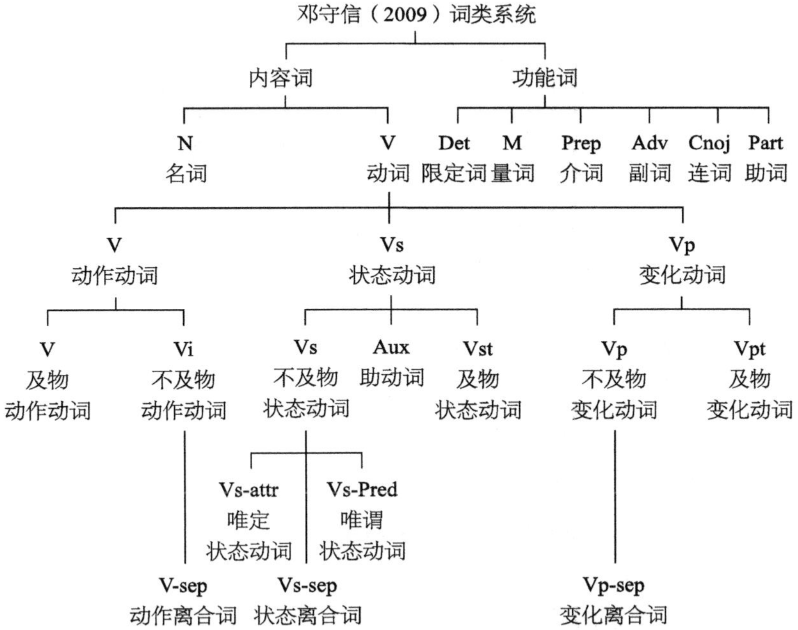


**图 5 邓守信（2009）词类系统及动词次类比较**

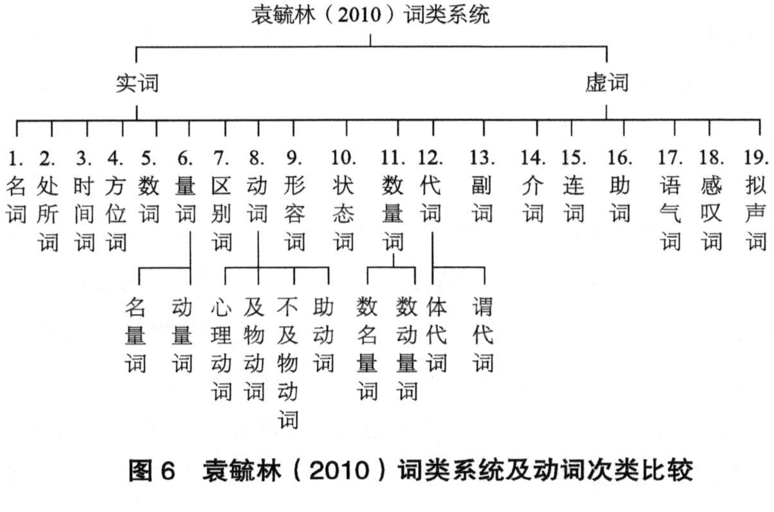


**图 6 袁毓林（2010）词类系统及动词次类比较**

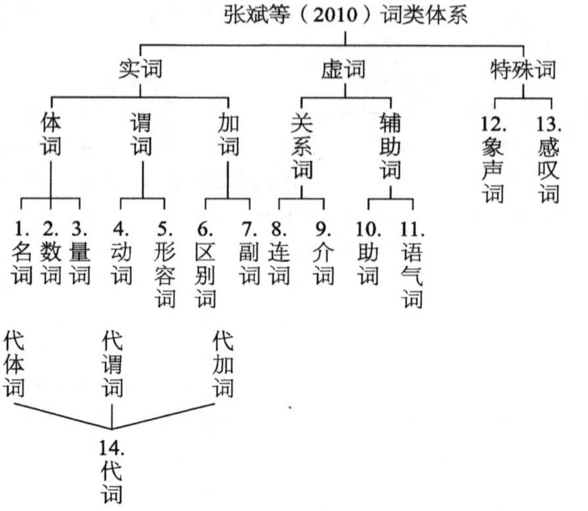


**图 7　张斌等（2010）词类系统及动词次类比较**

### 3.3.2　动词次类比较

如果动词不分次类，会有什么后果呢？首先，就无从确知与动词搭配的条件限制，比如，与否定副词“不 / 没”的搭配规则，也不知哪类动词可以与程度副词共现，更不知哪些动词可以与时态助词“了、着、过”搭配，而哪些动词却不允许与“了、着、过”搭配，或者仅能与其中部分时态助词成员搭配等。

如果不将动词与格语义关系的动词及物性次类划分清楚，确立真及物关系、假及物关系、不及物关系，就会陷入动词后宾语类型无从判定与处理的难题，也就造成汉语语法分析上的奇异现象，比如，将“王冕死了父亲”中的“父亲”分析为“施事宾语”，使得汉语“死”类动词成为及物动词，违反人类自然语言的共性。又如，将“台上坐着主席团”“家里来了客人”中的“台上”“家里”分析为主语，而将“主席团”“客人”分析为宾语。在语义上是“台上”“家里”这样的主语使“主席团”“客人”受到什么影响的奇异现象。这正是因为不谙“坐”类动词与“来”类动词的属性所形成的句子的句法现象所致。将“苹果烂了三个”“孩子病了五天”“公司去了一群人”等中的“三个”“五天”“一群人”都分析为动词“烂”“病”“去”类动词的宾语，使得汉语语法规则无法获得充分解释。问题的症结就在于没能将“死”“烂”“病”“去”这类变化动词划分出来，只要能将变化动词类划分出来，这些问题就都能迎刃而解了。由此可见，划分动词的次类对于语法规则获得充分描写与充分解释具有关键性的作用。换言之，一套理想的汉语词类系统，必须具备词类数最少却能达到最大句法预测效益的条件。

本文以下面七项要素作为评比动词次类系统的指针：1）形容词并入动词。2）在基式结构上划分与判定次类。3）切工技术：划分标准与程序。4）语言习得偏误参照。5）各次类的词类数。6）动词次类的层次性。7）句法效益。

由于篇幅之故，仅以张斌等（2010）为例。张斌等（2010）将动词与形容词作为谓词的下属，将区别词作为加词的下属，因此，动词、形容词、区别词是平行同等的词类范畴。划分动词的标准完全依据句法功能，而不考虑语义。将动词分出六个次类：1）动作动词（如：拔、抱、穿、吃、飞、站、研究、毕业、睡觉、休息）。2）心理动词，可带体词性宾语，也可带谓词性宾语，又根据能否受“很”修饰，分为两个次类，一是状态心理动词（如：爱惜、担心、喜欢、怕），能受“很”修饰；一是行为心理动词（如：猜想、记得、以为、知道、觉得），不能受“很”修饰。3）使令动词（如：使、请、派、命令、指定）。4）存现动词，根据语义又分为两个次类，一是表示存在（如：有、是、在、存在、具有），一是表示出现、消失（如：发生、出现、呈现、浮现、隐没）。5）形式动词，具有动词的形式但是不具有动词的实在意义，在句法结构中不能独立完成谓语的陈述功能，而是引导着具有实在意义的动词出现，以完成谓语的陈述功能（如：进行、加以、藉以、给予、致以）。6）关系动词，不表示行为动作意义，主要表示前后成分之间的关系（如：姓、属、归、成为、变成、等于、好像、不如），关系动词也是黏宾动词，必须带上宾语，宾语从语义上分析既不属于施事，也不属于广义的受事，可以算是中性宾语。

张斌等（2010）的动词系统在六个次类之外，还有三个成员少的小类：判断动词、趋向动词、能愿动词。判断动词的成员只有“是”，以及书面语中的“为、即、系”等，其功能是表示前后成分之间具有某种关系，大约有六种关系：1）等同关系，如：八月十五是中秋节。2）类属关系，前后成分不可互换，如：李白是唐代的大诗人。3）表示事物 Y 存在于处所 X，如：窗外是美丽的西湖。4）表示事物 X 具有 Y 特征，如：这孩子是黄头发。5）表示 X 和 Y 之间具有隐喻关系，如：人是铁，饭是钢。6）

表示X和Y之间具有某种联系，如：今天是外语考试。

张斌等（2010）又根据动词的及物属性将动词划分为四个次类：不及物动词、黏宾动词、双宾动词、一般动词。第一类的不及物动词依据深层语义结构来分析，其构词有三种类型，一是单纯词（如：徘徊、迟疑、辗转），二是派生词，又分为两个次类：1）类前缀（如：自重、自杀、相等），2）类后缀（如：折腾、僵化、退化），三是复合词，又分为联合式（如：咳嗽、旅行、停留）与述宾式（如：散步、生气、请假、说话、帮忙）。述宾式不及物动词可以扩展，在使用时中间可以插入一些其他语言单位，通常称为"离合词"。黏宾动词所带的宾语可分为名词性宾语（如：成为、作为、给予、有如）与谓词性宾语（如：省得、免得、勇于、得以）。

张斌等（2010）的双宾动词又根据所带宾语的特点分为两个次类，一是带两个名词性宾语（如：还，还他一本书）；二是带一个名词性宾语与一个谓词性宾语（如：答应，答应孩子买计算机）。一般动词通常指能带一个宾语的及物动词，这类动词占大多数。从广义上说，动词所带受事宾语一般是动作支配的对象，但不能简单地把述宾关系仅仅理解为动作与对象的关系，从宾语与动词的语义关系来看，大致有十二个类别：动作的结果（如：写小说）、动作的工具（如：写毛笔）、动作的方式（如：寄挂号）、动作的受事（如：洗衣服）、动作的处所（如：吃食堂）、动作的时间（如：度春假）、动作的原因（如：治感冒）、动作的对象（如：敬老师）、动作的角色（如：唱老旦）、动作的施事（如：来客人）、表示使动（如：烦人）。

张斌等（2010）根据句法功能与搭配分布将形容词分为两个次类，一是性质形容词，一是状态形容词。这两类形容词经常做定语和谓语，在具有连续性这一特点（非离散性）上是相同的。性质形容词又依据能否受否定副词修饰与能否带动态助词和趋向动词的句法现象，分为动态形容词（如：红、黑、胖、淘气）与静态形容词（如：草率、干脆、宝贵、优美）两个次类。根据能否带由数词和度量衡量词构成的数量补语，又将性质形容词分为度量衡形容词（如：大、小、高、低、长、短）和非度量衡形容词（因占形容词绝大多数而不举例）。根据联系论元数目的多少，将形容词分为一价形容词（勇敢、杰出、大方）和二价形容词（友好、适合、含糊）。

张斌等（2010）根据构词方式将状态形容词划分为至少六种：AA式

（如：纷纷、堂堂、茫茫）、AB 式（如：笔直、冰冷、雪白）、AABB 式（如：轰轰烈烈、密密麻麻）、ABB 式（如：沉甸甸、黄澄澄、静悄悄）、A 里 AB 式（如：糊里糊涂、土里土气）、A 不 X（Y）式（如：酸不唧唧、灰不溜秋、黑不溜）。

张斌等（2010）对区别词的定义是只能在名词或助词“的”前面出现的黏着词，主要的作用是定语。就如同副词一样，都只能做修饰语，同属于加词。加词是黏着词，具有定位性。所谓定位性，就是指在句法成分中位置固定。区别词具有三项特性，一是非体词性，不能单独做主语和宾语；二是非谓词性，不能做谓语。三是定位性，句法结构中的位置是固定的。张斌等（2010）将区别词分为三个次类，一是单纯区别词（如：男、女、公、母、单、双、金、银）；二是派生区别词（如：非法、非理性、超级、中式、小型、中性、初等）；三是复合区别词（如：黑白、高低、五金、三角、新兴、精装、临界、夹心、国产、法定）。我们将张斌等（2010）区别词次类列出如下：

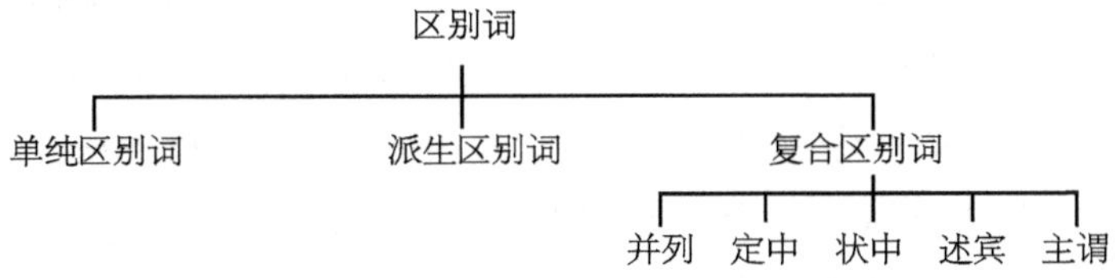


**图 8　张斌等（2010）区别词次类系统**

张斌等（2010）对于动词次类的划分似乎是针对不同的工具，给予不同的分类。看起来都在同一个系统，有时又是不同的系统。第一种句法分类强调的是根据句法功能，而不是根据语义。但是从这六个次类的名称来看，几乎都是根据语义加以划分的：1）动作动词；2）心理动词，分为两个次类，一是状态心理动词，一是行为心理动词；3）使令动词；4）存现动词，又根据语义分为两个次类，一是表示存在，一是表示出现；5）形式动词；6）关系动词。此外判断动词的成员只有一个“是”及其书面语体“为、即、系”等，其句法行为与关系动词一致，却将其独立出来，并且依据六种关系而提升其重要性，我们认为，这六种关系也是由语义来判定的，其实是可以将其并入关系动词次类的。

关于张斌等（2010）根据及物属性所划分出来的类别，虽然张斌等

（2010）提出是依据深层语义结构划分的，但是所划分出来的类别，其实是根据句法结构来执行的，从词类名称即可证明：不及物动词、黏宾动词、双宾动词、一般动词。尤其是双宾动词，是在传统结构主义语法理论的框架下所提出来的术语，如果真的采用 Chafe（1970）、邓守信（1975）以动词中心论为基础的动词与格关系的及物性理论，双宾动词中的所谓的宾语，严格地说，不是宾语，而是代表动词的目标格或终点格。

张斌等（2010）竭尽所能描述了汉语的动词次类，然而由于标准混用使得其分类缺乏系统性。就其形容词次类来看，也是多项标准混用且似乎看不出系统。在形容词次类——性质形容词的六个次类中共采用了三种分类标准，前两个次类静态形容词与动态形容词是取词汇语义标准，中间的两类度量衡形容词与非度量衡形容词，是以能否与量词共现来划分的，后两种分类一价形容词与二价形容词是根据配价语法理论来划分的。状态形容词是根据构词法来加以分类。

张斌等（2010）及物属性分类的第一类不及物动词，主要的分类标准为构词法，离合词在不及物动词的第三类复合词当中提出。及物动词以一般动词来指称，还特别指出其频率高，但是从其术语无法预测其句法现象。

张斌等（2010）将区别词与副词归为加词的下属，理由在于其功能都是修饰。但是本文认为毕竟区别词主要的功能是担任定语，而且是在不采取任何句法手段[1]的条件下担任定语，是所谓的形容词的属性，如果将其独立出来，反而与词类系统经济简约的优化标准距离较远。如果张斌等（2010）能将动词、形容词、状态词、区别词加以整并，将形容词、状态词、区别词都并入动词的次类，就能使词类系统实现以最少词类数达到最大的句法预测效益的理想。

本书因篇幅所限，仅介绍了张斌等（2010）的动类次类系统，为方便大家参照对比，将六大名家的动词次类系统列表如下。

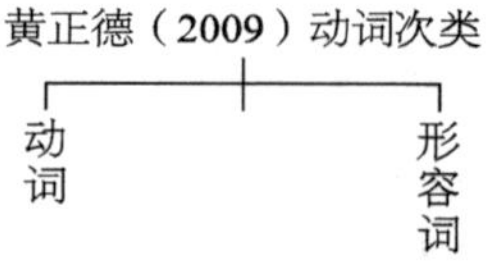


**图 9　黄正德（2009）动词次类**

[1] 即 Hengeveld (1992) 所说的“不采取其他手段”(WFM) 的标准。

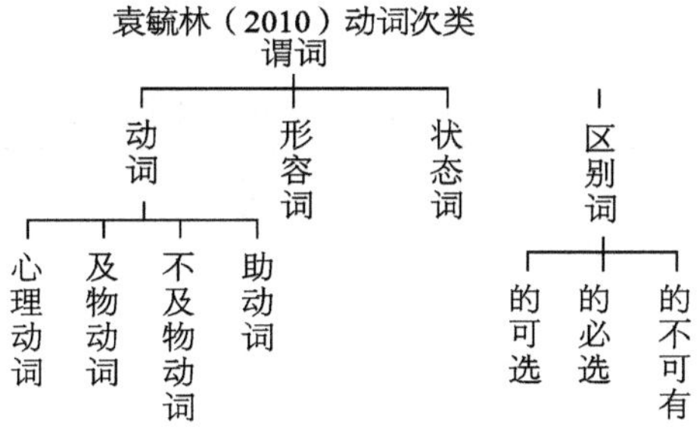


**图 10　袁毓林（2010）动词次类**

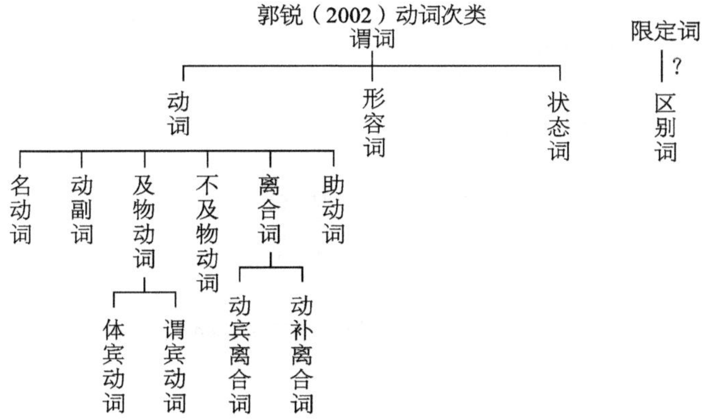


**图 11　郭锐（2002）动词次类**

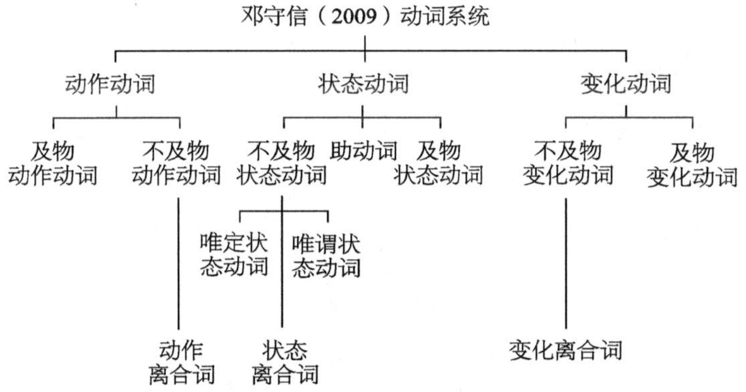


**图 12　邓守信（2009）动词次类**

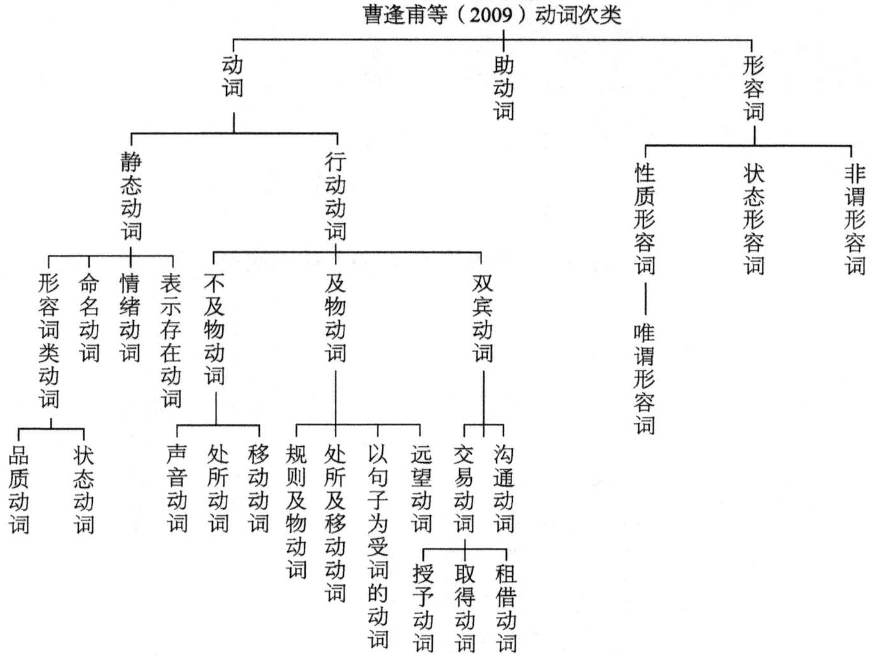


**图 13　曹逢甫等（2009）动词次类**

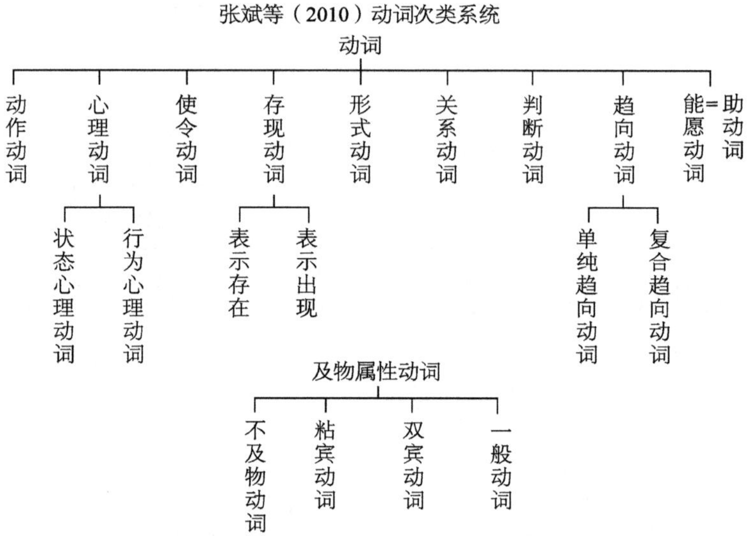


**图 14 张斌等（2010）动词次类**

## 4. 理想词类系统预测句法效益的能力与验证

理想词类系统的动词具有五项内部属性：[ ± 时间内部结构 ]( temporal structures )、[ ± 及物性 ]（ transitivity )、[ ± 定语性 ]（ attributive )、[ ± 谓语性 ]（ predicative )、[ ± 分离性 ]（ separability )，因此，划分出五个层次，这些动词次类不论在深层语义结构上还是句法结构上，都各有不同的句法表现，因此也就能准确预测动词次类与周边成员的句法搭配关系。将理想词类系统中动词次类的句法规则与搭配限制条件列出如下。

**表 4　理想汉语词类系统动词三分与相关词搭配关系表**

| 动词类型 | 标记 | 否定不 | 否定没 | 了$_1$ | 着 | 在 | 过 | 很 | 重叠 | 把 | 及物 t | 分离 -sep |
|---|---|---|---|---|---|---|---|---|---|---|---|---|
| 动作动词 action | V | √ | √ | √ | √ | √ | √ | × | √ | √ | √ | √ V-sep |
| 状态动词 state | Vs | √ | × | × | × | × | × | √ | √ | × | √ Vst | √ Vs-sep |
| 变化动词 process | Vp | × | √ | √ | × | × | × | × | × | × | √ Vpt | √ Vp-sep |

第一层的三个次类具有 [ ± 时间内部结构 ]（ temporal structures ）的内部属性，其时间内部结构的条件各有不同，因此，在句法上的规则与选择搭配也受到了严格限制。

动作动词的时间内部结构是动作的“起始点、持续、结束点”，比如：“吃、看、卖”等，因此，在句法上就会与表示时貌的黏着词缀“了$_1$、着、过”共现；变化动词表示在时间轴上产生瞬间（ instantneous ）的变化，也就是内部时间结构上，动作的起始点与结束点重合，没有“持续”特征，比如:“破、死、病”等，在句法上只能与时貌标记“了$_1$”共现；状态动词则不与时间轴发生关系，也就是不具有时间内部结构的任何一项特征，但是，具有表程度的等级性，比如:“喜欢、高、帅”等，因此，多与表程度的程度副词“很”共现。由于系词“是”与表存有的动词“有”都不具有时间内部结构，因此属于状态动词范畴。

动作动词与变化动词在时间内部结构上有交集，在句法上都能与时貌助词“了$_1$”共现，二者之间可通过能否重叠加以鉴别。动作动词“吃”可以重叠为“吃一吃”，但是变化动词“死”，却不能重叠为“死一死”。

许凤、张文忠（2008）利用附带词汇习得（incidental vocabulary acquisition）的研究方法，对国人学习英语的词汇效益进行了实验研究。得出的结论与欧美的研究结果一致：动词的习得率偏低。文章认为动词习得率偏低的原因有两个：首先是动词的平均出现频率低。动词的平均出现频率仅为 3.4 次。其次是词的句法形态变化的复杂性。许凤、张文忠（2008）指出，“这些被测动词在小说中，或以动词原形出现，或以过去式出现，或以完成式出现，或以现在分词形式出现，词形复杂性这一因素也给动词的学习增加了困难。”

许凤、张文忠（2008）的实证研究与西方研究的结论都与本文一再强调的动词中心论的观点是一致的。动词是形成句子的中心，有诸多动词内部属性与外部条件要求动词在句法上的表现，才能使句子的语义清楚。这是动词在二语习得上偏误率高，习得率偏低的理由。国人学习英语的困难点也就在于英语动词的词形变化，而词形变化，正是储存在词汇中的词类等语法信息的要求。因此，一套理想的词类系统，应该能准确预测动词的句法规则与搭配限制条件。不论是汉语作为第二语言，还是英语作为第二语言，甚至其他个别语言作为第二语言的词类系统，都得关注动词类的句法规则与搭配限制条件，才能实现“以最少的词类达到最大的句法预测效益”的理想。



### 4.1 陆庆和（2006）词类系统与理想词类系统句法预测能力的比较

陆庆和（2006）《实用对外汉语教学语法》是针对汉语作为第二语言教师所撰写的语法专书。其中第二篇以 284 页的篇幅撰写词类与教学，占全书 57% 的篇幅，在该篇当中也提供了各词类的语法特征说明与学生偏误分析以及与之相应的教学建议。

陆庆和（2006）的词类系统第一层的词类数共有十类，因为将数词与量词归为一类，实则为十一类。词类包括：名词、代词、数词＋量词、动词、助动词、形容词、副词、介词、连词、助词。根据表 2 词类数多少与脑部信息加工效益的数据，词类数十一类的系统，脑部加工困难度是 27.30%，脑部加工效益是 72.70%。相对以最少词类数达到最大的句法预测效益的理想而言，该系统的句法效益离 100% 还有一段距离。

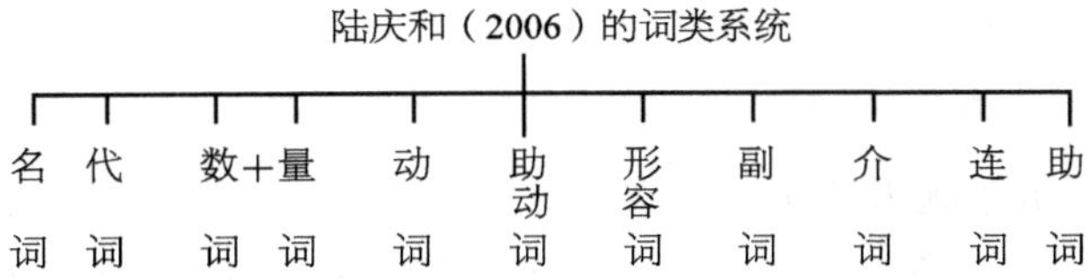


**图 15　陆庆和（2006）的词类系统**

由于篇幅与时间之故，这里仅对与谓语结构中核心动词直接相关的动词次类与形容词次类加以讨论。

陆庆和（2006）的分类非常细致，名词、数词、量词又各自分出很多次类。按本文的定义，名词的次类与数词的次类都是指称事物，在句法功能上也相同，分出这么多的次类，对于对外汉语教师而言，会增加记忆上额外的负担。如果连汉语为母语且受过高等教育的汉语教师都难以全盘记忆，却要根据这样的词类知识来教学，学习者能否受益是可想而知的。

在句法功能上依据不同的划分标准，这些次类又划分出不同的次类系统。动词次类有如下三个子系统：1）动词与宾语关系；2）动词语义功能；3）动词的自主性。形容词次类有如下四个子系统：1）构词分类；2）形式简单与否；3）语法功能分类；4）语义与功能结合。动词与形容词的大类之下还有这么多的子系统，对人脑造成的记忆负担是可以想见的。

相对于陆庆和（2006），本文理想词类系统的动词次类系统只有一以贯之的轴心，就是由五项语义特征与句法功能交叉的接口处所揭示出来的五个层次。上下之间存在着具体的语法继承关系。因为及物动作动词在人类自然语言中都是占绝大多数，不同的学者有不同的数据，大约在90%上下，这里先以及物动作动词“吃”为例进行分析。

动作动词“吃”，标记为V。这意味着，这类属性的词储存着如下的语法信息：

动词→及物动作动词[施事论元+受事论元]、[时间内部结构：开始、进行、结束]

储存在动作类动词“吃”中的语法信息，不但具有层次性的上下继承关系，同时也储存着该类词的深层语义结构是二元动词[施事论元+受事论元]的语法信息，因此需指派施事论元担任句法结构的主语，指派受事论元担任宾语。同时，因为储存着时间内部结构的三个成员[起始、进行、结束]，因此，能与时态助词“了$_1$、着、过”搭配共现。此外，深层结构的施事论元具有意志力，因此，能与表示意志力的否定副词“不”搭配共现，也能与表示过去事实没发生的否定副词“没”搭配共现。由于及物动作动词的深层结构论元是 [ 施事论元＋受事论元 ]，最符合“把”字句条件，因此能进入“把”字句。及物动作动词有动作的频度因此可以重叠。根据这些存在于词汇中的语法信息，每当说话者从词库遣词造句的时候，储存在该类词中的语法信息就会指引着说话者生成正确的句子“他吃了苹果 / 他吃着苹果 / 他吃过苹果”，或“他不吃苹果 / 他没吃苹果”，或“你吃吃苹果”，或“他把苹果吃了”等。

理想汉语词类系统不但能有效预测绝大多数动词次类，连第五个层级的离合词也一样能有效预测。下面以（不及物）变化动词的离合词“毕业”为例进行分析。

（不及物）变化动词的离合词“毕业”，标记为 Vp-sep。这意味着，该类属性的词，储存着如下的语法信息：

动词 →（不及物）变化动词 [ 时间内部结构：开始 = 结束 ] → 词的内部结构可分离

这种语法信息，不但具有五个层次性的上下继承关系，同时也储存着该类词的深层语义结构是一元动词 [ 受事者 +Ø] 的信息，因此只能指派受事论元担任句法结构的主语。受事者不具有意志力，因此不能与表示意志力的否定副词“不”搭配共现。具有时间内部结构两个成员 [ 起始、结束 ]，但是两者是重合的，是表示动作瞬间完成，因此，只能与时态助词“了$_1$”搭配共现。不能进入“把”字句，因为深层结构的条件不符合。动作是瞬间完成，因此没有动作的频度，不能重叠。构词形式是双音节动名结构 [Wv+Wn]w 的合成词，词汇内部成员可以分离。

说话者从词库遣词造句的时候，储存在该类词中的语法信息就会指引着说话者生成正确的句子“他毕业了”“他没毕业”“你毕了业以后，打算做什么？”而不会形成“* 他毕业着”“* 他毕着业”“* 他毕过业”“* 他毕业毕业了”“* 他把毕业了”等。

同理可推，其他的动词次类也是如此。由于篇幅之故，不再一一说明。如果教学者与学习者的心理词库都是这套理想的词类系统，那么教学者能预测学习者这类词所有可能的偏误，学习者也能自我监控输出的目标语。

陆庆和（2006）的动词分类中，确实也有及物动词与不及物动词，也有状态动词与动作动词，也有非谓状态动词，但是都是分属不同的子系统下的次类，换句话说，这些次类都是各自独立存在于彼此不相干的次类系统里。在这样一套错综复杂的词类系统下，即使汉语教师真的全盘吸收了，但如何有效预测学习者偏误，又如何有系统地导正学习者偏误呢？学习者又如何吸收如此复杂的词类系统，而藉以自我监控句法规则进而自我修正呢？

下面我们分别以陆庆和（2006）动词分类中的及物动词“吃”类与不及物动词“毕业”类，来观察该类词中所储存该动词系统的语法信息如何。陆庆和（2006:99）对于及物动词的描述如下：及物动词都可以带宾语，但是不同的动词可以带的宾语不一样。按动词可以带的宾语的类型又分为以下几类：一、只能带体词宾语（名词、代词、数量值）的动词。这类动词在及物动词中的量是最大的。如：吃、喝、玩、看、踢等。这类动词的特点是：（1）如果所带的宾语可以受数量值或形容词修饰的话，在表示一次性动作完成时，这类动词后常带“了$_1$”，不过后面的宾语前一般要有上述修饰语。如：“我喝了一杯咖啡。”“弟弟画了很多画。”或者后面带动量补语。如：“我今天洗了三回手。”“他参观了一次故宫。”（2）这类动词后面可以带“过”再带宾语，表示曾经有过某种经历，如：“他穿过这种鞋。”“我卖过水果。”（3）这类动词中的不少动词在单句中不能只带“着”成句。如：“* 我们买着东西”“* 同学们在操场踢着球”（4）这类动词大多可受副词“正在、在、正”修饰，表示动作正在进行。如：“代表们正在参观。”“我正写着呢。”（5）这类动词大多可以带趋向动补语。如：“学完第三课再考试。”“饭做好了。”二、常带谓词宾语（动词、形容词）的动词。可分为以下五类：（1）作、进行、加以、给予；（2）开始、继续、结束；（3）值得、敢于、勇于、乐于；（4）装作、打算、企图；（5）喜欢、讨好。

根据陆庆和（2006）对于及物动词次类句法属性特征的说明，可以看出“吃”这类词在该词类系统下所储存的语法信息如下：

动词 → 及物动词

该类词所储存的语法信息，有两层上下继承关系，这种关系是纯粹的句法结构的搭配信息，没提供句法语义信息 [± 时间内部结构]，也没提供深层论元结构信息[施事论元＋受事论元]。虽提及能与时态助词“了$_1$、着、过”搭配，但知其然，不知其所以然。从该类词可以与时态助词搭配这一特点来看，该类词应属于动作动词。然而动作动词在该词类系统里，属于依据动词语义功能划分的另外一个次类子系统，与关系动词、状态动词对立。因为没有提供深层论元结构信息 [ 施事论元＋受事论元 ]，因此无法从中得知能否与否定词搭配的信息。要知道能否与否定副词搭配，必须到该系统的自主性与非自主性动词的子系统中才能取得否定搭配的信息，显见该系统的错综复杂。此外，陆庆和（2006）所有子系统都没提供动词次类因内部结构属性而具有分离性的信息。

如此一来，学习者无法确知及物动词与否定副词搭配限制的信息，也不知该类词有部分具有分离性。更甚者，陆庆和（2006）的动词词类系统在与时态助词的搭配上，提供了不必要甚至是错误的语法信息。及物动词既然具有 [± 时间内部结构 ] 属性，就能与时态助词搭配，没有其他附带的限制条件，但陆庆和（2006）却指出如：宾语前必须有名量词或形容词的修饰语，以及宾语后必须有动量词补充的补语等，这样冗余或不正确的信息，不但无法有效帮助学习者预测句法，还会误导学习者，以致学习者的偏误错综复杂，甚至盘根纠缠，更遑论形成自我监控句法的能力。教学者使用这套词类系统，就无法全盘预测与防堵学习者这类词的偏误现象，也无法有系统地加以导正。

陆庆和（2006）非常关注不及物动词不能带宾语的句法现象，因而特别指出与介词搭配的条件。本文认为不能带宾语就是不及物动词的属性，若想将不及物动词储存的非核心格成员引介出来，就必须通过介词来标引。至于哪些介词标引哪些周围格论元，则可以在介词的部分进行教学与相关处理。这是人类自然语言不及物动词共同的句法机制，换句话说学习者的母语中的不及物的句法规则与目标语是一致的，学习者不会发生“* 见面朋友、* 结婚她”这类偏误的。发生这类偏误并非学生母语迁移所致，而是由于目标语教材中将该类词都标记为 V 或是 [ 动 ]，也就意味着属于及物动作动词类，因此学习者理所当然地充分利用该类词所储存的语法信息。

由此可见，理想的汉语词类系统所能预测的句法效益比陆庆和（2006）的来得更高，能使教学者全盘预测与防堵学习者偏误。学习者发生偏误时，教学者能知其然，也知其所以然，学习者也是如此。

本文通过对陆庆和（2006）词类系统与理想汉语词类系统的比较，再次验证了理想汉语词类系统能全面预测学习者偏误，并且能预先有系统地防堵偏误。

## 4.2 理想词类系统所预测的句式

理想汉语词类系统是以动词做中心，并且根据 [ ± 时间内部结构 ]、[ ± 及物性 ]( transitivity )、[ ± 定语性 ]( attributive )、[ ± 谓语性 ]( predicative )、[ ± 分离性 ]（separability）等特征所划分出来的动词次类，能有效预测句法效益，进而从动词的论元结构（argument structure），也就是动词与及物性语义关系（transitivity relations）有效预测出六个基式结构，并且能有效推测由基式结构经由信息重新包装 [1] 后生成的十二个信息结构 [2]。

六个基式结构分别是：第一，由及物动作动词所形成的主动宾句式：SVO，例如："他卖房子了。"第二，由不及物类动作动词，或不及物状态动词、不及物变化动词所形成的主谓句：SV，例如："蝴蝶飞着。""他很忙。""花瓶破了。"第三，带有助动词的主谓宾句式：SAuxVO，例如："他要卖房子。"第四，由介词所形成的介词句式：S-PP-VP，例如："他用毛笔写字。"第五，状语语序在谓语前的基式结构：AdvbVP，例如："他高高兴兴地卖掉房子。"第六，定语在名词词组前的基式结构：Attr-NP，例如："爷爷传下来的古董花瓶破了。"换句话说，理想的汉语词类系统能将汉语语法体系概括为六个基式结构，先决条件是，汉语动词的次类是依据及物性语义关系划分的范畴，就能实现以最少的词类数达到最大句法推论的效益，并且能以简驭繁。现将六个基式结构简式列于下：

**表 5　理想词类系统六个基式结构简式表**

| | | |
|---|---|---|
| 1.SVO | 2.SV | 3.SAuxVO |
| 4.S-PP-VP | 5. Advb-VP（状语在谓语前） | 6.Attr-NP（定语在名词短语前） |

汉语的 SVO 基式结构，可以通过信息的包装（packaging），以及音韵、信息标志等机制，形成七种不同的信息结构类型，分别说明如下。第一类

[1] 信息结构理论源自于上世纪 60 年代的布拉格学派 (the Prague School)，他们把信息结构称为 functional sentence perspective。而后英国系统功能学派 Halliday (1967) 将其纳入系统功能语法中，美国功能学派大家 Chafe(1976) 将布拉格语言学派对 functional sentence perspective 的概念，改以 information structures 的术语加以推广。Chafe (1976) 的贡献之一，正是揭示了信息是经过包装 (packaging) 的义含，将其发扬光大。

[2] 数据源：邓守信 (2011b)。

信息结构是经由及物动作动词形成的SVO类基式结构，利用焦点标记“是”形成信息结构，例如：“他是卖房子了”，例句中的“是”表示焦点标记；第二类信息结构是把宾语前移到句首担任话题的OSV信息结构，例如：“房子他卖了。”第三类信息结构是把宾语前移到主语与谓语的中间，担任焦点的SOV信息结构，例如：“他臭豆腐不吃。”第四类信息结构是把主语删除的VO信息结构，例如：“（他）卖房子了。”第五类信息结构是把宾语删除的SV信息结构，例如：“他卖（房子）了。”第六类信息结构是把SOV信息结构中的主语S删除的OV信息结构，例如：“（他）臭豆腐不吃。”第七类信息结构是所有的名词都删除，仅有动词的V型信息结构，例如：“（他）卖（房子）了。”

不及物类动词所形成的SV类基式结构，一共有三类信息结构。第一类SV信息结构是经由音韵、信息标志等机制，将SV类型的基式结构，变成SV类型的信息结构，例如：“他是很忙”，这个信息结构是以焦点标记“是”所形成的；第二类SV信息结构是将主语倒置，也就是移到动词的后面，从而形成VS信息结构。例如：“来客人。”第三类SV信息结构是将主语删除的V类信息结构，例如：“（他）去。”

动前介词组的基式结构S-PP-VP，也可以因为信息的包装（packaging），以及音韵、信息标志等机制，形成两种信息结构。第一类信息结构是将动前介词组利用音韵、信息标志等机制再加工而形成的信息结构，例如：“是给妈妈买的”，这个信息结构是以焦点标记“是……的”所形成的；第二类信息结构是将介词移到动词后面形成的动后介词组的信息结构，例如：“买给妈妈。”

我们将基式结构所预测出来的汉语信息结构类型，以符号形式列出如下：

**表6　理想词类系统十二个信息结构简式表**

| | | | | | | | |
|---|---|---|---|---|---|---|---|
| a.SVO | 1.SVO | 2.OSV | 3.SOV | 4.VO | 5.SV | 6.OV | 7.V |
| b.SV | 8.SV | 9.VS | 10.V | | | | |
| c.S-PP-VP | 11.S-PP-V | 12.SV-PP | | | | | |

# 5. 偏误分析的省思与建议

## 5.1 传统的偏误分析

偏误分析是二语教育藉以观察学习者心理词库语言规则的窗口，因此，偏误分析除了将习得偏误加以分析、归类之外，还有更为重要的价值是藉以检视语法理论是否完备。本文拟结合戴会林（2006）与陆庆和（2006）对于词类偏误的分析来检视传统词类系统的完备性，进而以本文提出的理想汉语词类系统来加以讨论、验证。

戴会林（2006）对1994年以来在《语言教学与研究》《世界汉语教学》《汉语学习》《语言文字应用》以及一些大学学报上刊载的有关对外汉语教学中词类偏误分析的论文，加以分析、归纳。指出，“词类偏误是第二语言学习者学习汉语时出现的最基本的偏误类型，而其中最主要的又是副词、动词以及虚词的偏误。”

戴会林（2006）的研究通过对文献的考察，介绍了汉语作为第二语言教学有关各词类偏误分析的过去、现在，并提出未来发展的方向。本文认为戴会林（2006）提及的相关习得研究中所指出的偏误，并非词类系统性的偏误，而是个别的词在使用上的误用，比如该文指出的偏误分析的例子，引述如下：

李大忠（1995）、周小兵和邓小宁（2002）还针对留学生的偏误实况分别辨析了“都”和“凡是”、“一再”和“再三”、“一直”和“一向”。这些文章都是运用对比分析的方法来辨析容易出错的相似副词。

本文认为，“都”和“凡是”、“一再”和“再三”、“一直”和“一向”确实是学习者不容易掌握的例子，但是这类偏误问题并非词类系统性的偏误，而是近义词组的偏误问题，也就是说，这类问题是词汇性的问题。因为这类问题学习者的困难不在不知道该类词是副词类，他们知道该类词应该放在句子里的哪个位置，只是不知道何时应该用“一直”，何时该使用“一向”。

本文也认为，有不少偏误分析将偏误归纳为：成分错置、成分脱落、成分杂糅、成分缺漏、特征转移、成分误用等不同的类型。这些偏误类型是从大量错综复杂的词汇型偏误语料中加以分析归纳出来的，在分类学上确实达到了高度概括的效果。但是从这些术语所得到的信息，在培养学习者自我监控的句法预测能力上，却是相当有限的。这些术语只能让从事二语教学的教师们了解二语习得大致上有哪些偏误类型，却无法帮助教学者主动预测学习者会产生哪些系统性偏误。由此可见，传统的偏误分析效果不尽理想。

陆庆和（2006）的偏误分析也显示出该分析仍是上文所言，按词汇现象所做出的分类，例如：缺漏、误加、误用、错序。其中指出的偏误语料不都是动词的偏误，尚有个别词汇的偏误，或是其他词类的偏误。以错序为例：



*他在苏州住跟一个韩国朋友。

改：他在苏州跟一个韩国朋友住。

这个偏误的症结不是动词类的偏误，而是介词的语序问题，跟动词没有直接关系，不宜归入动词偏误类型。因为“他在苏州住”这个句子是正确的。此外，缺漏与误用等，都是个案，从中看不到偏误的规则性。

缺漏：*我姐姐在小学老师。

改：我姐姐在小学当老师。

误加：*明天我有上课。

改：明天我有课。

误加类型的偏误范例“*明天我有上课”的症结在于教材词类标记的错误，如果将“上课”标记为及物动作动词的离合词：V-sep，那么学习者就不会再加上一个动词“有”。

### 5.2 理想的偏误分析

有鉴于传统偏误分析的局限性，本文认为真正的词类偏误分析，确切地说，应立足于理想词类系统，能预先主动侦测学习者词类上系统性或是规则性的偏误。也就是说，学习者因某词类的句法属性不清楚，以致总是出现系统性的偏误。例如，如果学习者心理词库中的汉语词类系统，并不是本文提出的理想词类系统，没有动词三个次类的句法规则与搭配限制条件，教师就能准确预测这样的学习者在使用动作动词、状态动词、变化动词遣词造句的时候，会出现哪些系统性的偏误。这类系统性的偏误在导正的策略上，也不同于传统的方式。传统的偏误处理方式因受制于个别词汇意义上的局限性，因此意识不到这些偏误的背后，其实是由隐藏的规则所制约着，以致学习者与教师都不明所以，只能每发现一次就纠正一次。学习者也只好无奈地靠记忆一个一个死记硬背。

理想的汉语词类系统在偏误上最理想的导正策略是，教学者能预先有效侦测学习者各类可能的系统性偏误，从而不再是散沙似的各个纠偏，而是提醒学习者该类词的词类属性，学习者就能主动回到心理词库中重新调整规则，再主动输出正确的句子。这样的偏误导正才能化繁为简，以经济省力的原则，达到最高的教学与学习效益。



## 6. 结语

本文通过对词类系统的词类数多寡、动词次类系统的层次性、词类系统的句法预测力以及偏误分析等的分析与示范，揭示了理想词类系统的重要性，进而验证邓守信（2009）词类系统实践了“以最少的词类数达到最大的句法预测效益”的优化理想，这一系统不但能充分描写与解释汉语语言现象，同时在应用语言学界极具可操作性。在此基础上本文反思了现有偏误分析的局限性，并且提出了建议，以期汉语作为第二语言教育能彻底摆脱传统的桎梏，大幅提升教学效益。

# 参考文献



曹逢甫等 2009《汉语语言学》，台北：正中出版社。

陈立元 2013 现代汉语词类及句式研究，北京语言大学语言学及应用语言学博士论文。

崔希亮 2002《语言理解与认知》，北京：北京语言大学出版社。

崔希亮等 2008《汉语作为第二语言的习得与认知研究》，北京：北京大学出版社。

崔希亮 2010 欧美学生汉语介词习得的特点及偏误分析，《欧美学生汉语学习和认知研究》，北京：北京大学出版社。

邓守信 1975《汉语及物性关系的语义研究》(1984) 中译版，台北：学生书局。

邓守信 2005《汉语语法论文集》，台北：文鹤出版社。

邓守信 2009《对外汉语教学语法》，台北：文鹤出版社。

邓守信 2012《汉语语法论文集（简体版）》，北京：北京语言大学出版社。

郭　锐 2002《现代汉语词类研究》，北京：商务印书馆。

陆俭明 2003《现代汉语语法研究教程》，北京：北京大学出版社。

袁毓林 2010《汉语词类的认知研究和模糊划分》，上海：上海教育出版社。

张　斌等 2010《现代汉语描写语法》，北京：商务印书馆。

Comrie, Bernard. 1981. *Language Universals and Linguistic Typology*. Second Edition. Oxford: Blackwell Publishing Lid，1987. 沈家煊等译 .《语言共性和语言类型》. 北京：北京大学出版社，2010.

C.T. James Huang, Y.-H.Audrey Li, and Yafei Li .2009. *The Syntax of Chinese*. Cambridge University Press.

Comrie, Bernard 1981《语言共性和语言类型》，北京：北京大学出版社。沈家煊等（2010）翻译。

Miller, G. A.（1996）. *The Science of Words*. New York: Scientific American Library. 洪兰译 .《词的学问》. 台北：远流出版社 .

Miller, G. A. 1956. The Magical Number Seven, Plus or Minus Two: Some Limits on Our Capacity for Processing Information. *Psychological Review*, 63, 81-97.

Teng, Shou.-hsin. 1975. *A Semantic Study of Transitivity Relations in Chinese*. Berkeley: University of California Press.

Teng, S.-h. 2005. *Studies on Modern Chinese Syntax*. 台北：文鹤出版公司。

# A Chinese Optimal System of Syntactic Categories with Maximal Syntactic Consequences

Chen, Li-Yuan
National Taiwan University



**Abstract:** This thesis presents an optimal system of syntactic categories based upon the premise of having "minimal categories with maximal syntactic consequence." In other words, the system presented here is an optimal set of syntactic categories such that the number of rules is minimized, thereby minimizing the necessary amount of memorization (Chomsky, 1995a). The discovery procedure was centered around verbs. Subcategories were defined based on semantic and syntactic properties such as [± temporal structures], [± transitivity], [± attributive], [± predicative], [± separability], etc., producing a system that has a profound ranking. Its system for categorical marking achieves economy by being based upon a set of default properties.

The optimal system of syntactic categories is embedded within the syntactic information in the lexicon, so it can simplify complex matters, thereby producing a minimized and economical syntactic system with a high level of generality that includes 6 base structures and 12 information structures. These structures can aide speakers in using words to produce effective sentences and phrases.

In light of the absence of clear-cut definitions for the syntactic categories used in traditional research into Chinese, it is evident that these categories are not sufficient. This thesis is founded upon the established assumptions of the modern study of syntax and the principles of linguistic universality, while language acquisition research is consulted as a reference. This study of Mandarin Chinese's traditional syntactic categories and research into its syntax structures has revealed a system of optimal syntactic categories that can be used both as starting point for research into linguistic universality as well as a reliable basis for dealing with the practical issues that arise within the area of applied linguistics.

**Keywords:** syntactic categories, consequence, default values, information structures, acquisition

# 网络新闻留言中的不礼貌言语行为研究[1]

黄苕冠[2]　台湾　台湾师范大学

**摘要**　本文主要论述网络新闻留言板上互动留言的人际功能，初步展示首发留言与响应留言之间如何在不指定受话人的情况下产生一连串互动；以言语行为转喻结合和谐管理 ICM，说明不礼貌话语如何在多重礼貌的语言形式包装下仍然具有攻击意。

**关键词**　计算机辅助沟通话语　不礼貌　人际功能　言语行为转喻　和谐管理认知模型

[1]　本文为笔者博士论文的部分内容。

[2]　黄苕冠，台湾师范大学华语教学研究所，博士，tiao-guan@yahoo.com.tw。

## 1. 序言

关于不礼貌语言，许多研究从詈骂语、冒犯性称谓或指称等贬义词，或威胁、命令、质疑等言语行为的角度出发，然而亦有为数不少的不礼貌话语在语言表面没有不礼貌形式，甚至叠用多重礼貌形式却仍然有不礼貌意。本文将以网络新闻中的读者留言为语料，研究这类在话语篇章中呈现不礼貌意的言语。

## 2. 计算机辅助沟通话语与不礼貌言语行为研究



研究发现利用计算机辅助沟通时，人们较常表达不同意的态度和意见，而很少像面对面沟通时那样以表示同意或表面上同意居多，或者多方设法缓和紧张情况；亦有实验证明，人们透过键盘与计算机屏幕在网络上输出的内容，不完全是与人亲身接触时会说出口的话。人们在网络上不但由于沟通媒介的限制而显得比较冷漠易怒、令人讨厌，也没有表现出在现实社会互动中常见之礼貌态度的倾向（Wallace, 1999, pp. 16–17）。此外，由于网络制造出互动者不在眼前的距离感，使用者违反规范时应负的责任减少或所冒的风险较小，人们感到负面后果对自己较无影响，因而常常使用超过亲身待人时可能使用的手段来进行回应，以至于即便旁观者观察到真实生活中完全不能接受的语言和行为，并感到往来的讯息中充满紧张气氛，当事者却依然坚持认为自己只是在"讨论"主题或为某观点而"辩论"（Wallace, 1999, p. 118）；然而，点燃网络交谈战火之导火线者，常常就是反对意见（Wallace, 1999, p. 120）。由此可见，相较于现实世界或面对面沟通的情境，计算机辅助沟通形成的话语更常见争论（argumentative）或攻击性（aggressive）的言语行为。

在关于礼貌（politeness）的研究中，冲突、意见不合、激怒他人都是具负面意义的举止，易破坏人际关系的和谐。将这类言语行为与其他言语行为区别开来的特征是行为具有冒犯性（offensive）、冲突性（conflicting）或攻击性（aggressive）（赵英玲 , 2004; Bousfield, 2008; 申智奇 , 2010; 冉永平 、杨巍 , 2011; Culpeper, 2011, p. 72），以及行为的动机或目的在于伤害受话人的心理或面子（Lachenicht, 1980; Infante, 1987 转引自 Rancer &

Avtgis, 2006; 郑梅 , 2006; Bousfield, 2008; 申智奇 , 2010 )。无论是说话人的动机、目的还是言语行为的本质，都是不礼貌的。这些不礼貌行为的体现方式（同时本身也是言语行为）有威胁、干涉、争执、反驳、争吵、反对、争论、挑战、攻击、詈骂、讽刺、侮辱、毁谤等，换言之，包括冲突性、攻击性言语行为在内的广义不礼貌行为是多个言语行为的集合（赵英玲 , 2004; 郑梅 , 2006； 申智奇 , 2010; 冉永平、杨巍 , 2011 )，或者是以各种言语行为为策略遂行威胁或伤害受话人目的的行为（Lachenicht, 1980; Culpeper, Bousfield & Wichmann, 2003; Rancer & Avtgis, 2006; Bousfield, 2008; Culpeper, 1996, 2011 )。从言语行为的角度来说，“不礼貌”是各种程度由轻微到严重的不当行为的集合，包括不在交际计划中的互动意外——冲突，以及以冲突为导火线所引发的有明确伤害受话人意图的攻击、激怒、冒犯等行为。本研究将从概念范围较大的“不礼貌”这个角度探讨网络上的留言现象，而不细致区分是哪一类不礼貌行为。

关于网络语言中不礼貌现象的研究，尤其是针对攻击、激怒、冒犯等较为严重的不当行为现象，多针对约定俗成的攻击性话语（如詈骂语、脏话)，从语义或其构词手段进行分析（王俊杰, 2010; 王明珏, 2012；李舒慧, 2013 )，亦有对网络冲突性对话之言语行为、策略形式与策略内容的分类和描述（蒲高兰 , 2008；李舒慧 , 2013 )。除了这些直接以贬损性言词进行的攻击或冒犯行为，亦有不带脏字或叠用多重礼貌形式却仍然显得不礼貌的言语行为。换言之，一句话或一段话语礼貌与否，是整个语言系统，包括词汇、语法、语义、语用各层面，再加上语境因素形成的。本文尝试从系统功能语言学的人际功能、认知语言学的言语行为转喻和理想化认知模型等方面分析这类不礼貌言语行为的互动现象。

## 3. 语料来源

本研究的语料取自读者留言活跃的苹果日报网上实时新闻之读者留言。新闻本体由该报记者不具名撰写，其内容属于记者认为“客观”的事实，读者阅读新闻后的留言回应皆针对新闻所报导之人、事、物，间或有针对其他读者的留言内容所做的回应。读者可透过两个途径张贴留言，一是在苹果日报的新闻网页上登入个人的脸书（facebook）账号张贴留言，一是登入自己的脸书账号后，在苹果日报的脸书专页上就某一则新闻留言。无论以哪一种途径发表回应，所有留言都同步于新闻网页与脸书，不留言的读者在该日报的新闻网页上无需登入或拥有脸书账号，亦可浏览每一则新闻的他人留言。

这种网上新闻的留言栏属于异步论坛（asynchronous discussion forum）[1]的一种，每一则引起读者留言的新闻都可视为一个读者们认为值得讨论的主题，因此在同一则新闻下留言的读者可以视为对该主题有共同的兴趣或注意力，但与专业论坛、邮件列表、新闻群组、BBS 讨论区等形式的异步论坛不同的是，留言的网友并不是先申请或“签约”成为一个群组的成员后才发表个人意见，而是读完新闻后即可在留言栏留言，留言的网友心理上没有作为群组成员的束缚，与其他留言者也不必然存在因长期网上互动而建立的关系，因而礼貌理论中评估言语行为之面子威胁性的相对权势与社会距离等因素在网络上的作用较为有限。本研究随机选取的一则新闻引起的唱独角戏式留言比得到回应的留言多，且只有一两个回应的首发留言比有 5 个以上回应的首发留言多，据此看来，新闻留言栏主要扮演的是个人意见发表平台的角色，其次才是交流对话平台的角色。本研究感兴趣的问题是，在几乎人人素昧平生的网络空间中，什么样的留言会引起陌生人的回应？如何回应？这种互动回应与一般的言语行为有何不同？

本研究选择的新闻是 2013 年发生于台湾的“洪仲丘事件”[2]的报道。8 月 1 日《苹果日报》刊出一则标题为“洪姐秀录音 曹金生：被她突袭了”的新闻，新闻主要内容为：负责侦办洪仲丘案的“军事法院检察署”（简称“军检”）表示没有军官为求尽快得到洪仲丘的体检结果而买饮料贿赂军医院护士，以便加速处理对洪仲丘的惩罚申请。在军检做出此表示的第二天，洪仲丘的姐姐提出录音资料试图证明军检在说谎，“军检署检察长”曹金生

[1] 异步论坛的功能如同一场没有结束时间的会议，参加者任何时候都可在这场会议中开辟一个主题邀请有相同兴趣者组成群组讨论、张贴回应与阅读他人的留言，也可随时退出讨论。邮件列表（mailing list）、新闻群组（news group）、BBS 中的讨论版都是异步论坛可能的形式（Wallace, 1999）。

[2] 维基百科“洪仲丘事件”条目解释：指台湾 2013 年 7 月发生在陆军的死亡案件。义务役士官洪仲丘原定于 2013 年 7 月 6 日退伍，却在 7 月 3 日死亡，由于死因涉及遭欺凌、虐待或其他军事丑闻而引发社会舆论关注。（“洪仲丘事件”, 2013）

接受电话访问时表示："我们被她突袭了，她这个新拿出来的东西，我们得进一步去查证，有没有这回事，我们会去查证，吴翼竹有没有这样说，这个我们都未定数，尊重她的意见。"新闻页面之下的留言显示均在8月1日当天发表，本文所取之语料即当日之所有留言。

# 4. 语料分析

## 4.1 人际功能

新闻页面显示有685则读者留言。笔者将留言者网名与留言内容从网页上复制到Excel中制成表格并初步浏览与编号统计，过滤删除不是针对新闻事件内容或当事人的留言[1]，以及类似"很同意你的说法""借分享"等留言[2]。最后得到598则留言，留言者558人。598则留言中绝大多数站在被害人或其家属的立场批评负责调查的单位——军检（如下例网友A001的留言），仅有6则留言批评被害人"洪姐"，且其中仅有2则引起其他网友的回应。6则留言中明显为军检说公道话的留言有5则，另外一则（网友编号S018）对军检的支持则是较为隐晦间接、以退为进的，该留言乃对网友A001[3]的首发留言所做的回应，A001（首发留言者）与S018（回应留言者）的留言如下：

A001："突袭"……这是一个检察长该讲的话吗？找证据是你的工作，不是被害人家属的工作耶！还是你根本就认为你是军方的辩护律师？曹金生严重渎职，军检该废了，我们缴的税拿去喂猪都更有价值!!!!!!!!

[1] 囿于篇幅，本文将焦点集中于无关留言网友之间关系的留言与引发的回应，以观察排除语境因素（后详）后的言语互动现象。

[2] 尽管这类留言表示认同或支持某个评论，但他人的评论可能夹叙夹议、亦庄亦谐，留言者搭别人评论的便车时很难认定其支持的是什么具体主张，因此这一类留言也排除在本研究之外。

[3] A001的留言即上文提到过的经删除后有40个回应的首发留言。以下分析的留言组（S018-W006组，与A009-S029、G017、W037、A020组）都是在A001之下针对A001的第一层回应（S018与A009）与针对第一层回应的第二层回应（W006、S029、G017、W037、A020）。

S018：军捡（检）[1]确实应该费（废）了，“司法军法”都费（废）了好啦。反正洪家不管如何都不相信调查结果，真相早就大白了还要创造新话题维持新闻热度既然不相信，何必［跟］[2]他们周旋，媒体办案人民公审，洪家觉得谁有罪就谁有罪好啦~~

S018 承接 A001 留言中的“军检该废了”一句来发言，开头第一句话“军捡（检）确实应该费（废）了，‘司法军法’都费（废）了好啦”看似同其他多数网友一样站在反对军检的立场，但其下文反映的是该立场或看法之不合理，同时也批评了“洪家”。S018 的留言引起了 W006 的回应：

W006：S018 你真的知道为什么要求废除军审与军检吗？因为军审军检都是隶属于“国防部”，这种方式，完全违反“宪法”所要求的权力分立。再加上军检代表的是公权力的诉追，不是代表被告辩护，结果你看看我们军检处处帮被告说话，哪里像一个检察官应该有的态度，如果你在（再）仔细看起诉书，你就会知道这种起诉，摆明就是要把所有过错全部推给戒护士，让整件案子高高举起，轻轻放下。

Halliday 认为说话人透过语言为自己设定一种交际角色或言语角色（speech role），如询问者、指导者、怀疑者等，将自己的“身份、地位、态度、动机、对事物的推断、判断与评价”（胡壮麟、朱永生、张德禄、李战子，2008, p. 115）等意义传达出来，同时也为受话者指定了相对于自己的交际角色，希望受话者在接受该角色的前提下参与到互动情境中以进行交流（exchange）（Halliday & Matthiessen, 2004; 胡壮麟、朱永生、张德禄、李战子，2008），这就是语言的人际功能（interpersonal metafunction）。而一个句子的人际功能是由各种展现语气（MOOD）的语言形式来体现的。一个句子的基本语气成分（mood element）是主语（subject）和限定成分（finite element），主语通常是名词性的词组（nominal group），限定成分则是动词组的一部分（part of a verbal group）（Halliday & Matthiessen, 2004; 胡壮

[1] 圆括号内为正确用字。

[2] 方括号内为笔者为原留言补上的缺漏字。

麟、朱永生、张德禄、李战子，2008）。主语与限定成分（即语气 mood）是交际过程中供互动者以各种方式谈论并持续谈论的命题内容。除了语气（mood）以外，情态（modality）、语调（tone）[1]、称呼语、人称代词、动词、名词、形容词、副词等可传达说话者态度的具体词汇，都可以表达话语的人际意义（朱永生、严世清，2001）。我们从语料中可观察到丰富的人际意义和表现形式。A001 的“军检该废了”之所以引起 S018 的回应，原因就在于“该”的使用，此例中“该”可视为能愿动词“应该”的简式，表达说话人认为“理应如此”的主观态度或语气（吕叔湘，1980），换言之，“该”将“废军检”此一命题内容情态化，表明此命题正是说话人的立场所在，也因此该立场引起 S018 的回应。S018 除了复制 A001 的话以外，还用上了情态副词“确实”：“军检确实应该废了”，因而形成两则留言之间的呼应与互动关系。

在网上新闻留言板这样开放的沟通空间，S018 的留言并未特别指定受话人，但其中却有两处具有说话者语气的人际意义，即使用“小句 + 好啦”的两个句子：“‘司法军法’都费（废）了好啦”，以及“……，洪家觉得谁有罪就谁有罪好啦”。句末“好啦”可以用“好了”替换，“好啦 / 好了”经语法化后成为以“建议”为核心语义的语气词，衍生出表达说话人主观态度、意见或观点的情态功能，使话语进入互动的语境；说话人以“……好啦”表达自己的建议，并交由受话者确认此建议（张龙，2012）；同时结合语境来看，S018 的第一句话“军检确实应该废了”乃模仿其他网友的话而来，第二句话“‘司法军法’都费（废）了好啦”在第一句话的基础上再“加码”废掉“军法和司法”，句末“好啦”因而有凸显说话人认为建议内容不理性的主观态度，而此“不理性”其实来自其他网友建议的“废掉军检”，说话人只是提出一个同样不理性但程度更强烈的建议，以刺激受话人意识到自己建议的不合理。因此，我们看到 S018 表面上建议“（把）‘司法军法’都废了”，但建议背后有着既然大家不理性地要求废除军检，那就不理性到底，连“司法”与“军法”都废了，看看大家是否能承受玉石俱焚的后果的个人态度；我们也看到虽然 S018 建议不必再浪费社会资源，让洪家决定谁有罪即可，但实际上是不满洪家以及媒体办案人民公审的现象。

[1] Halliday（2004）从系统功能的角度将英文的语言系统分为概念、人际、篇章三个功能，并分别对应不同语义系统的语言形式，其中表达人际功能的语言形式是语气（MOOD）这个语义系统，语气系统包括语气、情态、语调三个子系统。

受到句末“好啦”的“引诱”，W006也运用了几个具有人际功能的句子回应S018的留言：a.“你真的知道为什么要求废除军审与军检吗？”b.“结果你看看我们军检处处帮被告说话。”c.“如果你在（再）仔细看起诉书，你就会知道这种起诉，摆明就是要把所有过错全部推给戒护士。”W006的留言首先透过“你”指定S018为其受话者并将其批评个人化，接下来以a句“你真的知道……吗？”进一步表明与S018交流互动的方式——挑战，同时将S018置于“接受挑战”的交际角色中。此话的挑战意味来自语气副词“真的”与澄清疑问句“……吗？”的合并使用。“真的”凸显说话者对命题和话语的主观态度，即主观肯定命题或话语的真实性（颜红菊，2006；陈颖，2010；方清明，2012）；疑问句“……吗？”则是语境出现与说话人的假设冲突的情况时，说话人用以澄清状况（Li & Thompson, 1983）。当W006将“真的”与澄清疑问句“……吗？”合用时，表示对真实性的怀疑，亦即强烈质疑S018“建议”废军检甚至废“司法”与“军法”是否基于对客观事实的了解；表面上W006希望S018澄清他做出建议的依据，其实W006怀疑S018做出建议时的理性态度，整句话要表达的其实是说话人强烈认为受话人并“不真的知道为什么要求废除军审与军检”，这一点从W006后续的话语也得到了证明。

在面对面的互动中，具有挑战意味的反问句相当于说话人强烈试图要求受话人根据问题内容进行回应，受话人一旦回应，就难以避免对自己的面子造成伤害（Bousfield, 2008）。换言之，说话人挑战受话人的同时，也把发话权交到受话人手上，等待受话人“自投罗网”掮自己的面子一巴掌。在网上新闻留言板中，互动或对话常常呈现“唱独角戏”的状态，S018虽然是W006指定的互动对象，但S018可能看不到W006的留言，也可能看到了却不回应，然而这不影响W006的话语对S018面子的冒犯，这可以从几个方面来看：首先，面子既是交际互动者个人内在产生的需求与期望，也是在互动过程中建构展现的（Bousfield, 2008），亦即前者对面子的期望（face expectations）与后者实质的面子（face reality）之间可能存在着落差，诚如Goffman（1967）指出：

在一次互动接触中，如果为某一个互动者塑造出的形象是该互动者一直都不在乎者，他可能就会对自己期望的面子与实质面子之间的落差无动于衷；如果在互动中建立的面子超乎互动者可能的预期，该互动者就可能感觉良好；反之，若互动所建立的面子未能满足互动者对面子的一般期望，该互动者就可能感到难过甚至感到受伤。[1]（p.6）（转引自 Bousfield, 2008, p. 40）

我们从 W006 的留言看到的是他为 S018 塑造的“实质面子”，而不是 S018 在此沟通情境下希望呈现的样貌。

其次，异步论坛中的语言类似公开访谈的话语风格（public interview style of speech），人们回应一篇贴文或辩论不同观点时，看似针对一个对象说话，但其实知道有更多的旁观者在阅读自己张贴的留言（Wallace, 1999）。此外，一个具有攻击性的话语行为是解构还是建构了互动双方的关系，除了可由互动者主观判定以外，旁观者也可做出个人认定（Rancer & Avtgis, 2006）。即使网络新闻留言板中留言的网友之间不一定存在着实质关系，但是话语行为若有助于素昧平生的两个网友建立可以继续不伤和气地对话的关系，仍可视为具建构性意义的；反之，若阻碍和平对话关系的建立，则可视为具有解构性作用。在旁观者方面，网上交流空间如聊天室、讨论区、论坛等都有“网络规矩（netiquette rules）”之类的网上言论规范，管理员或版主有权删除不当留言，这也进一步说明并支持旁观者或者观众是交流情境的一部分，每个人根据自己的过去经验对一个互动对话产生自己的解读与印象。目睹互动过程的观众在心中所产生的互动者形象，即便不是构成互动者实质面子的全部，至少也是很大一部分。因此，说话人如 W006 可以透过其留言形塑读者对受话者的负面评价，以达到攻击受话者面子的目的。

接下来 W006 继续在 b 句中使用情态话语标记“你看看……”，一方面提醒受话者 S018 注意后续话语信息的重要性，并制约受话人按其明示的方向解读 W006 话语的意义，另一方面藉由与语境的结合，表达个人强烈的不满、责备等情感与立场（李成团，2009；郑娟曼、张先亮，2009）。最后 W006 在 c 句结合假设句“如果……就会……”与重复副词“在（再）”，利用假设句的结论分句表达推断的主观性语义（姚双云，2008），以“你”为假设分句和结论分句的主语并使用重复副词，目的在于指示受话人 S018

[1] If the encounter sustains an image of him that he has long taken for granted, he probably will have few feelings about the matter. If events establish a face for him that is better than he might have expected, he is likely to “feel good”; if his ordinary expectations are not fulfilled, one expects that he will “feel bad” or “feel hurt”.

进一步做 W006 认为合理或理性的验证工作，与此同时 W006 用“摆明”再一次表明自己对此事件的立场与看法乃基于明显而可接受公议的客观事实，更显 S018 看法之无稽与论据之薄弱。

除了 S018 以外，另一则引起回应的留言是 A009 所发表的：

A009：洪姐姐存在手机里，请她提供证据她不提供，现在才说有新证据，难得（道）军检会知道你证据提供不完全吗？用一下脑吧各位。

这则留言引起了 4 则回应：

S029：A009 洪姐的录音是当时军检问吴翼竹时，她在旁录下的，另一篇新闻有报，是军检明知，但不去查。

G017：A009 如果一个检调机构连查证搜证都要原告来提供，那还要这个机构干麻（嘛）？用用脑吧，而且录音时检调都在场，为何还要洪大姐提供？叫别人用脑前，先确认你自己的脑吧！

W037：A009 拜托用一下你的脑，把声音拿去调查局比对声纹，就知真假!!! 说什么屁话都没用！

A020：A009 军检 1 个月找不出证据，反而是被害者家属自己找到证据，军检立场是怎样有眼睛的人都看的（得）出来…… 麻烦你用一下脑吧！

G017、W037 与 A020 三则留言在反驳 A009 的论点“洪姐姐存在手机里，请她提供证据她不提供，现在才说有新证据？难得（道）军检会知道你证据提供不完全吗？”之余，也以“用用脑吧”“叫别人用脑之前，先确认你自己的脑吧”“拜托用一下你的脑”“麻烦你用一下脑吧”回应 A009 的“用一下脑吧各位”，显见 A009 这句暗示着持反对军检立场的众人说话不经大脑的话“触怒”了一些网友，W037 与 A020 甚至以“说什么屁话都没用！”与“军检立场是怎样有眼睛的人都看的（得）出来”，暗示 A009 的论点是“屁话”以及“不长眼睛”以进一步攻击 A009。“说话不经大脑”“说屁话”“不长眼睛”等都在贬低受话人作为一个正常人具备正常思维能力的资格。当一个人面对故意无礼的行为时，同时也是个人面子受损的时候，这时可以选择加以回应或保持沉默。若选择回应，可以以进一步损害自己面子的方式承认自己该当受到无礼的对待（例如道歉），也可以加以反击以保护自己的面子或侵犯采取无礼行为的人。保护自己面子的反击策略称为防守策略（defensive strategies），侵犯采取无礼行为者的反击策略则是进击策略（offensive strategies）（Culpeper et al., 2003）。G017、W037 与 A020 便是采取进击的反击策略回应 A009 的攻击性言语，除了仿效 A009 采取相同的贬损策略（即“说话不经大脑”）来以牙还牙之外，更追加此策略的使用数量（即“说屁话”“不长眼睛”）来增强贬损的效果，以达到气势凌驾于 A009 之上的目的。仅提示 A009 盲点之所在的 S029 是以点到为止的防守策略来反击 A009 的看法。

G017、W037、A020 除了在策略上模仿 A009，也在形式上模仿 A009 的“祈使句 + 语气词‘吧’”，W037 与 A020 甚至以礼貌形式“拜托……”“麻烦你……”，以及“V 一下”和“VVO”来建构其进击策略。语气词“吧”的核心语义是说话人的不确定态度（张小峰, 2003、2009; 齐沪扬, 2002），用于祈使句末可使话语支配他人的明确性打折（张小峰, 2003、2009），亦即说话人摆出协商的姿态，给予受话人决定是否施行说话人之祈使行为的权力。“拜托”与“麻烦”原来是向人提出请求时的客气用语，“拜托”有抬高受话人身份地位或能力，非受话人不能帮忙之意，“麻烦”则将请求的小事夸大成困难，以此表示说话人对提出该请求令受话人感到烦恼或不便的抱歉之意，隐含若受话人接受请求，将得到说话人某种程度的感激之意。此外，“V 一下”与“VVO”格式向来被认为是用来表达短时小量或模糊不确定量的语义（甘智林, 2004; 卢福波、吴莹, 2005; 单宝顺、萧玲, 2009; 蒋湘平, 2012），在话语中使用，有照顾说话人或听话人面子的礼貌作用，蒋湘平（2012）更指出责备言语行为中的“V 一下”可降低听话人“错误行为的程度，从而尽量地维护了听话者的面子”。Brown & Levinson 认为，语言发挥礼貌功能的原则之一是，说话人花越多的力气在维护面子的语言行为上，就越能表明说话人诚心地希望受话人的面子需求得到满足（Brown & Levinson, 1987, p. 93）[1]，换言之，语句中表现礼貌的形式越多，该语句便越礼貌。然而我们在留言中看到的是不礼貌话语和礼貌形式并用，

[1] In general, the more *effort* S expends in face-maintaining linguistic behavior, the more S communicates his sincere desire that H’s face wants be satisfied.

结果并未消解话语中的不礼貌意味，反而更突出说话人不礼貌的意图。在这些可表现礼貌的语言形式的包装及语境的搭配下，本来没有任何语用色彩的“用脑”沾染了贬义，成为对立双方攻击与反击的武器。然而，为何中性的“用脑”一词在如此语境下具有如此的攻击威力？以下我们试以言语行为转喻来分析。

## 4.2 言语行为转喻

言语行为转喻（speech act metonymies）是 Thornburg & Panther（1997）提出的以转喻的认知模式来描述与解释间接言语行为（indirect speech acts）的理论。根据 Searle（1975）的定义，所谓的间接言语行为，就是以一个言语行为来施行另一个言语行为[1]，例如以陈述事实“盘子没洗”来施行要求受话人洗盘子的行为（Thornburg & Panther, 1997, p. 206）。Thornburg & Panther 认为，言语行为如同人类的其他行为一样，一个完整行为的施行必经历几个阶段（phases, or stages or conditions），这些阶段构成一个行为脚本（action scenario），每个阶段的特征如下：

一、行为前阶段（The BEFORE）：实现一个具体行为，将一个社会行为合理化，或激发一个行为所需要的前提（pre-conditions），包括客观条件以及说话人的心理态度（mental attitude），即动机或理由。

二、行为核心阶段以及结果（The CORE and its RESULT）：核心阶段即言语行为或非言语行为本身，相当于 Searle 言语行为条件中的必要条件或言外之意（essential condition or illocutionary point）；结果则是行为实施后的立即结果，能促成受话人改变或影响受话人。

三、行为后阶段（The AFTER）：亦称为语用后果（PRAGMATIC CONSEQUENCE），是预期或非预期中的行为后果，亦即话语命题内容之实现（realization of the propositional content）。

转喻是利用两物体或概念之间的邻近性（contiguity）关系，以 A 代表 B 的方式为人们所认知，例如新闻报道中惯以“总统府”一词代替“执政党政府”（以建筑物转喻执政者）。言语行为转喻便是指言语行为脚本中

[1] An indirect speech act is a speech act which is performed by means of another speech act. Searle said，One illocutionary act is performed indirectly by way of performing another. (Searle, 1975, p. 60)。

的一个阶段或阶段中的某个成分，可透过转喻代表整个脚本。如指令行为（Directives）脚本如下（Thornburg & Panther, 1997, p. 208）：

行为前阶段：受话人能做某事 A

说话人要受话人做某事

行为核心段：说话人将受话人置于做 A 的义务中

行为结果段：受话人处于做 A 的义务中

行为后阶段：受话人将做 A

试看平衡语料库中的一个对话：

高："我对这个新构想很有兴趣，王先生能不能马上陪我就去呢？"

王："好，我很荣幸为老朋友服务，……"

"高"的问话表面上问的是王先生马上陪他去某处的"能力"，但从"王"的回复来看，实际上是"高""请求""王"马上陪他去，因为"王"的回应是应允请求或帮忙的"好"，而不是回应有无能力的"能"。从言语行为脚本来看，在行为后阶段受话人"王"执行"陪说话人去"这一行为以前须具备的前提或条件，是在知识、专业或时间上具有陪说话人去某处或拜访某单位的能力，说话人藉由问话突出受话人能力这项先备条件（即行为前阶段的成分）来激活整个言语行为脚本"请求"，使一个询问能力的言语行为得以表达或施行请求的言语行为，而"王"之回应也显示其从"询问能力"的句子中解读出"高"在行为前阶段有要"王"做某事的意图。

指令类行为是说话人试图让受话人做某一件事（Searle, 1976, p. 11），邀请、建议、请求、命令等都是这一类行为的体现，因此可以用上述指令言语行为脚本的框架来描述本研究语料中的请求"拜托 / 麻烦用用脑吧"与建议"用一下脑吧"的话语现象。但如上文分析所示，以"拜托"或"麻烦"提出请求时，说话人有抬高受话人地位使其应允请求的机会大增的意图，换个角度来看此意图，也可视为说话人唯恐受话人不答应请求，因此 Thornburg & Panther 的指令行为脚本需稍做修改才能描述以"拜托 / 麻烦"等这类抬高受话人地位的用语提出请求的言语行为：

行为前阶段：受话人能做某事 A（A= 用脑）

说话人要受话人做 A

受话人可能拒绝做 A

行为核心段：说话人将受话人置于做 A 的义务中

说话人设法让受话人愿意做 A

行为结果段：受话人处于做 A 的义务中

行为后阶段：受话人将做 A

同时也须修改指令言语行为脚本以描述建议言语行为脚本：

行为前阶段：存在受话人有所不足的客观事实

说话人有意见 A（A= 用脑）可改变该事实

受话人有做 A 的能力

说话人希望受话人尝试做 A

行为核心段：说话人向受话人提出 A

行为结果段：受话人知道了一个自己以前不知道或没用过的方法 A

受话人评估 A

行为后阶段：受话人接受 A 并身体力行

当网友 W037 与 A020 使用“拜托用一下你的脑”或“麻烦你用一下脑（吧）”，或者 A009 、G017 与 A020 使用“用一下脑吧”“用用脑吧”“叫别人用脑前，先确认你自己的脑吧”以及“（麻烦）你用一下脑吧”时，都是以行为核心段的成分转指请求或建议的整个言语行为脚本。转喻除了“以部分转喻整体”与“以整体转喻部分”以外，也可在同一认知域（cognitive domain）中以部分转喻另一部分，例如“你需要多少钱我都可以借你”一语，以表示能力的“我可以”转喻要施行行为的“我要”，无论是“我可以”还是“我要”，都属于说话人提供某种广义的服务的言语行为域（the speech act domain of “offering” ），这里以转喻方式将该行为域的“施行某行为能力”这部分，联结到同一行为域的“要施行某行为”的部分（Thornburg & Panther, 1997）。因此，我们也可以推论，“拜托 / 麻烦你用一下脑”可以转喻行为前阶段的“受话人有做‘用脑’一事的能力”以及“受话人可能不愿意做‘用脑’一事”；而“用用脑吧”或“用一下脑吧”则可转喻行为前阶段的“受话人有所不足”“A 可改善受话人的不足”“受话人有做 A 的能力”等前提。

若只是在上述的建议与请求言语行为脚本中运作，“用用脑吧”与“拜

托 / 麻烦用一下脑”仍然没有攻击意味，否则，以任何一个别的词语代换“用脑”，都应该得出具有攻击意的句子，可见一句话的攻击性不在于其语言形式。如上文所述，攻击性 / 不礼貌言语行为是多个言语行为的集合，威胁、谴责、反对、恐吓、批评等都可形成攻击行为，威胁、恐吓属于指令类行为，谴责与反对属于表达类行为（Expressives）[1]，批评属于阐述类行为（Representatives）[2]。试看本研究收集到的留言例子：

阐述类攻击性言语行为：“**这是一个检察长该讲的话吗？找证据是你的工作，不是被害人家属的工作耶！**”

指令类攻击性言语行为：“**……干麻（嘛）一直替被告开脱罪行？摸着良心说话，免得将来下地狱无法对阎王交代！**”

承诺类攻击性言语行为：“**……再这样下去，或许真的有一天有人会受不了去突袭你。**”

表达类攻击性言语行为：“**……我们为什么要付你们这种人薪水啊……**”

宣告类攻击性言语行为：“**侦查终结不起诉，不得再议。我们一切依法行政，谢谢指教。**”

根据前文归纳的定义，攻击性言语行为最大的两个特征是意向性和伤害性，一般的言语行为脚本无法解释上述话语具有攻击性的原因。学者李勇忠建议在 Thornburg & Panther 的各类言语行为脚本上加上语用参数如行为对说 / 听话人的损益度、给予听话人的选择自由度、说话人与听话人的权势关系等，以更有效地解释间接言语行为中的礼貌现象（李勇忠，2003）。然而此做法仍有其局限性，原因在于：一、李勇忠（2003）引 Hernandes & de Mendoza（2002）的研究指出，“脚本”“是交际者从日常生活中经过抽象加工后存储起来的情景理想化认知模式（situational ICMs）”，然而李勇忠所参阅之 Thornburg & Panther 的论文，却从未明示其言语行

[1] 根据 Searle 的定义，施行表达类言语行为时，说话人对命题内容所示的事件状态表达个人的心理状态，如感谢、慰问、祝贺、道歉、谴责、欢迎等都属于这类行为 (Searle, 1976, p. 12)。

[2] 施行阐述类言语行为时，说话人保证其表达的命题有某种程度的真实性，这类言语行为的真假可受到验证，自夸 (boast)、抱怨 (complain)、总结 (conclude)、推论 (deduce) 等，都属于阐述类言语行为 (Searle, 1976, pp. 10–11)

为脚本就是 ICM。二、Thornburg & Panther 在其论文中指出，其言语行为脚本是说明人们使用与理解 Searle（1975）的规约、标准间接言语行为（“conventionalized” or “standardized” indirect speech acts）的认知模式（Thornburg & Panther, 1997, p. 206），Searle（1975）所论述的是普遍、一般的间接言语行为现象，礼貌是使用间接言语行为的主要动机，但并非唯一的动机（Searle, 1975, p. 74）。换言之，无论是 Searle 还是 Thornburg & Panther 所刻画的间接言语行为都是经过多次抽象化与概念化的结果，其范围都比 Brown & Levinson（1987）所描述的礼貌语言现象大得多。因此，在 Thornburg & Panther 的言语行为脚本上加入 Brown & Levinson（1987）提出的礼貌语用参数，只能解释礼貌性的间接言语行为，并且从脚本的本质上排除不礼貌的语言行为，不但无法解释使用多重礼貌形式的句子为何仍然具有攻击意，亦将产生礼貌原则提出后在语言研究历史上所遭遇过的问题：号称有普遍解释性的礼貌原则遇到许多无法以该原则解释的语言现象。如此一来，问题变成了语用参数应该内嵌于言语行为脚本内，还是独立于言语行为脚本之外？我们认为和谐管理模式与理想化认知模型可以提供解答。



### 4.3　和谐管理模式与理想化认知模型

Spencer-Oatey（2000）的和谐管理模式（Rapport Management Model）从关系取向的角度来探讨人们用语言建构、维持、威胁社会关系的互动方式，其中影响人们选择和谐管理策略的因素有和谐取向（rapport orientation）、语境变因（contextual variables）以及语用规约（pragmatic conventions）。和谐取向因素指的是说话人希望与互动者发展或形成的关系取向，包括增进和谐取向（rapport-enhancement orientation）、维持和谐取向（rapport-maintenance orientation）、忽略和谐取向（rapport-neglect orientation）以及挑战和谐取向（rapport-challenge orientation）。语境变因包括互动参与者之间的关系（如权力、距离、参与者人数）、话语内容的损益性，以及互动角色所赋予的权利义务关系。语用规约则包括社会语用学（social pragmatics）和语用语言学（pragmalinguistics）两个领域的内容。在此模式中，可以看到 Brown & Levinson 用来评估面子威胁行为（FTA）之严重程度，同时也是决定语用策略礼貌度的社会距离（social distance）、相对权势（relative power）以及 FTA 的强制性（imposition）等因素属于语境变因。Spencer-Oatey 指出，在任何语言互动发生前，人们对于这些语境变因都有基于过去经验而建立的相对稳定的概念，可初步评估即将发生语言互动的语境，而进入语言互动后，又会机动性地评估这些语境变因以调整语用策略的使用。从关系管理或和谐管理的角度来看，成功的互动（即成功地达到任何一种和谐取向的目的）取决于对语境变因的初步评估和机动性评估的结合[1]（Spencer-Oatey, 2000, p. 38）。由此可知，语境因素的作用先于言语行为脚本而非内嵌于言语行为脚本。此外，若将语用参数内嵌于言语行为脚本，则必须为了描述礼貌言语行为而加入礼貌参数，为了描述不礼貌言语行为而加入不礼貌参数，然而礼貌或不礼貌参数究竟有多少还是个未定数。如果只要研究者认为重要的参数都加入，言语行为理论以及据该理论而形成的言语行为脚本，就会失去其抽象概括的初始本质。因此，我们试将礼貌 / 不礼貌言语行为视为概念（礼貌 / 不礼貌）与行为（具体言语行为）分别形成并相联系的认知过程，将和谐管理模式视为一个理想化认知模型（ICM）可以很好地说明此过程。

和谐管理 ICM 至少包含语境认知模型（CM）、和谐取向认知模型、语用规约认知模型、策略认知模型以及言语行为认知模型[2]。在开始语言互动活动前，首先激活语境、和谐取向、语用规约模型，决定言语行为的礼貌或无礼程度（此阶段是“礼貌”概念认知过程的活动），然后依序激活相应的策略和言语行为模型（此阶段是“言语行为”认知过程的活动），而后由策略为言语行为定基调，如以谦逊方式或詈骂方式施行言语行为，最后关于谦逊或詈骂的认知模型（如谦逊词、敬语、禁忌语等语言符号与相关



[1] Prior to any speech event, we normally have relatively stable, ongoing conceptions of these various contextual components, based on our relevant previous experiences; … However, in the course of an interaction, assessment of these variables may change dynamically…If the interaction is to be “successful” in terms of rapport management, we need to combine these “dynamic” assessments of context with our “standing” assessments in making linguistic strategy choices.

[2] 前三项认知模型为和谐管理模式所固有，策略认知模型与言语行为认知模式可大致对应和谐管理模式中的和谐管理策略，但涵盖的言语行为范围与类型不完全相同，Spencer-Oatey 谈的“五种常见的语言行为（five common speech acts）”是请求、拒绝邀约、道歉、感谢、否定。本文的言语行为指涉的是 Searle 定义的五类言语行为：阐述类、指令类、表达类、承诺类与宣告类。

知识）也被激活并调动出来与相应的言语行为搭配，形成具体的言语行为。当然，实际的认知运作是更为复杂且多向交互进行的，例如在面对面的互动中，上述五个认知模型就可能不断地被激活与激活别的模型，但大致都遵循“语境→和谐取向→语用规约→策略→言语行为”的激活顺序，此现象在网络异步论坛形式的互动活动中显得更清楚。 如此一来，一句话的礼貌性或攻击性在以语言形式构建之前便已形成，换言之，相同的言语行为可以表达礼貌也可用以攻击，例如“他缓缓的道：‘我知道是厉害的恶鬼，大家别进迷宫，免得送了性命。’”（平衡语料库）与“摸着良心说话，免得将来下地狱无法对阎王交代。”（本研究语料）两句话都是指令类的威胁行为，但第一句话没有攻击意，第二句话的攻击意则很明显，原因在于第二句话在和谐取向阶段已决定是挑战和谐取向，在语用规约方面则决定了无视受话者的面子需求，并且以警告、报应等内容来施行威胁。

回到本研究的语料，我们试就这几则留言来解释这种礼貌形式加强不礼貌意图的原因：说话人首先评估网络空间的语境，得出两个结果：（1）无需考虑与受话人的亲疏关系以及相应之权利义务关系。（2）传达的讯息内容即使有损受话人面子也不至于遭到真正危险的实质报复，因此在和谐取向上至少可以不考虑增进和谐取向且可以更多地忽略和谐取向和挑战和谐取向，进而施行威胁、指责、贬低、反对等言语行为以有效符合并实现决定的和谐取向。接着在言语行为脚本中，说话人设定了“受话人说话未经大脑”的前提，然后（1）以祈使语气建议受话人“用一下脑”或“用用脑”，使用“吧”令受话人决定是否行使“用脑”的行为，若受话人接受该建议的行为，便是承认其较早的发言是未经大脑思考的“蠢见”，受话人若拒绝该行为，便是承认自己不愿意用脑。（2）使用“麻烦”“拜托”提出“用脑”的请求，受话人接受请求便意味着承认自己以前不用脑，若拒绝请求便表示自己没有用脑的能力或不愿意用脑。（3）以表示小量的“V 一下”和“VVO”句式搭配“吧”“麻烦”“拜托”，并由整个语境烘托，不但将“用脑”的动量减小，而且传达两个暗示：一是受话者连这样一件小事都做不到或没做到，其言论自然也只是无稽之谈。二是希望受话者接受并执行这样一个小动作，以免说出更可笑的观点或意见。

## 5. 结论

以上对网络新闻留言的研究发现，在不指定受话人的情况下，首发留言中的人际语气是引起陌生网友回应的重要因素；而留言中的不礼貌意味在多重礼貌语言形式的包装下并不消减，原因在于（不）礼貌言语行为是概念（礼貌/不礼貌）与行为（具体言语行为）分别形成并相联系的认知过程。

# 参考文献



陈　颖 2010 “真的” 的虚化，《语言研究》, 30（4）, 62–66。

方清明 2012 再论 “真” 与 “真的” 的语法意义与语用功能 .《汉语学习》,（5）,95–103。

甘智林 2004 “V+ 一下 $_2$” 格式的语法意义，《湖南文理学院学报（社会科学版）》, 29（5）, 98–100。

洪仲丘事件 2013, September 22 维基百科 . Retrieved September 22, 2013, from http://zh.wikipedia.org/wiki/%E6%B4%AA%E4%BB%B2%E4%B8%98%E4%BA%8B%E4%BB%B6。

胡壮麟、朱永生、张德禄、李战子 2008《系统功能语言学概论》(修订版)，北京：北京大学出版社。

蒋湘平 2012 对 “V 一下 2” 格式的语用考察，《汉语学习》,（4）, 67–75。

李成团 2009 话语标记语 you see 的语用功能，《外语教学》, 30（5）, 15–19，24。

李勇忠 2003 间接言语行为中的借代，《解放军外国语学院学报》, 26（2）, 16–20。

李舒慧 2013 网络暴力语言现象探析，渤海大学硕士论文。

卢福波、吴　莹 2005 请求句中 “V “、“V 一下” 与 “VV” 的语用差异，《语言教学与研究》,（4）, 40–45。

吕叔湘（Ed.）1980《现代汉语八百词》, 北京：商务印书馆。

蒲高兰 2008 虚拟社区攻击行为的探索性研究，西南大学硕士论文。

齐沪扬 2002 情态语气范畴中语气词的功能分析，《南京师范大学文学院学报》,（3）, 141–152。

冉永平、杨　巍 2011 人际冲突中有意冒犯性话语的语用分析，《外国语（上海外国语大学学报）》34（3），49–55。
单宝顺、萧　玲 2009“一下”与礼貌原则，《辽东学院学报（社会科学版）》，11(2)，52–55，72。
申智奇 2010 汉语冒犯性言语行为分析，《华文教学与研究》，（2），78–86，94。
王俊杰 2010 网络骂詈语研究，青海师范大学硕士论文。
王明珏 2012 中文网络语言中脏话的使用情况研究，上海外国语大学硕士论文。
颜红菊 2006 话语标记的主观性和语法化——从“真的”的主观性和语法化谈起，《湖南科技大学学报（社会科学版）》，9（6），80–85。
姚双云 2008 假设标记的三个敏感位置及其语义约束，《暨南大学华文学院学报》，（4），70–76。
张　龙 2012“好了”的语法化和主观化，《汉语学习》，（2），62–68。
张小峰 2003 现代汉语语气词“吧”、“呢”、“啊”的话语功能研究，上海师范大学博士论文。
张小峰 2009 关联理论视角下语气词“吧”在祈使句中的话语功能探析，《南京师大学报（社会科学版）》，（5），157–160。
赵英玲 2004 冲突话语分析，《外语学刊》，（5），37–42，112。
郑娟曼、张先亮 2009“责怪”式话语标记“你看你”，《世界汉语教学》，23（2），202–209。
郑　梅 2007 言语攻击研究，吉林大学硕士论文。
朱永生、严世清 2001《系统功能语言学多维思考》，上海：上海外语教育出版社。
Bousfield, D.（2008）. *Impoliteness in Interaction*. Amsterdam/Philadelphia: John Benjamins.
Brown, P., & Levinson, S. C.（1987）. *Politeness: Some Universals in Language Usage*. Cambridge: Cambridge University Press.
Culpeper, J.（1996）. Towards an Anatomy of Impoliteness. *Journal of Pragmatics*, 25, 349–367.
Culpeper, J.（2011）. *Impoliteness:Using Language to Cause Offence*. Cambridge: Cambridge University Press.
Culpeper, J., Bousfield, D., & Wichmann, A.（2003）. Impoliteness Revisited: with Special Reference to Dynamic and Prosodic Aspects. *Journal of Pragmatics*, 35,

3545–1579.

Halliday, M. A. K., & Matthiessen, C. ( 2004 ). *An Introduction to Functional Grammar* ( 3rd ediditon. ). London: Arnold.

Herring, S. ( 2001 ). Computer-Mediated Discourse. In *The Handbook of Discourse Analysis* ( pp. 612–634 ). Malden: Blackwell Publisher Inc.

Infante, D. A. ( 1987 ). Aggressiveness. In J. C. McCroskey & J. A. Daly ( Eds. ), *Personality and Interpersoanl Communication* ( pp. 157–192 ). Newbury Park, Beverly Hills, London, and New Delhi: Sage Publications.

Lachenicht, L. G. ( 1980 ). Aggravating Language: A Study of Abusive and Insulting Language. *International Journal of Human Communication*, 13 ( 4 ), 607–688.

Li, C. N., & Thompson, S. A. ( 1983 ). 汉语语法 ( *Mandarin Chinese*：*A Functional Reference Grammar* ). ( 黄宣范 , Trans. ). 台北市：文鹤出版有限公司 .

Rancer, A. S., & Avtgis, T. A. ( 2006 ). *Argumentative and Aggressive Communication*: *Research, and Application [electronic resource]*. Thousand Oaks, CA: Sage.

Searle, J. ( 1975 ). Indirect speech acts. In P. Cole & J. Morgan ( Eds. ), *Speech Acts* ( pp. 59–82 ). New York: Academic Press.

Searle, J.( 1976 ). A Classification of Illocutionary Acts. *Language in Society*, 5( 1 ), 1–23.

Spencer-Oatey, H. ( 2000 ). Rapport Management: A Framework for Analysis. In H. Spencer-Oatey ( Ed. ), *Culturally Speaking: Managing Rapport through Talk across Cultures* ( pp. 12–46 ). London/New York: Continuum.

Thornburg, L., & Panther, K. ( 1997 ). Speech Act Metonymies. In *Discourse and Perspective in Cognitive Linguistics* ( pp. 205–219 ). Amsterdam: John Benjamins Publishing Company.

Wallace, P. M. ( 1999 ). *The Psychology of the Internet [electronic resource]*. Cambridge: Cambridge University Press.

# A Pragmatic Study of Commenting Online As Impolite Speech Acts

Huang, Tiao-Guan
Taiwan Normal University



**Abstract:** This study discusses the interpersonal metafunction of impolite comments in the online Chinese newspaper and demonstrates the interactions between initial comments and reply comments given that there are no specified recipients. In the lenses of speech act metonymies and rapport-management ICM, this study illustrates that impolite speech act, in the disguise of multiple forms of polite speech act, is still offensive.

**Keywords:** Computer-Mediated discourse（CMD）, impoliteness, interpersonal metafunction, speech act metonymies, rapport-management ICM

# 汉语存现句的信息结构及其生成方式

卢俊宏[1]　美国　Swarthmore College

**摘要**　本文从语义、句法和信息结构各个层面切入探讨汉语的存现句，并切重于信息结构对于汉语存现句表层结构的影响。文中指出存现句是一个语言系统中用以调节信息结构的句法机制，其功能在于将一个带有新信息的所指引入言谈中。汉语存现句的生成历经语义、句法和最后的信息包装，是一个从深层语义结构向表层信息结构体现的历程。除了动词“有”所形成的存现句以外，其他诸如姿势动词存现句、移位动词存现句以及“王勉死了父亲”等存现句也都能在信息结构的分析下得到解释。

**关键词**　存现句　格语法　语序　信息结构　新信息

[1]　卢俊宏，美国宾州 Swarthmore College，讲师，b612planetoid@gmail.com。

## 1. 序言

前人于定义汉语存现句时多从语义、句法和功能三个面向个别地讨论。就语义而言，如刘月华等（2001）认为："从意义上说，存现句表示某处所存在着某一事物，或某个处所有某种事物出现或消失"。如下例句：

（1）桌子上有一本书。（刘月华等，2001：720）

（2）张家昨天死了一个人。（刘月华等，2001：726）



讨论到句法结构时，一般将句子拆解成前、中、后三段：句首表示处所的方位名词组，句中作为谓语中心成分的动词组，句末表示存现事物的名词组。至于句子内部成分的句法关系，过往的论点则有所分歧。一派全按表层结构，认为存现句中位于句首的方位处所是主语（刘月华等，2001；邵敬敏等，2003），如果句首没有名词性成分则为"无主句"。另一派则认为除了考虑在句中的方位以外，还应考察动词的语义，根据名词组和动词之间的语义关系来判定主语（Teng，1978/2005；汤廷池，1979a；曹逢甫，1987/2005）。

对于存现句的言谈功能，过往学者大致有两种看法。范晓（1998）和刘月华等（2001）认为存现句的功能在于描写某个场景，而位于句首的方位处所则是被描写的对象，亦是句子的话题。相反地，汤廷池（1988b）和LaPolla（1995）则不认为存现句句首的方位处所词是个话题，而仅是作为指示某个场所地点之用。有别于描写的功能，曹逢甫（1987/2005）和汤廷池（1988b）指出存现句有着引介（presentative）的功能。汤廷池认为存现句的言谈功能并非在于讨论句首的处所名词，而是在引介出动词后的人或者事物。

前人从语义、句法和功能三个层面来定义汉语存现句，指出了汉语存现句表现了某种语义、结构以及功能，但是却未能论及这些不同的层面之间彼此的关系如何。究竟存现句的深层语义结构到表层句法结构的生成历程如何？信息结构又在这过程中扮演何种角色？过往的分析缺乏一个大一统的架构来将存现句的语义、句法和功能加以整合。笔者认为，唯有从深层的语义结构开始，至表层的信息结构结束，方能完整地解释汉语存现句的生成。

## 2. 文献探讨：过往存现句生成方式的解释

### 2.1 非宾格假设

对汉语存现句的生成方式，不同学者有着不同的解释。形式语法学家认为存现句的句法表现源自存现动词的语义特征。Permutter（1978）提出的非宾格假设（the unaccusative hypothesis）将单论元动词区分作两类：非作格（unergative）动词和非宾格（unaccuative）动词。黄正德（1990、2007）认为汉语存现句的生成有赖非宾格动词。非宾格动词带有一个内在论元，该论元在深层结构中为宾语并形成无主句。深层结构中的宾语经过移位后才在表层结构中形成带有主语的结构。如下例句：

（3）[ e ]　来了　张三　[ 深层结构 ]　（[ e ] 标示主语的空位）
张三　来了　t　[ 表层结构 ]　（t 标示移位的痕迹）
（黄正德，2007：5）

然而非宾格假设并未很好地解释非宾格动词唯一的一个论元移位到句首的动因。本文认为，在什么情况下主语需要移位，在什么情况下不需要移位，这个问题可以在信息结构的框架下得到解释。

### 2.2 句式语法及糅合造句

黄居仁等（1996）与陆俭明等（2010）应用句式语法（construction grammar）来分析汉语的存现句。黄居仁等以“老先生走失了一匹马”为例，说明这样的存现句是由一个领属状态句式所形成的，该句式如下：

| | | |
|---|---|---|
| （4）a. NP1 | IV- 着 | NP2 |
| possessor of theme | | theme/body part |
| b. NP1 | IV- 了 | NP2 |
| possessor of theme | | theme/body part |

黄居仁等指出，该句式的特点在于其述语在一般的情况下做不及物动词（IV）使用，但是原本为不及物的动词在本句式中出现时则有及物的句法表现，而且表示主语的 NP1 和表示宾语的 NP2 之间存有领属关系。其句式语

义为在 NP1 这个空间里发生了 NP2 处于 IV 状态的这个事件。

沈家煊（2006）同样采用句式语法来解释汉语存现句的生成。如“王冕死了父亲”这个句子的生成并不牵涉句子成分的移位，而是糅合（blending）而成。原本没有“王冕死了父亲”这样的结构，但是“王冕的父亲死了”取用了“王冕丢了某物”的结构，两者糅合而产生出“王冕死了父亲”这个新的句式。

然而句式语法也尚未能解释“书在桌子上”和“桌子上有一本书”这两个结构中，表示存在物的名词在何种动因下选择出现在动词前或是在动词之后。句式语法的分析无疑忽略了这两种结构的关联。

### 2.3 认知语法的解释

Tai（1993）提出多项认知上的动因（motivation）来说明汉语句法的构成，其中的顺序性（order motivation）动因则和汉语存现句直接相关。顺序性动因不仅作用于时间顺序对句子成分的组织，也左右着空间成分在句子中的安排。根据顺序原则，空间关系的线型化[1]可能有两种策略：从部分到整体，或是从整体到部分，而汉语倾向于采用整体到部分的语序。Tai 表示存在关系概念结构有两种词序可供选择，即从容器到包容物（container-contained）抑或是从射体到地标（trajector-landmark）。而存现句即是一种从容器到包容物的体现，如下例句：

（5）桌子上有钱。　　　　（container-contained）

（6）钱在桌子上。　　　　（trajector-landmark）

胡文泽（2004）亦根据时间顺序原则（principle of temporal sequence）来解释汉语存现句的结构。胡认为在此大原则之下，依据语言的不同面向则还有“整体—部分关系原则”和“场景—目的物（figure—ground）原则”。而汉语存现句的结构充分体现了“场景先于目的物”这个认知原则。存现句句首的方位词组提供了“场景”用以建立目的物得以存在的空间，

[1] Tai（1993）所称的线型化，是指说话者将概念结构中的事物以线型在句法结构中表现出来。认知语言学中的线型化有别于格语法所谈的线型化。

而位于动词后的存在物则是处在该场景之中的目的物。

认知语法足以个别解释“桌子上有钱”和“钱在桌子上”这两种结构起源于不同的认知历程，但却无法解释两种结构的对应关系，也无法解释说话者选择某种结构的言谈动因。

### 2.4 信息结构的解释

Du Bois（1985）的竞争动因理论（competing motivation）指出篇章中有两股力量影响着词序的变换：对比新旧信息的动因和维持话题连续性（topic-continuity）的动因。这两种动因也和语言类型中的“作格语言”（ergative-absolutive language）和“受格语言”（nominative-accusative language）相关。不及物动词的主语和及物动词的主语在句法分布上有着相似性，这是由维持话题连续性的动因所推动的。黄宣范（1990）提出汉语在语言类型上倾向于受格语言。换言之，在汉语中，及物动词的主语或是不及物动词的主语，多位于句首承担话题功能，从而使得篇章得以连贯。由此可见，汉语句子中的主语在句中的方位，是受限于信息结构的。

Biq（2000）亦指出，汉语为了顺应对比新旧信息的要求，可运用词序的调整进行结构性的代换（structural alternatives），例如将不及物动词的主语后置，而使得主语和宾语在句法上有着相同的分布。陈俊光（2007）亦指出存现句中主语后置的现象即是一种为了对比新旧信息而产生的结构性替代。如下例句：

（7）昨天有三个人来。

（8）昨天来了三个人。

例句（8）中的“三个人”，因为带有新信息而移位到动词“来”的后方。

### 2.5 小结

句式语法和认知语言学虽然立足点不同，但同样都认为汉语存现句是某个结构的体现，而该结构本身就隐含着物体存在于某个空间下的语义。但是两种理论同样忽略了不同的结构之间的对应关系。至于非宾格假设虽然有一套推演存现句生成的过程以及动词分类的依准，然而却无法解释深层结构中的宾语在表层结构中移位的动因。相较之下，言谈的动因更能解释存现句和非存现句两种结构之间的对应关系，并在语义和句法之外说明词序变换的原因。

## 3. 信息结构与汉语存现句的生成

### 3.1 语义、句法和信息结构的分析

过往许多学者在分析汉语存现句时，多仅就表面线性现象来分析，直接将句首的名词组分析为主语，将动词后表示存在物的名词组分析为宾语。这样的分析法忽略了词序的操作在汉语的句法现象中所扮演的角色。邓守信（1984）指出，汉语常以词序来表现信息结构，这样的句法机制虽也为其他语言所使用，但是应用的弹性不若汉语灵活多变。

本文认为对现代汉语存现句的分析，必须至少包含三个层面，应用三种理论架构来分析汉语存现句，包括格语法、标准理论和信息结构的理论。实际的操作程序则是先分析语义结构中的论元和动词之间的互动关系，次而考虑深层语义结构中的论元和表层结构中句法成分的对应，最后考虑句法结构在信息结构的制约下改变词序的可能。

### 3.2 存现句的语义结构

本文选择透过格语法来分析存现句的语义结构，厘清存现句深层结构中的论元和表层句法成分的对应，进而发现存现句中的主语。Fillmore（1968/2002）认为在深层语义结构中的名词性成分依循着论旨阶层（thematic hierarchy），依照着一定的先后顺序形成表层句法结构的主语。本文将采用邓守信（1975/1984）[1] 的格语法架构来分析汉语存现句的语义结

[1] 本文所援用的格语法架构，系以邓守信（1975/1984）的架构为主，并辅以邓守信2006到2009年间于台师大华研所讲授汉语语言学及汉语语义学的授课内容整理而成。邓守信的格语法系统如下：
核心格：施事、受事、对象、范围
周围格：工具、方位、起点、终点、陪伴、受惠、路径。
邓守信所提出的汉语论旨阶层则是：施事 > 不及物动词的受事 > 工具 > 方位 > 及物动词的受事 > 对象 > 范围。
至于汉语的动词，在最上层可区分为三类：动作动词、变化动词以及状态动词。

构，并藉以判定句法结构中的主语，从而避免受到句子中其他名词性成分的影响。

### 3.3 存现句的信息结构分析

功能语法学家将语言视为人类沟通交流的媒介，言谈的进行实为一种动态的发展过程。在方法学上，除了研究语义和语言结构之间的对应之外，更从信息结构或认知能力等面向来分析语言使用者如何调整自己的语言表现，进而适时且适当地达成沟通的任务。

Halliday（2004）的系统功能语法在句子作为信息（clause as message）的层面下讨论信息结构之于组织句子表层结构的重要性。在实际的言谈中，句子成分如河流一般宣泄不止，可称为言谈语流（discourse flow）。而建构言谈的基础有二：结构性的（structural）和衔接性的（cohesive）。前者作用于单个句子之内，而后者作用于句子和句子之间。在句子的层次下，语言应用结构性的手段来调节信息结构。结构性的手段包括主位结构（thematic structure）以及信息结构（information structure）。主位结构和词序有关，而信息结构和信息的新旧有关，组织言谈语流的过程则是将带有新信息或旧信息的句子成分妥善地分配到句中各个方位，使言谈沟通能够顺利进行。



从言谈和信息的层面来看表层句法现象，便能解释词序变换的动因。如 Kuno（1987）所言，当有一种以上的词序可供选择时，实际选择怎么样的词序往往是出于信息结构的制约。以下列句子为例：

（9）这两个客人前天晚上来过了。

（10）前天晚上来了两个客人。（汤廷池，1977：126）

汤廷池（1977）指出以上两个例句中的“客人”皆为句子的主语。但是在两句中表主语和谓语的词组在词序上却有所不同，这是因为说话者根据“从旧到新”[1] 的言谈功能原则来组织词序。由此可见，两个看似不同的句

[1] 汤廷池（1988a）提出四条功用原则（functional principle）来解释汉语的句子型态及其与言谈功用之间的关联。这四个原则包括：从旧到新的原则、从轻到重的原则、从低到高的原则、从亲到疏的原则。

子，其实是受制于信息结构的制约而产生的表层结构，而非各自独立的句法现象。

为了达成有效的沟通交流，句子必须经过信息包装（information packaging）来重新组织句子内部的信息结构，使得该句子所要传达的信息能够无碍地为听话者所接收（Chafe，1976；Betty，1994）。为了包装信息，首先将句子成分区分为带有新信息的或旧信息的，然后遵循由旧到新的原则组织句子成分，再传达给听话者。在包装信息的过程中，动词的选择有着决定性的作用。本文认为存现句之所以一般选择不及物动词而非及物动词，正是因为不及物动词具有调节信息流（information flow）的功能（Du Bois，1987）。

所谓传递新信息，其实可以解释为在言谈中以词汇的形式引入新的所指（Allan，1971；Du Bois，1987）。名词性成分可能承载新信息或是旧信息，但是新信息和旧信息在言谈中并非同等重要的。由于新信息需要更多的认知能力来处理（Chafe，1987；Du Bois，1987），因此功能语法学家们所提出的信息结构的制约通常是针对新信息的。如Givón（1975）指出在一个命题中只会有一个单位的新信息[1]（one [new] unit per proposition），类似的观点还有Du Bois（1987）的单一名词论元制约[2]（one lexical argument constraint）以及Chafe（1987）的单一新信息制约（one new concept at a time constraint）。由诸多对新信息量的制约可看出，在实际的言谈中每个句子所能包含的新信息是有限的，在一个句子中所能出现的带新信息的名词组往往只有一个。

根据新信息量的制约，言谈应该避免在一个句子中引入一个新的所指后随即加以陈述（Lambrecht，1994）[3]。然而如何在信息结构的制约下陈述一个及物性的事件呢？Du Bois（1987）的研究指出了能解决该困境的言谈策略：

[1] Givón（1975）的观点引用自Chafe（1987）和Du Bois（1987）。

[2] 黄宣范（1990）利用中文口语语料进行实证研究，其结果同样显示在中文口语述说文（oral narratives）中，不论是带有及物动词还是不及物动词的子句，一个子句中最多只会出现一个新论元。没有一个子句是带有两个新论元的。

[3] Lambrecht（1994：185）“Do not introduce a referent and talk about it in the same time.” Lambrecht（2000：622）亦指出，当句子中有两个名词组以词汇（lexical）的形式出现于表层结构时，当中一个名词组必须作为话题。

假使在一段陈述中，故事的主角仅仅是一个具有话题性的施事者，同时与该施事相伴的是一个高度及物性的动词。那么，直接地以及物动词的主语来将该主角引进将会违反及物动词的施事必须带有旧信息的原则。然而说话者知道，他们不需要在一个子句中就将事件的始末全盘托出。说话者可以延后说出这个及物性的事件，转而先以不及物动词将一个所指引进言谈中。在这样的情况下所使用的不及物动词往往是语义上较虚的动词。例如“k’ o：(1)- ‘there is’ ”，这个动词在 Sacapultec 语的语法系统中属于不及物的一类。或者使用相对较为中性的动词，如 come、arrive 或 appear。（Du Bois，1987：830）

Du Bois 此番论点正好指出了存现句的引介功能，而且其指出的动词类型也正符合传统存现句研究中所提出的类型。Givón（2001）同样也指出在英语存现句中的动词如“be”或“have”的词汇语义内涵并不十分丰富，相较于 Du Bois 所说的 semantically empty，Givón（2001）说的是 semantically bleached。至于出现在存现句中的动作动词，亦能够从言谈语境中推及，因此和系词同样具有低信息量（informationally light）的特征（Betty，1994）。正因为不及物和语义内涵较虚，这样的动词能够作为存现动词来引入一个新的所指，并调节信息结构。

汉语的词序在信息包装和调节信息结构的任务中起着重要的功用。一个新的所指能够藉由不及物动词引入，但是在表层句法结构中，带有新信息的名词所能出现的方位并非毫无限制的。许多语法学家所提出的制约正说明了这一点，如 Chafe（1987）的轻起始点原则（light starting point constraint），Du Bois（1987）的“Given A Constraint”。就 Chafe 的轻起始点原则来看，其内涵如下[1]：

一、起始点通常为一个已知的所指。

二、有时起始点也可以是可提取（accessible）的所指。

三、起始点很少是新的所指，除非是在一段言谈中的一个主要段落的



[1] Chafe（1987：37）的轻起始点原则，原文如下：

1. A starting point is usually a given referent.

2. Occasionally a starting point is an accessible referent.

3. A starting point is rarely a new referent, and then only at the beginning if a major section of a discourse.

开头。

根据轻起始点原则，能出现在句首的句子成分必须是已知信息或是可提取的信息，无定或是带有新信息的名词组是难以出现在句首的。也就是说，一个句子成分是否能够出现在句首深深地受到信息结构的制约[1]。换而言之，由不及物动词所带进的新所指，不适合直接出现在句首这个一般主语常出现的方位，而必须经过某种机制来呈现。最直接的方式就是透过词序变换将主语和谓语倒置[2]，使带有新信息的主语移位到信息量较低的动词的后方。

然而句子一旦经过主谓倒置后，句首的方位就会产生空缺，而一个好的句子应该是由名词性成分来起始的[3]。在句首缺乏名词性成分的情况下，为了建立句子的轻起始点，有必要填入名词性的成分。英语存现句的做法是在句首填进虚位主语“there”。而在汉语中虽然没有虚位主语这样的句法机制，但是由于每一个事件都有时间框（temporal frame）和空间框（spatial frame）[4]，因此可以将时间成分或空间成分摘取出来放在句子表层结构的句首作为轻起始点。由于时间和空间是一个事件的必要组成成分，而表示空间处所的方位词和表示时间的时间词一般又是有定的[5]，因此信息量较低，而能在构成存现句时出现在句首。

根据以上所论，本文主张存现句是一个语言系统中用以将一个新的所指引入到言谈中的句法结构，亦是一种调节信息结构的机制。生成存现句



[1] Lambrecht（2000：635）：“it is not the inverted but rather the non-inverted（preverbal）subject NP that is pragmatically constrained.”

[2] Betty J. Birner（1994）指出，主谓倒置这样的词序变换可视为一种信息处理的机制。其动因在于将相对较旧的信息，移位到相对较新的信息之前。

[3] Chafe（1987：36）：“A speaker does simply thrust concepts forward nowhere. The usual technique for presenting information is to choose some concept, typically some referent, as a starting point and then to add information about it.”

[4] 邓守信指出一个动作事件必然有其时间框和空间框。邓（1985：9）指出，“状态代表在某种程度上恒久不变的现象，而活动则有它自然的起始点以及终结点。”笔者认为有起始点和终结点即意味着一个事件必然在时间轴上有个起始和终结的时间。Bolinger（1977：99）亦曾引述 Thorne（1973：863）：“To exist, a thing has to be somewhere.” Croft（1998）则指出事件在时间维轴上发生，当然可以在时间轴上加以定位。原文为：“Because events exists in time, they can also be situated in time.”

[5] Givón（2001a）谈到指称和论旨角色之间的对应问题。他指出不同的论旨角色和指称上的有定或无定有着紧密关联。其中，方位成分和时间成分几乎都是有定的。

的具体操作过程是利用带低信息量的不及物动词或是具有出现或消失语义的动词来引入一个带新信息的论元，并在表层结构中将该论元所体现的所指名词移位到动词之后。像汉语这样没有虚位主语的语言，则是透过插入方位词或是时间词来建立轻起始点。这样一个经语义、句法乃至信息包装最后所形成的句法结构，本文称为汉语存现句。

### 3.4 汉语存现句的生成过程

汉语存现句一般使用不及物动词在言谈中引入新的所指。在邓守信（1975/1984）的格语法架构下，不及物动词的论元有两类：施事（agent）或受事（patient）。汉语不及物动词的语义结构如下图所示：

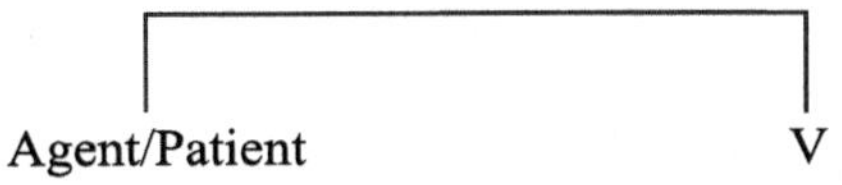


**图 1　汉语存现句的深层语义结构**

在从语义结构到句法结构的线型化过程中，不及物动词的唯一论元体现为名词组并被直接指派为句法结构的主语，而动词则体现为谓语词组。汉语存现句的线型化过程如下图：

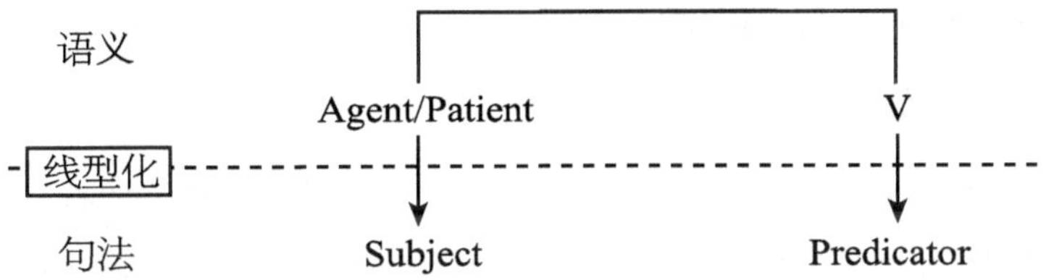


**图 2　汉语存现句的线型化**

然而，由于名词性成分深受信息结构的制约，倘若主语名词组带有新信息，则该名词组便不适宜出现在句首。因此，表层句法结构在实际的言谈中还需经过信息包装。具体的操作方式即利用词序的变化将带有新信息的主语移位到动词组的后方，使句子成分依照信息量低到信息量高的次序排序。然而，一旦经过词序变换，句首这个方位即缺乏有指称的句子成分，因此，为了建立一个轻起始点，说话者可以选择抓取有定的句子成分并放置在句首。填补句首空缺的首选为方位名词或时间名词，这一方面是由于每个事件都有时间框和空间框，另一方面则因为事件发生的时间和空间几乎皆为有定的，因此在认知上对听话者而言是可提取（accessible）的信息。汉语存现句从语义到句法乃至信息结构的生成过程，如下图所示：

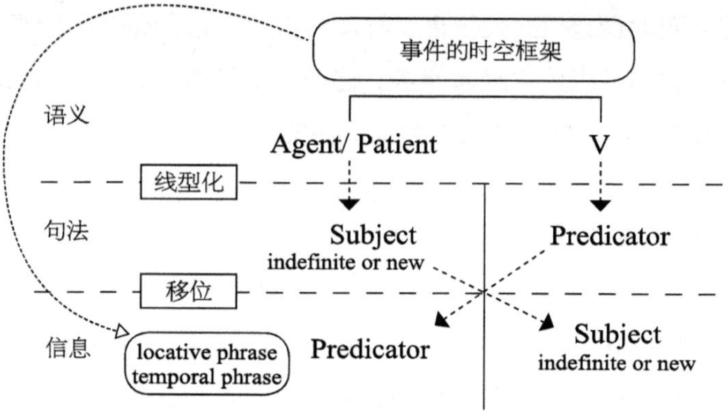


**图 3　汉语存现句的语义、句法及信息结构**

根据本文的分析，汉语存现句的表层结构实为从语义到句法、再从句法到信息结构的体现。而传统汉语学界对存现句的结构所做的描述，如存现句的句首是表示处所的词语，只是对于存现句最表层的结构进行词汇义的描写而已。

## 4. 汉语存现句的几种次结构

本文将存现句区分为存在和隐现两类，其下再以动词次类作为划分依据并分别论述各类存现句的生成历程。存在句之下包括动词“有”、姿势动词以及移位动词所形成的存现句。隐现句之下我们将讨论不及物变化动词如何生成存现句，最后则讨论“王冕死了父亲”的生成方式。

### 4.1 “有”存现句

吕叔湘（1946/1984）指出“有”是最单纯地表示存在的动词。基于语义上的差异，本文认为有必要至少区分出两个“有”，“有$_1$”表示存在义，而“有$_2$”表示领属义。从语义结构来看，“有$_1$”为不及物状态动词，带有一个受事（patient）和一个选择性的方位格（locative）；而“有$_2$”则为及物状态动词，带有一个受事和对象（recipient）。表示存在义的“有$_1$”所形成的存现句，以“桌上有一本书”为例，其语义结构如下图：

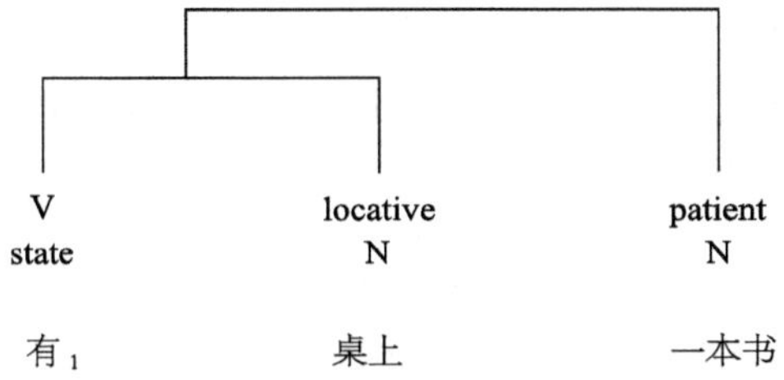


**图 4　状态动词"有 $_1$"的语义结构**

在表层的信息结构中，"桌上"出现在动词前，"一本书"带有新信息而出现在动词后。吕叔湘（1981）另外指出，表示存在的"有"后面出现的名词是存在的主体，有的时候这个主体可以移到"有"的前面。如下例句：

（11）令尊的照片还有吗？　　　　（北大语料库）

（12）圣诞老人真的有吗？　　　　（北大语料库）

关于"有 $_1$"的主语该在动词前还是在动词后的问题，我们可以应用对存现句中主语的方位的分析来阐释。如同其他存现动词一样，存现动词"有 $_1$"的主语可以出现在动词前也可以在动词后，端看其所带的信息的新旧来决定。

### 4.2　姿势动词存现句

存现句中的动词除了有着不及物的要求以外，还应是语义较虚的动词，而姿势动词如坐、站、躺等便有着这样的特征。由于人类的身体姿势动作在人际沟通时一般不是认知的重心。当我们看到一个人站着或坐着时，我们不会说"他在站"或"他在坐"。实际上，姿势动词一般常搭配助词"着"以作为背景讯息。

姿势动词因为其信息量较低，因而得以作为存现动词。然而这尚未能说明为何表示身体动作的动词能够用以表示存在。本文认为姿势动词之所以能构成存现句，并非由于动词本身的语义，而是在加上时貌标志"着"或"了"后所衍生（derived）出来的功能。姿势动词存现句并不是陈述人的身体动作，而是说明某人的存在[1]。有别于“有”和变化动词所形成的存现句，本文称由姿势动词所形成的存现句为转类存现句（derived existential sentence）[2]。

姿势动词在动词三分的系统之下属于动作动词的次类，其语义结构中带有一个施事和一个内部方位格[3]。施事虽然一般带有意志性 [+ volition]，但是在由姿势动词所构成的存现句中，说话者所要述说的是某个完结（accomplishment）事件发生后所留下的状态，其中的施事被人观察到处于某种状态之下，而非有意志地做某个动作。以下以姿势动词“站”为例，说明“教室里站了一个人”的生成过程。姿势动词“站”带有一个施事和一个方位格。“一个人”从深层语义结构经过线型化后成为句法结构中的主语。但是由于信息结构要求的缘故，带有新信息的主语在表层结构中并不安插在句首，而移位到动词的后方。同时，为了弥补句首没有名词性成分的空缺，方位格则进入句首的位置。最终，形成主语谓语倒置的存现句结构。下图为“教室里站了一个人”从深层语义结构到句法结构，再到表层信息结构的生成过程：

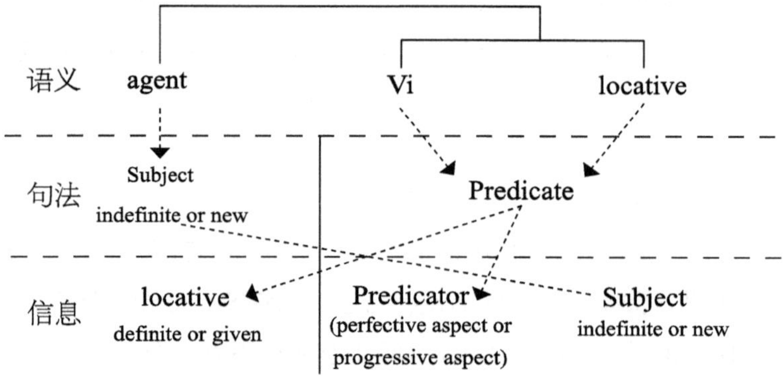


**图 5　姿势动词存现句的语义、句法、信息结构**

[1] Teng（1978/2005：181）指出，像是“树底下坐着一个人”这样的存现句，其陈述的重点不是“坐”这个动作，而是说明某个人的存在。Teng 原文为：“it’s not the manner of sitting, but the existence of an old man that is being introduced by the speaker.”

[2] 转类存现句这个术语来自 Teng（1978/2005）的启发。Teng 认为表示出现或消失的动词都是天生的存现动词，但是能够表示存在义的存现动词，除了“有”以外，都是由动作动词配合时貌标志衍生而成的，Teng 称之为“转类”。

[3] Teng（1975/1984）动作动词可依照方位格的属性来分作两类，一类为方位格动作动词，如“写、放、挂、贴”等。另一类为非方位格动词，如“买、拔、补”等。方位格动作动词在语义结构中已包含了内部方位格。

### 4.3 移位动词存现句

移位动词如放、挂、贴等都必须搭配时貌标志“着”和“了”方能形成存现句。说话者透过移位动词存现句所要说明的是动作完成后所留下的状态。由移位动词所形成的存现句也是衍生（derived）而成的，本文亦称之为转类存现句。

移位动词生成存现句的过程较为复杂，因为移位动词并非不及物动词，而是及物动作动词的次类，其语义结构中除了施事和内部方位格以外，还带有一个受事。倘若及物动词的两个论元带新信息且在表层结构中出现，则明显地违反单一新信息原则。因此由移位动词所产生的存现句，必须抑制施事论元在表层结构中出现。在移位动词存现句中说话者要表达的并非施事正从事什么活动，而是描述动作后所形成的状态，而在动作完成后仍处在某种状态下的往往是受事。

抑制施事出现在表层结构中的方法有二，一是不指明施事来造成去动化（deactivated）（邓守信，1975/1984），这时和动词搭配的时貌标志为“了”。二是使用具有去动化功能的时貌标志“着”（邓守信，1975/1984；望月圭子，2004；许秀霞，2008）。相对应的例句如下：

（13）桌上放了一本书。

（14）桌上放着一本书。

例句（13）之所以为存现句，是未指明施事所形成的，但是施事仍能透过被动结构出现在句子中。但是透过“着”所形成的存现句如例句（14），其施事完全受到抑制，无法出现在表层结构中。经由移位动词所构成的存现句，是为了陈述某个施事在事件完结后所留下的状态，而留在该场景中的受事则成为表层结构的主语。

我们以移位动词“放”为例，说明“桌上放了/着一本书”的生成过程。移位动词“放”在深层语义结构中带有一个施事、受事以及方位格，但是由于说话者所要陈述的是处在某种状态下的受事，又或者施事无法指明，因此说话者选择不指明施事。在此情况下，说话者提取受事为表层结构的主语。但是由于信息结构的缘故，主语在表层结构中并不安插在句首，而是移位到动词的后方。同时，为了弥补句首没有名词性成分的空缺，方位格进入句首的位置。最终，形成主谓语倒置的存现句结构。下图为“桌上放了 / 着一本书”的生成过程：

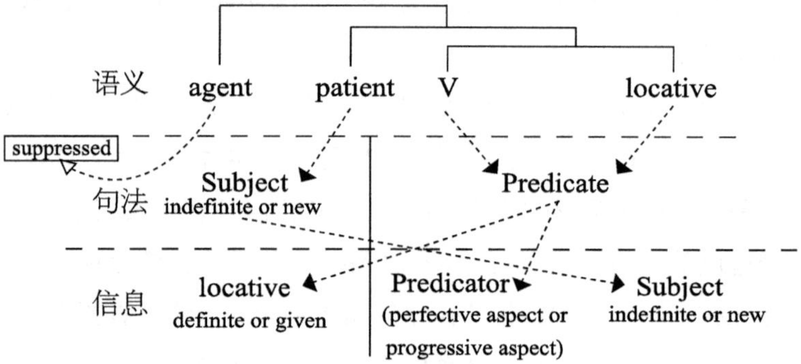


**图 6　移位动词存现句的语义、句法、信息结构**

## 4.4　隐现句

存现句中表示出现或消失的存现动词，在动词三分的架构下都为变化动词。就动词本身的语义而言，这一类动词因为具有 [+ 出现 ] 或 [+ 消失 ] 的语义，因此能够表达名词所指的出现或消失，从而建立该名词所指的存在。本文以下将表示出现义和消失义的动词合称为隐现动词。

隐现动词的语义结构仅带有一个受事，而不似姿势动词或移位动词内建有方位格 [1]。如隐现动词“死”，当我们说某人死去时，并不需要一个方位才能达成“死”的事件。反之，姿势动词“坐”必得要有个方位格允以施事着落才能完成“坐”的动作。因此本文认为隐现句中并未内建方位格，而在表层结构中出现的方位处所名词实为来自情态（modality）的外部方位格。

我们以隐现动词“来”为例，说明“来了一个客人”的生成过程。隐现动词“来”在深层语义结构中带有一个受事“一个客人”。“一个客人”从深层语义经过线型化后成为句法结构中的主语，但是由于带有新信息的缘故，隐现动词的主语在表层结构中从句首移位到动词的后方，最终形成

[1]　Teng（1978/2005：175）指出，当表示时间或是地点的成分不出现在存现句中时，这些成分往往是回指（anaphoric）前文而隐含（imply）于语境中的。Li and Thompson（1981：517）则指出，此类存现句中往往不需要有表示方位处所的名词组出现。

主谓语倒置的存现句，最后则是从时空框架中摘取时间框和空间框来安插入句首作为轻起始点。下图为“来了一个客人”的生成过程，其中 Vp 为变化动词：

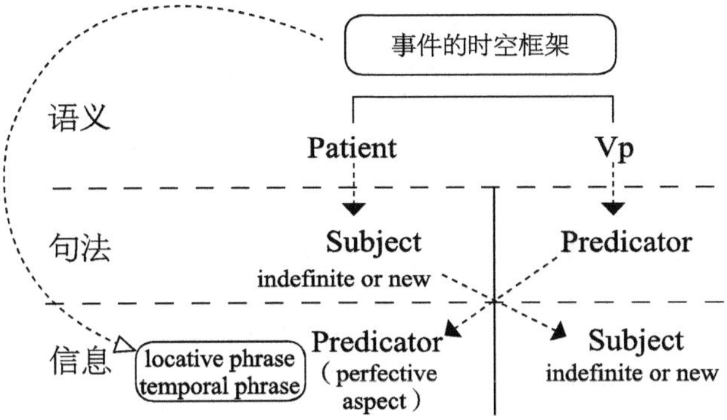


**图 7 变化动词存现句的语义、句法、信息结构图**

### 4.5 分裂主语句和“王冕死了父亲”的生成

存现动词之前，除了能出现表示方位处所的名词组，有时还能出现一类名词，而该名词和存现句的主语之间有着领属的语义关系，如汉语语言学界经常讨论的“王冕死了父亲[1]”。对于这一类存现句，过往学界有着各种解释的理论，如今学者多按表层结构将“王冕”分析做主语，而“父亲”分析做宾语（刘月华等，2001；沈家煊，2006；黄正德，2007）。但是这些论点却都未能解释不及物动词“死”为何能够带有两个论元，并在句法结构中分别成为主语和宾语。

本文认为变化不及物动词“死”仅仅带有一个受事论元。但是在信息结构中，论元经过分裂，指涉领属者的名词分配在句首形成话题，而表示领属物的名词则被置于动词后方。由于在语义结构中，动词前表示领属者（possessor）的名词和动词后表示领属物（possessed）的名词实为一个论元，故本文称此类存现句为分裂主语句。下图呈现“王冕死了父亲”的生成过程：

[1] 此例句原出处为吴敬梓的小说《儒林外史》。书中原文为“元朝末年，出了一个嵚崎磊落的人。这人姓王名冕，在诸暨县乡村里住。七岁上死了父亲，他母亲做点针黹供他到村学堂里去读书。”本文为求简易，仅用“王冕死了父亲”作为讨论的例句。

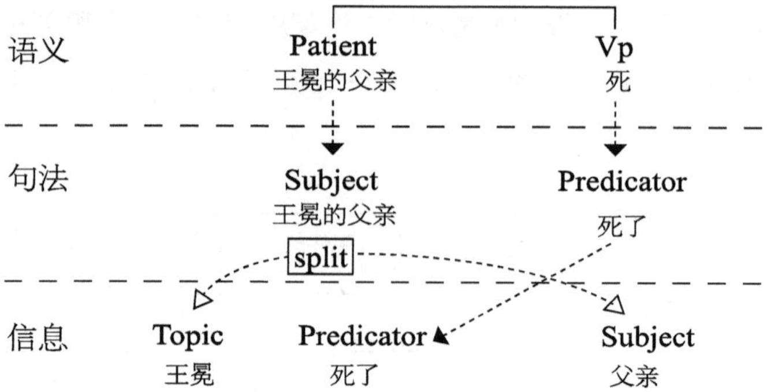


**图 8 “王冕死了父亲”的语义、句法和信息结构图**



语义结构中表示领属者和领属物的受事论元能够在表层结构中分裂成两个名词组，其原因在于领属物的低实体性（low in categoriality）（Hopper & Thompson，1984，1985），以及领属者名词的高话题性（汤廷池，1977；Givón，1976，2001；曹逢甫，1987/2005）。

先就表示领属物的名词来说，表示亲属称谓或是身体部位的名词有着较低的实体性，这些名词都必须搭配其他的名词才能进行指称。例如，我们不说“她是女儿”，而会说“她是某人的女儿”。而指涉某个东西是“脸”时，其实我们关注的是该张脸是谁的（Fillmore，1968/2002）。在言谈中，身体部位往往不被视为独立的可以讨论的个体。当我们提及身体部位受到某些影响时，其实最终关注的对象为身体部位的领有者，而非仅仅是身体部位本身（Hopper & Thompson，1984、1985；Sasse，1987）。就“王冕死了父亲”这句话的命题而言，其深层语义结构只有“王冕的父亲”这个论元[1]。如下图所示：

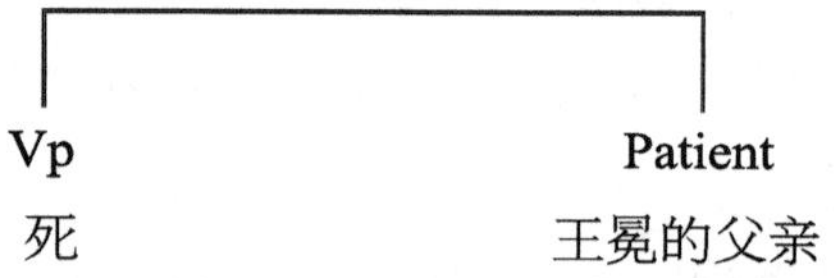


**图 9 “王冕死了父亲”的深层语义结构**

[1] Fillmore（1968/2002）在处理可分割的领属关系时，认为作为名词的修饰语的属格，可分析其来源为嵌入“X has Y”这样的句子。不可分割的领属关系中的两个名词组并非句子关系。Fillmore 对于不可分割的领属关系的处理办法是规定某些名词须强制性地带 D 补语。意即不可分割关系的名词组在深层结构中就是一个完整的单位，其结构可由如下的公示来表示：NP → N(D)。

但是为什么表示领属者的“王冕”在表层结构中分裂出来了呢？就领属者来说，表示亲属称谓或身体部位关系中的领属者，其指涉对象一般皆为有生命 [+animate] 的个体，因而具有较高的话题性[1]，因此在表层线性结构中领属者往往比领属物更靠近句首这个话题常驻的位置。汤廷池（1977）亦指出，在不可转让的领属关系中，只有领属者能够移位形成话题[2]，而表示领属物的名词则无法形成话题。领属关系中的领属者，因为具有较高的话题性，同时也常为言谈双方所关注的对象，因此得以从深层的论元结构中分裂出来，在存现句中做话题。

本文将分裂主语句视为现代汉语存现句的一个次类。跟一般的存现句比较起来，分裂主语句更具调整信息结构的功能。就竞争动因而论，分裂主语句的生成同时包含了对比新旧信息的动因和话题连续性的动因。在分裂主语句中，深层的论元在表层结构中分裂成两个名词性成分。表示领属者的名词作为话题，以符合话题连续性的动因，而表示领属物的名词因为并非言谈的话题且带有新信息，因此被置于动词后这个常出现宾语的位置来满足对比新旧信息的动因。Du Bois（1987）指出，出现在宾语这个位置的名词在言谈当中虽然常常带有新信息，但是在言谈中的角色也往往是较为边缘的，鲜少出现在随后的句子当中。从实际的语料中我们也可以看出，王冕的父亲在该句子中出现之后，便不再于文后出现了。



## 5. 结论

本文从信息结构和功能语法的角度来定义现代汉语存现句，指出存现句的功能是在言谈中引进一个新的所指。而存现句的生成过程则关乎动词的选择，也关乎动词的论元体现为名词组时和信息结构之间的互动。在每个语言系统中都有存现句，只是根据不同语言的构词和句法系统，存现句有着不同的表现机制。在汉语中决定汉语存现句表层结构的因素是词序的

[1] Givón（1976：177）指出，领属者一般为有生命的名词，因此比领属物更具话题性。原文为“the possessor – or the whole in cases of whole/part relationship – is normally more topical.”

[2] 汤廷池（1977）原文为“主题变形”（topicalization），本文为求术语的统一，对于“topic”一律称为“话题”。

变换。尽管各个语言的存现句有着殊异的表层结构，但是在这各异的表层结构下，实潜藏着言谈的共性。

本文在存现句的最上层依据语义区分出存在句和隐现句两类，其下再根据动词次类的不同和语义内涵划分次类，同时论述了各种存现句从语义到句法乃至于表层信息结构的生成历程。由于汉语存现句的句法表现和信息结构息息相关，而汉语语法在诸多层面上亦和言谈与信息关系密切，若是能让汉语学习者掌握汉语的存现句，不啻为让汉语学习者熟稔汉语信息结构表现的策略。反观现今的存现句教学，其练习多以句型转换为主，例如给予直述句再让学生改写为存现句。这样的练习仅为表面结构的替换，而忽略了存现句的言谈功用和隐藏于其后的信息结构。高级汉语学习者对于“有”“是”等基式的汉语存现句已能掌握，实际使用时却也多以“有”作为存现句的构成动词，而对于使用其他动词的存现句采取回避策略。陆俭明等（2010）提出“构式——语块”教学法，试图突破传统语法界将存现句的语法结构分析为“主动宾”的僵局。以固定格式来讲授存现句固然回避了句法讲解，但是同时也忽略了汉语的信息结构之于表层结构的调节作用。如果汉语学习者能够藉由学习汉语存现句，了解汉语的信息结构，那么也能够掌握汉语的其他语法点。就教学而言，对于现代汉语存现句的阐释和教学语法的建立，实为刻不容缓的工作。

# 参考文献


曹逢甫 1977/1995 谢天蔚 译《主题在汉语中的功能研究——迈向语段分析的第一步》，北京：语文出版社。

陈俊光 2007《对比分析与教学应用》，台北：文鹤出版社。

邓守信 1975/1984《汉语及物性关系的语意研究》，台湾：学生书局。

邓守信 1984 功能语法与汉语信息结构，载《第一届世界华语文教学研讨会论文集》163-171。

邓守信 1985 汉语动词的时间结构，《语言教学与研究》第 4 期，收录于《汉语语法论文集》，261-268。

邓守信 2009《对外汉语教学语法（修订版）》，台北：文鹤出版社。

范　晓 1998《汉语的句子类型》，太原：书海出版社。

胡文泽 2004 汉语存现句及相关并列紧缩结构的认知功能语法分析，《语言教学与研究》，第 4 期，1-13。

黄居仁、张莉萍、安可思、陈超然 1996 词汇语意和句式语意的互动关系，《第五届中国境内语言暨语言学研讨会论文集》，221-238，台北：政治大学。

黄宣范 1994 中文在言谈结构上是个受格语言，《第三届世界华语文教学研讨会论文集》，1-10。

黄正德 1990 中文的两种及物动词和两种不及物动词，载《第二届世界华语文教学研讨会论文集》，39-59。

黄正德 2007 汉语动词的题元结构与其句法表现，《语言科学》，第六卷第四期，3-21。

刘月华、潘文娱、故　韡 2001《实用现代汉语语法》，北京：商务印书馆。

吕叔湘 1946/1984 从主语、宾语的分别谈国语句子的分析，载《汉语语法论文集》，445-480，北京：商务印书馆。

吕叔湘 1981《现代汉语八百词》，北京：商务印书馆。

罗仁地（Randy J. LaPolla）1995/2005《语用关系与汉语的词序》，（语言学论丛）30：334-368，北京：商务印书馆。

邵敬敏、任芝锳、李家树 2003《汉语语法专题研究》，桂林：广西师范大学出版社。

沈家煊 2006“王冕死了父亲”的生成方式——兼说汉语“糅合”造句，《中国语文》，第四期，291-300，383。

苏丹洁、陆俭明 2010“构式——语块”句法分析法和教学法，《世界汉语教学》，第24卷第四期，557-567。

汤廷池 1977《国语变形语法研究》，台北：学生书局。

汤廷池 1979a 主语的句法与语意功能，载《国语语法研究论集》，65-72，台北：学生书局。

汤廷池 1979b 主语与主题的划分，载《国语语法研究论集》，73-80，台北：学生书局。

汤廷池 1979c 宾语的句法与语意功能，载《国语语法研究论集》，81-97，台北：学生书局。

汤廷池 1979d 国语的“有无句”与“存在句”，载《国语语法研究论集》，181-196，台北：学生书局。

汤廷池 1979e“来”与“去”的意义与用法，载《国语语法研究论集》，301-320，台北：学生书局。

汤廷池 1988a 国语语法与功用解释，载《汉语词法句法论集》，105-148，台北：学生书局。

汤廷池 1988b 国语语法的主要论题：兼评李讷与汤逊著汉语语法（“之一”至“之五”），载《汉语词法句法论集》，149-240，台北：学生书局。

望月圭子 2004 动词的使动与起动交替：汉、日语的对照研究，台湾清华大学语言学研究所博士论文。

许秀霞 2008 汉语动词分类的句法搭配与教学应用，台北：台湾师范大学华语文教学研究所硕士论文。

Biq Yung-O.（2000）. Recent Developments in Discourse-and-Grammar. *Chinese Studies* 18, pp. 357-394.

Betty J. Birner (1994). Information Status and Word Order: An Analysis of English Inversion. *Language*, v70, n2, pp. 233-59.

Bolinger, Dwight Le Merton (1977). *Meaning and Form*. New York: Longman.

Chafe, Wallace (1976). Givenness, Contrastiveness, Definiteness, Subjects, Topics, and Point of View." In C.N. Li (Ed.), *Subject and Topic*, pp. 27-55. New York: Academic Press.

Chafe, Wallace. (1984). How people use adverbial clauses. In C. Brugman and M. Macaulay (Ed.), *Proceedings of the Tenth Annual Meeting of the Berkeley Linguistic Society*, pp. 437-449. Berkeley: Berkeley Linguistic Society.

Chafe, Wallace (1987). Cognitive Constraints on Information Flow. In R. Tomlin (Ed.), *Coherence and Grounding in Discourse*, pp. 21-51. Amsterdam: Benjamins.

Croft, W.A. (1998). The Structure of Events and the Structure of Language. In Michael Tomasello (Ed.), *The New Psychology of Language: Cognitive and Functional Approaches to Language Structure*, pp. 67-92. London: Lawrence Erlbaum Associates.

Du Bois, John (1985). Competing Motivations. In J. Haiman (Ed.), *Iconicity in Syntax*. pp. 345-365. Amsterdam: Benjamins.

Du Bois, John (1987). The Discourse Basis of Ergativity. *Language*, 63, pp. 805-855.

Fillmore, C (1968/2002 胡明扬 译). *The case for case*. 北京：商务印书馆.

Fillmore, C. (1977a). The Case for Case Reopened, In P. Cole and J. Sadock (Eds.), *Syntax and Semantics Vol.8*. pp. 59-82. New York: Academic Press.

Fillmore, C. (1977b). Topics in Lexical Semantics in R. W. Cole (Ed.), *Current Issues in Linguistic Theory*, pp.76-138.

Givón, T. (1976). Topic, Pronoun, and Grammatical Agreement. In Charles.N. Li (Ed.), *Subject and Topic*. pp. 27-55. New York: Academic Press.

Givón, T. (2001a). *Syntax: An Introduction (Vol. 1)*. Amsterdam/ Philadelphia: John Benjamins Publishing Company.

Givón, T. (2001b). *Syntax: An Introduction (Vol. 2)*. Amsterdam/ Philadelphia: John Benjamins Publishing Company.

Halliday M.A.K. (2004). *An Introduction to Functional Grammar*. Foreign Language Teaching and Research Press.

Huang, C-T. James ( 1987 ). Existential Sentences in Chinese and ( In ) definiteness. In E. Reuland & A. T. Meulen ( Eds. ), *The Representation of ( In ) definiteness*, pp. 226-253. Cambridge & London: The MIT Press.

Hopper, Paul J. and Sandra A. Thompson ( 1984 ). The Discourse Basis for Lexical Categories in Universal Grammar. *Language*, 60.4, pp. 703-52.

Hopper, Paul J. and Sandra A. Thompson ( 1985 ). The Iconicity of Noun and Verb. In John Haiman ( Ed. ), *Iconicity in Syntax*, pp. 151-83. Amsterdam/Philadelphia: John Benjamins.

Kuno Susumu ( 1987 ). *Functional Syntax : Anaphora, Discourse, and Empathy.* Chicago: University of Chicago Press.

Lambrecht, Knud ( 1994 ). *Information Structure and Sentence Form: Topic, Focus, and the Mental Representations of Discourse Referents*. Cambridge University Press.

Lambrecht, Knud ( 2000 ). When Subjects Behave Like Objects: An Analysis of the Merging of S and O in Sentence-Focus Construction Across Languages. *Studies in Language*, 24, 3. pp. 611-682.

Li, C. N., & Thompson, S. A. ( 1975 ). The Semantic Function of Word Order: A Case Study in Mandarin. In Charles. N. Li ( Ed. ), *Word Order and Word Order Change*, pp. 165-195. University of Texas Press.

Li, C. N., & Thompson, S. A. ( 1981 ). *Mandarin Chinese: A Functional Reference Grammar*. Taipei: The Crane Publishing.

Quirk et al. ( 1985 ). *A Comprehensive Grammar of the English Language*. New York: Longman Inc.

Randy LaPolla ( 1995 ). Pragmatic Relations and Word Order in Chinese. In Pamela Downing and Michael Noonan ( Eds. ), *Word Order in Discourse*. pp. 297-329. John Benjamins Publishing.

Sasse, Hans-Jürgen. ( 1987 ). The Thetic/Categorical Distinction Revisited. *Linguistics*, 25, pp. 511-580.

Tai, James H-Y. ( 1993 ). Iconicity: Motivation in Chinese Grammar. In M. Eid and G. Iversion ( Eds. ), *Principles and Predication: The Analysis of Natural Language*. pp.153-174. Amsterdam: John Benjamins.

Teng, Shou-Hsin.（1974）. Double Nominatives in Chinese. *Language*, 50（3）, pp. 455-473.

Teng, Shou-Hsin.（1976）. Deixis, Amaphora and Demonstratives in Chinese. *Cahiers de Linguistique asis Orientale*10, pp. 5-18.

Teng, Shou-Hsin.（1978/2005）. Modification and the Structures of Existential Sentences. *Studies on Modern Chinese Syntax*. pp. 175-183. Taipei: Crane Publishing Co.

Wu, Guo（1998）. *Information Structure in Chinese*. Beijing: Peking University Press.

# Information Structure and the Generation of Existential Sentences in Chinese

Jyunhong Lu
Swarthmore College



**Abstract:** This paper discusses existential sentences in Chinese from the perspectives of semantic structure, syntactic structure and information structure, with special emphasis on how information structure affects the surface structure of Chinese existential sentences. The major findings in this paper are that the existential sentence is a syntactic device used to modify information structures in a language, with the function of bringing a referent carrying new information into a discourse. The generation of existential sentences in Chinese involves semantics, syntax and information packaging, which goes through the deep semantic structure onto the information structure in the surface structure. In addition to existential sentence constructed by the verb *you*, existential sentences such as "posture verbs sentence", "movement verb sentence" and sentences like "Wangmian died father"( meaning "Wangmian's father died" ) can all be accounted for under this information structure analysis.

**Keywords:** existential sentence, case grammar, word order, information structure, new information

# 闽南方言词汇文白读音选择之社会性成因探讨

## ——以台湾地区为例

欧德芬[1] 台湾 中原大学应用华语文学系
李菁菁[2] 台湾 新北市立新店高级中学
蒲彦汝[3] 台湾 台北市立兴雅国民中学

**摘要** 文白异读是汉语方言的重要特点，闽南方言存在丰富复杂的文白异读现象。过去探讨文白异读的论文多提及文白异读为历史上优势方言进入地域方言后，两种音系交叉渗透产生之“竞争、取代、抵抗、妥协、分工”等过程。闽南方言因时代更迭、移民迁徙及方言同化的影响，存在复杂的语言本体、语言变迁、语言竞争等现象，因而本文欲以当今台湾社会为主体，探讨过去文献中闽南方言所存文白异读之读音选择的社会成因（阶层、性别、城乡、年龄、职业）对闽南方言的文白异读之影响。本文针对“同一义项却存在文白读音选择性的闽南方言词汇”进行问卷调查，探究社会成因对台湾地区文白异读之影响。虽研究结果显示不受社会因素影响，台湾闽南方言出现趋向白读音的现象，本文仍具体考察文读音部分的社会性分布状况，其结果与本文的假设隐然呼应。本文确认台湾已成为一新兴移民社会，社会变迁与阶层间高度流动，

[1] 欧德芬，中原大学应用华语文学系，副教授，andriaou@cycu.edu.tw。
[2] 李菁菁，新北市立新店高级中学，教师，leeseven2@hotmail.com。
[3] 蒲彦汝，台北市立兴雅国民中学，教师，tracypu@gmail.com。

旧社会体系逐渐解体；加上闽南方言角色与地位变迁，近年已成为台湾政治强势语言，因而使文白异读走向另一种社会演变趋势。

**关键词** 文读 白读 社会因素 闽南方言 社会语言学

## 1. 前言



汉语的各地方言都有文白异读（许极炖，1988：37），换句话说，文白异读可以说是汉语方言的一个重要特点。而闽南方言在汉语方言中最突出的特色，即具有丰富复杂的文白异读（袁家骅，1989：249）。讨论文白异读的学术论文不可计数，大多认为现代汉语的文白异读是历史上权威或优势方言进入地域方言后，两种音系互动的沉淀（张光宇，1992：351）。起初两音系各有使用场域，并行不悖，后因交叉渗透经历了“竞争、取代、抵抗、妥协、分工”[1]等过程，而闽南方言因为时代更迭、移民迁徙以及方言同化的影响，存在着复杂的语言层次问题（黄玉梅，2001）。层层叠叠的语言层次不仅呈现出语言共时并存时的动态竞争关系，也使得闽南方言的文读、白读与社会群体间的关系不再是单一的对应。语言本体、过去的语言变迁、现在的语言竞争等因素相互交错造成闽南方言复杂的文白交叠、社会分层。简言之，欲了解闽南方言的文白异读现象，必须概括“本体性”与“社会性”因素；在时间概念上，必须综合“过去”以及“现在”，如此方能观其全貌。文白的辨认应由应用的场合开始（杨秀芳，1982：5），但是以“国语”为官方语言的现今台湾社会，闽南语虽仍为大部分民众的母语，但主要作为家庭沟通语言，年轻一辈的流利度与使用度皆不高，更遑论文白读音选择的掌握了；另一方面，在社会阶级分层流动、高等教育限制松绑、城乡水平差距缩小、男尊女卑封建体系崩解等社会现状下，这些

[1] 见张光宇 (1992:351)：现代汉语方言的文白异读是历史上权威或优势方言进入地域方言后两种音系互动的沉积。起初，两音系各有使用场域并行不悖（读书用的是一套，说话用的是一套），后因交互渗透（读书音入侵口语，说话音借入读书音），于是产生“竞争、取代、抵抗、妥协、分工”等一连串的过程。

文白异读的闽南方言字词是否仍受过去文献所探讨的社会成因影响，存留文理与土白之别并呈现于实际沟通行为，即本研究欲深入探讨的问题。

## 2. 研究动机及假说

### 2.1 研究动机

社会语言学指将语言学的数据与分析结果用于研究与社会有关的学科，或者反过来将取自社会的数据及其分析结果用于语言学（Hymes，1974）。学界以社会语言学观点，针对闽南方言的文白异读研究的著作甚丰，历来学者多从历时（diachronic）的角度，藉由古代文献的探讨建构文白音韵对当的关系，其中杨秀芳（1982）首次厘清了闽南语读音与语音系统之间的界限，使得读音与语音的音系显现各自的特性（洪惟仁，1988），除统整出目前台湾仍存在的闽南方言文白异读字词之外，在文白音韵的对应关系上亦有全面的探讨，堪称最为完备的闽南方言文白异读之本体性研究（黄玉梅，2001）。至于共时（synchronic）的社会语言学方面的研究，尤其是文白异读之语音选择的社会性因素的讨论几乎付之阙如。赵元任（1928）认为中国有些方言当中，读书或咬文时为一种念法，口语说话时又是另一种念法，点出了文白异读体现于社会语言学角度上，是使用场域的不同；而邹嘉彦和游汝杰（2004：25）亦指出华人社会阶层方言表现在两方面，其中之一为文理和土白的使用频率，他们认为“文理”和“土白”分层是汉语特有的社会方言现象，读书时用文读音读汉字，说话时则离开汉字使用方言口语，他们还认为在影响当代汉语的社会分层的因素中，“教育程度”这个社会变项应该是最为重要的。此外，Trudgill（1974:133-193）在英国诺里奇（Norwich）的方言研究中将职业、教育程度、收入等作为衡量经济阶层高或低的社会变项，调查当地居民的语音后指出：英语后缀 -ing 中的 ng 有两个语音变体 ng 及 n；其中阶层较高的人常读社会公认的标准音 ng，而阶层较低的人常读 n。综上所述，对于文白异读的语音选择，“语域”及“教育”是汉语研究之文献中经常提到的社会成因，而阶层高低又可作为受教育机会多寡的推估依据，得以接受教化的仕绅贵族自然较平民百姓有更多机会习得标准语音，这一观点也可从 Trudgill 以英语为观察对象所提出的研究发现中得到印证。

现今台湾社会以“国语”为教育语言，闽南语文白读音的社会性语用功能不再突出，转而用以区别不同的语汇意义，或不同的语法功能（许极炖，1998：90-92）。以“家”为例：“亲家”读为 chhin1[1] ke1，意指姻戚；而“作家” chok1 ka1 意指专职写作之人。由此可推测与“家庭”相关之词汇多以白读音 ke1 呈现；而含有“专家” choan1 ka1 意味的新兴词汇“企业家”“政治家”等则使用文读音 ka1。在这里，“家”的文白读音的差异体现了不同的词汇意义。又如“驶”：“驶”文读音为 su2，多形成“驾驶盘”“驾驶员”“行驶”等名词性词语或文雅词；而白读音 sai2 则用作动词，多接交通工具或副词性词语，例如：“驶车”“驶到”。其文白读音分别是不同语法功能的体现。以上词汇与闽南文白读音之间，已经形成固定的搭配关系，词汇与读音之间已经不具有选择性，文白读社会分层的功能也随之消失。在这样的情况下，文白异读的选择因素是否仍如文献所列便更值得进一步观察与分析了。

然而相关历史文献之探讨，均以大陆为主，对于影响台湾社会闽南方言文白异读之语音选择的社会性因素的讨论几乎付之阙如，因此相关研究的假说并非建立在台湾的社会时空背景下而较契合于大陆。对于建构台湾地区社会语言学的框架而言，参考价值稍嫌不足。台湾社会有其独特性，闽南方言文白读音的演变亦如此。同时台湾的传统社会的价值体系已逐渐解体，取而代之的则为一新兴移民社会，在这个过程中所产生的社会因素变迁，俨然成为一新颖的研究题材，因此如何建构台湾本土社会语言学之研究体系，也就成为一项值得挑战的工作。

本文参酌邹嘉彦、游汝杰（2004：25-38）所提出之影响语言使用的社会成因分项：阶层、性别、城乡、年龄、职业、语域等，将台湾闽南方言文白异读的研究锁定于“同一义项[2]却存在文白读音选择性的闽南方言词汇”，例如：“骂人”一词中的“骂”，无论以文读音 ma7 或以白读音 me7 发音，皆不影响语义。本研究拟通过对台湾地区语言使用现况的调查，针对文白异读选择之社会性成因进行探讨。

[1] 本文闽南方言标音，皆采用台湾的“台湾闽南语罗马字拼音方案”；华语则采用“汉语拼音方案”。

[2] 指文白形式不但并存，而且用在同样的词汇中，有同样的意义（杨秀芳，1996：159）。

## 2.2 研究假说

根据上文的讨论，本文认为文白选择的社会因素非任何单一社会因素可以解释，我们可将邹与游（2004：25-38）提及之社会因素进行串连，亦即阶层高者（亦即教育程度较高者）居住于城市的机率较高；教育程度较高者为男性的机率较女性高（尤其是40岁以上者）；教育程度较高者从事白领工作的机率较高；而年龄较小者受教育的普及率较高。所以假设阶层高、男性、白领、城市人及年轻人的社会变项同构性高，因而面临文白读音选择时，选择文读音的机率较高；阶层低、女性、蓝领、乡村人及老年人的社会变项同构性高，因而面临文白读音选择时，选择白读音的机率较高。但是此两种假设并非不能交叉跨越，例如：居于乡间者也可能因其优越的经济条件，得以接受教育而获致接触文读音的机会，面临文白读音选择时，便能够以语域、阶层等因素适切地考虑何种读音能够达到最佳的沟通效果。反之，城市中居于社会经济底层的男性，可能因为经济条件不足以使其接受教育而未能有文读音的输入，遂不具有依场合或人际接触的不同而变换文白读音的能力。所以，本文虽然针对文读群和白读群的特质，结合了六个社会因素（城乡、语域、职业、阶层、性别、年龄），画出两个同构性高的循环，并以实线相串连来代表其高关联[1]性，但是两个循环中每一个社会因素又各自以数学映射关系，以虚线代表其低关联性，如图1。（图1仅以“职业”因素为例，其他因素之相关对应关系，可依此类推。）

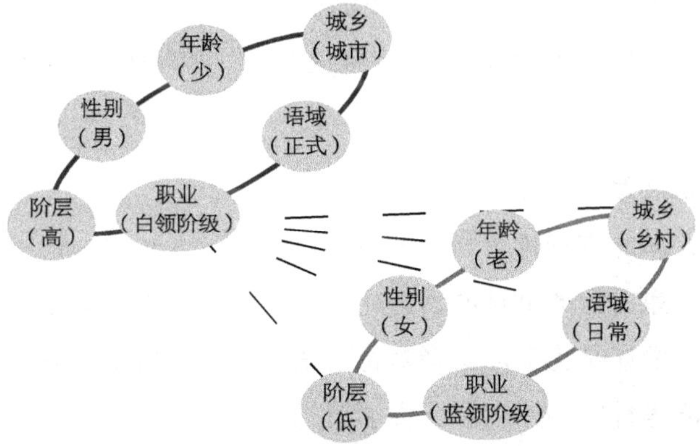


**图1　文白选择社会因素相关性研究假说示意图**

[1] 相关：连续变项（如分数）之间（若X变项数值越高，则Y变项的数值也越高，则两者高相关；关联：运用“独立性检验”，检测各变项的观察值之间是否有特殊的关联。

本文希望以邹与游（2004）之社会变项来讨论“现在”“未固化”“未定形[1]”“仍具有选择性”的闽南方言文白异读，以凸显并讨论台湾当今社会成因对文白异读是否仍具影响，以及文白读音的选择与图1变项间的互动情形。

## 3. 文献探讨

### 3.1 文白异读之本体研究



如赵峰（1995）所言“文白之异只是语素形式中某个音类之异，而不是整个语素形式之异，而且是系统交替而非个别、偶然”。究其成因，包括时空上的本体性之古今音的承袭与音变和社会性的方言接触因素。

汉语普通话源自明清以来的官话，是官场、知识界和教育界的社团方言。规范普通话的原则是以北京语音为标准音，以北方话为基础方言，以典范的白话文著作为语法规范，所以普通话独立于北京话之外。现今台湾所通行的“国语”也是大陆的“普通话”，仍存在许多多音字异读的现象。比例上，多音字在现代汉字中高达17%，即1000个常用字当中有170字为多音异读字。其异读型态包括：声、韵、调之不同，或者都不相同。一般而言，韵母不同的情形最多，声类次之，调值较为顽强，所以差异最少。在汉语普通话中，文白异读最为常见的例子为“白”这个字。“白”若当姓氏而言，现代汉语都直称 bái，但百家姓中“印宿白怀”，应该念 bó，其异读部分即在于韵母不同。

#### 3.1.1 北京方言文白读音的形成

北京方言即北京当地人所说的语言。张光宇（1992）指出一如其他方言的文读，北京方言的文读亦因教化需要而由外传入，除作为文化习承的媒介之外，主要还是为适应科考对标准语言使用之规定。它的文读音是来自长安、洛阳等地的中原官话，白读音为本地方言，较早由当地人民使用随其自然流变而至定型。明朝于明成祖13年（公元1415年）迁都北京，北京开始真正成为全国政治文化中心，北京方音系逐渐取得引领风骚的地

[1] 形的释义：样子、样貌。如：“圆形”“形象”“形态”“形容”(“教育部”异体字字典，2004)。

位，随着政治、文教力量的推广，逐渐向外扩大其势力范围，故不少汉语方言的文读音和北京方言呈现高度一致性（张光宇，1992）。在北京方言取得官话地位之后，其对其他方言的影响大，受其他方言影响的机会少，因此北京方言的文白异读字也相对较少。据《汉语方音字汇》（1980）统计，北京方言的文白异读字数为65个，在20个方言点中排在倒数第三：

厦门 1284 福州 576 潮州 449 长沙 361 建瓯 323 双峰 285 苏州 226 温州 224
南昌 178 梅县 164 广州 117 武汉 115 太原 99 成都 86 济南 76 阳江 72
扬州 67 北京 65 西安 57 合肥 54

北京方言文白异读字以广切韵系统中的入声字为主体，如：中古音收（-k）尾的入声字：铎、药、觉等字。北京方言文读与白读的区别大致如下（曹先擢，2007）：

1）元音：文读韵母为单纯式，白读为复杂式。

黑 hè / hēi　薄 bó / báo　轴 zhú / zhóu　百 bó / bǎi　贼 zé / zéi
熟 shú / shóu　学 xué / xiáo　削 xuē / xiāo　嚼 jué / jiáo

2）介音：若读音一方有介音，一方无介音，则无介音的一方通常为文读，有介音的一方为白读。如：六 lù / liù，绿 lù / lyù。

曹先擢（2007）亦指出通常外来名词、科技新词以文读音为主，如：薄伽丘、薄壳结构；口语则以白读为主，例如：她待我情分不薄。

除此之外，殷树林（2005）根据高晓红（2001）对于北京话入声字（北京话文白异读主体）的考察，将北京方言文白读音概分成三个时代层次（殷树林，2005：99）：

一、宋元层：宕、江、通三摄部分字产生文白异读。

二、明代层：梗、曾二摄部分字产生文白异读，并且部分异读字的声调开始出现对立。

三、清代层：部分字的文白异读在声母上也有所体现。

### 3.1.2 闽南方言文白音的形成

前已述及，文白读音的分歧普遍存在于汉语方言之中，字音（文读）和话音（白读）各为独立系统，其中又以闽南方言为尤。根据王育德的调查，在3394个汉字中，兼具文白读音者有1127字（许极炖，1988）。闽南方言的形成源自于汉人一次次的迁入，汉人的不断迁入也同时带来了不同时期不同地方的官话与方言，而这些外来语言的不同成分先后叠置从而构成闽南方言，不断丰富着闽南方言的内涵与外延（林华东，1995）。

对标准语（即官话）的移借一直存在于方言的发展过程中，在中国南方语言借用标准语的过程因为几次大规模移民而更为复杂，这一点在闽南方言的形成过程中尤为突出。自先秦至汉，东亚系“百越”民族活跃于现今的长沙以南至滇东、越北的广大地域（许极炖，1988）。战国时期楚攻灭越国，亡国之越人遂航海入闽。秦代于福建设闽中郡，为加强控制，一方面令当地越人大量迁徙至浙江北部、安徽一带；另一方面将中原罪犯流放至闽中，再加上驻守当地的军民及其后裔则为少数滞留于闽越的土著提供了汉化的条件。秦亡之后，怀灭国之恨的越人于楚汉相争之际，助高祖刘邦败楚而得以建“闽越国”于闽北（公元前 202 年）；后汉武帝灭闽越国（公元前 110 年），并令其民迁至江、淮一带（许极炖，1988、2003；林华东，1995）。而关于“闽越语”并无文献语料可稽（许极炖，2003）。纷扰的东汉末期，前后约 50 年间有原居浙江、江西的汉人为避难而由浙南沿海南下或顺闽江南下至福建西北部，同时也带来了外来语言“proto 吴语”（古吴语）与“proto 赣语”(古赣语)(王育德，1969)。由于三国时期孙吴于福建西北部（今浦城、建瓯、安平）设置县治隶属会稽郡，因此“proto 吴语”成为优势的官方语言，而这两种外来语言逐渐混合即为福建话的基础，可称为“福建祖语”(许极炖，1988)。公元三世纪后叶，由于汉民持续向南延伸开发沿海地区以及中央设置管理据点，如闽江口的侯官县（今闽侯县）和晋江三角洲的东安县（今同安、南安两市)，福建的语言使用形成地域上的分野—西北部为江西话，沿海地区则为福建话；而福建话又可以上述之侯官与东安两县分别为闽东方言（福州话）与闽南方言（泉州话）的据点（许极炖，2003)。

通过一次次汉人移民入闽与当地闽越土著的融合，“文化较低无文字的越语吸取借用汉语是必然的现象；然而，汉语中容纳一部分越语的因素也是不可避免的。”(许极炖，1988）因此，在汉越交流中，闽越土著渐渐汉化，语言也产生了替换，但其风俗却在闽语中留下痕迹，沉为底层（林华东，1995；詹伯慧，2004），百越遗音亦潜活于新的汉语系福建话之中（许极炖，2003)，例如：“杀”“割”谓 thai5，而越语“割”“切”谓之 thai2（洪惟仁，

1988）。百越地区为外来移民频繁迁入的地区，而移民成分不外“官府之迁徙居民及谪戍兵卒、商贾之自由迁徙、避乱分散逃遁”（林语堂，1969），因此在语言上也具有以下特征：（1）移民社会中多为以谋生为生活重心之贩夫走卒，其语言主要靠口耳相传，不具文雅的书面传递；（2）移民社会为一大熔炉，各地方言、乡音于此融合成一个新的语言而打乱了原有的声韵系统（洪惟仁，1988），成为生活上常用的语音，是为语言基层的白话音。藉由前段的探讨可知，闽南方言的白话音可上溯至泉州话的形成，约公元3至4世纪。

相对于时代古老、来源多元、音系复杂的口语音，文读音为建立于白话音的基础上，引进中原的标准音，经过诸多调整而形成的独立音系（许极炖，2003）。标准语的扩散不仅为全闽引进教育与文化，也使得文读音系应知识传递之需而产生；换言之，教育文化的发展促成闽南方言丰富的文白异读现象，最早可推溯至盛唐，于唐末五代时形成。文读音源自中原之标准音，隋唐之际定都长安、洛阳，遂取其地方音为标准官话，然而这种标准语经过各地带有地方口音的民众模仿，难免产生出入并显示出各地方言的特征，因此文读音只能说是闽南人为了读以官话写成的典籍而“改造”方言的副产物，或称为“仿官话音”（许极炖，1988）。公元669年，河南光州固始人陈政、陈元光父子衔高宗之命，率军南下平定福建泉州和广东潮州之间的“蛮獠之乱”，平乱以后在泉州和潮州之间建置漳州郡治，带来七世纪的中原音（实以固始方言为准）以推行教化，力行民族和睦政策。唐末黄巢之乱（公元878年），同为固始人的王潮、王审知兄弟攻克福州后统一全闽（公元893年），于五代十国时代建立“闽王国”经营福建达半世纪之久，并以其乡音固始方言为标准音。“固始虽位于中原文化圈边陲，其方言属洛阳等地的方言范畴，仍跟文读音有关联”，因此当“固始方言成为全福建的优势语言，它应是跟土著的白话音有别的文读音”（许极炖，2003）。

闽南方言口语音系的成因不外“社会结构变化”与“民族迁徙融合”，但文读音系的产生则是由于随着福建的大规模开发，中央的文教制度被引入福建，因此必须以“文教传播”的角度视之（林华东，1995）。“文读系统是一种移借的系统，是一种优势方言进入另一方言之后所造成的。在本质上，它是一种移借的系统，原来的白话系统与借入的文读系统差距愈大，二者的异读便愈多"（杨秀芳，1982）。随着时间不断前进，中原官话一波波地影响周边语言，口语音可能因文读音的形成而失去机能终遭取代，然而一旦更新的文读音再次形成，又将对旧有的文读音（或已成为口语音）进行淘汰；另一方面，因文教的推行，南方士子因科举而向文学语言不断靠拢，也造成闽南方言文白读音的叠置，有关此现象将于下一节讨论。

### 3.1.3　闽南方言文白读音的叠置

一种方言可以在同一空间藉助汉字的连接，通过对应规律接受另一种方言的影响（可接受的范围内），形成音类的叠置。文白异读的竞争以社会因素为条件，叠置方式却是以音系结构为条件（陈默，2005）。汉语各方言均有轻唇音 [f]（或有重唇音 [p] 即双唇音），但闽南方言却只有重唇音而无轻唇音。中古音或轻唇音在闽南方言中分化为重唇 [p] 或喉音 [h]（舒兆民，2002）。以"佛"字为例，其文读音一方面以喉音 [h] 进行音声代用，取代官话轻唇音声母 [f]；另一方面以口语的白读音 put8 为基础，取其韵、调，便产生了兼顾"靠拢"与"调整"的文读音 hut8。

文白异读所反映的音变方式为权威方言与当地方言两个音系的叠置，因此文白异读式音变又称为叠置式音变。叠置式音变分为"不同系统的同源音类叠置"以及"同一系统的异源音类叠置"（徐通锵，1996），如图 2 所示：

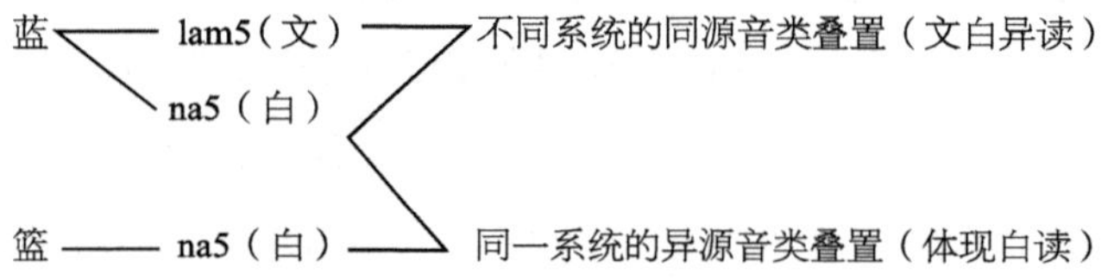


**图 2　叠置式音变示意图**

以上图来看，若没有优势方言的入侵，"蓝"与"篮"在闽南方言白话音皆读作 na5，是为同一系统（白读）中异源（分属蓝、篮两字）音类叠置；但与官话靠拢的文读音出现后，"蓝"的声母改变并有了鼻音韵尾，便呈现出不同系统（文读、白读）的同源（蓝）音类叠置。前者体现为白读；后者则造成文白异读的现象。尽管在文白异读现象的成因中蕴含了丰富的社会性，但是对本体音系结构的探究则有助于共同语和方言之间相互矛盾、对立，相互转化、统一的关系，也更能确立文读与白读的对应关系。

## 3.2　文白异读之社会性成因研究

### 3.2.1　定义：社会成因的分层

文白异读的“异”不是词类的“异”，而是词中某一音类的“异”(徐通锵，1996)。文白异读是因方言间的相互影响、互相渗透，而在系统中形成的叠置式变异，通过竞争，实现语言的演变。语言“层次”(stratum)是世界各个语言普遍存在的现象，英语中亦存在法语层及北欧层的词汇。英语中有许多成对的词，如：羊（sheep）和羊肉（mutton)、牛（cows）和牛肉（beef)、猪（swine）和猪肉（pork)，其中羊（sheep)、牛（cows）和猪（swine）来自古英语，羊肉（mutton)、牛肉（beef）和猪肉（pork）则源于法语。此外，英语中词头或词尾带有 sk-、-sk 的词，如：sky、skin；以及词尾带 -son 的词，如：Stevenson、Johnson，均属于北欧层（何大安，2000)。而汉语文白读音中叠置着不同的方言系统，它的演变方式不只是变化，而且是纵向替换及横向竞争，这可以从历时及共时的角度观察之。

3.2.1.1　历史层积

一、历时纵向的替换关系

一般来说，方言文读层的形成机制有二：一是折合《切韵》系统的反切；二是受权威方言的影响，而这种作用是通过书面语音实现的（殷树林，2005)。由此可以推论文读层语音代表方言向心（centripetal）的一面；白读层语音则相反，体现方言离心（centrifugal）的一面（张光宇，1992)。由于方向相反，所以文读层音和白读层音应无直接继承的关系，而是一种替换关系。历时的整合是纵向叠置系统的整合，文读音是中古官音（广韵系统）影响的结果，或者是现代标准音影响的结果；白读音则是方言固有的，有早于中古音的，也有近代演变的结果。总之都是历史层次语音的叠置。

二、共时横向的竞争关系

一般来说文白读音的叠置式音变过程大致可分为下列三个阶段（赵峰，1992)：

（1）文弱白强：最早人们口耳相传的语音即为白读音，极少数接受教育的知识分子才有可能接触书面文读音，因此以时间先后来看，早期文读音不普及，白读音才为民众沟通的主要读音。

（2）文白共存：随着时间的推移，文读音以书面音的方式稳定地流传；而白话口语有音无字而无法记录，因此并不稳定，有时会消失或以读书音替代不记得的语词，在口头传播过程中亦会吸收新的语词，或创出新的语词，所以从早期的文弱白强，逐渐发展到文白夹杂的文白共存时期。

（3）文强白弱：官话是政治势力形成的一种权威方言，由于地方方言向官话靠拢的倾向，使得文读音逐渐取得优势地位。因此文白读音的竞争，由前一阶段的文白共存期，又逐步发展到文强白弱期。

文白异读的竞争基本上以词汇为单位，通常基本的、常用的、历史悠久的词汇保留白读，随新文明进入的词汇使用文读。起初文白有不同的应用场合，可共存、文白交杂，但历经文白的竞争，有的因文白形式与固定语汇相结合得以保留下来，或文读取代白读，或文读消失，也或者二者融合产生新的文白夹杂形式读音，使得原来文白的社会功能逐渐消失（如：因不同场合而使用不同读音），演变至今，大部分的文白异读已产生固化现象。

3.2.1.2　语言接触

语言的接触，是引起语音演变的外部因素（吴安其，2004）。

文读音随着读书音的推广进入方言体系。久而久之，读书音伴随书面语逐渐渗透到日常用语，在口语中扎根，使方言自身音系发生变化调整。等到后起的文读（北方京城官话陆续影响方言音发展的结果）再度传进来时，早先方言的文读音早已成为白读音。所以文读音是一波接着一波，由国家的行政中心向四面八方辐射出去的。长安、洛阳、北京等历代国都皆位于北方，因此长江沿岸所受影响必先于东南边陲的福建，在程度上更远非后者所能望其项背，南方（福建）通常因地处偏远，语音的接触变化常因孤立而静止（张光宇，1992）。

尽管演变方向一致，阶段性语音演变的速度却不同。官话从长安、洛阳、北京等地往外发展至长江沿岸，日久成了当地的白读音，此白读音再往南传播接触，到福建成为当地的文读音。从音韵系统看，元音是华北高华南低，语音创新性是华北变化最剧烈，长江沿岸次之，南方厦门最保守（张光宇，1992）。

### 3.2.2　社会成因要素：阶层、性别、城乡、年龄、职业、语域

有关社会成因对语音选择的影响，最为有名的研究为威廉·拉波夫

（William Labov）于二十世纪六十年代对纽约曼哈顿居民所做的语音调查。William Labov（1972:43-69）以"fourth floor"中（r）[1]的读音变体[2]，对纽约市的百货公司进行社会分层分析。调查显示：保留（r）音的富人比穷人多，白人比黑人多，女人比男人多，职位高的比职位低的多。所调查的三家百货公司中，价位最高、顾客群最富有的 Saks 百货公司，保留（r）音的比例最高（62%），而价位最低、顾客群最贫穷的 S. Klein 百货公司，保留（r）音的比例最低（17%）。研究显示阶层、性别、肤色、年龄的确对于语音选择有影响。

诚然，社会语言学中存在着诸多影响社会方言演变的社会变项，如：阶层、性别、城乡、年龄、职业、语域及地方戏曲等（游与邹，2004：25-38），不同的变项在语音中的体现可能会有所不同，如：拉波夫在纽约曼哈顿对（r）音的研究发现有经济地位高低之分，属于阶层变项；北京的女国音[3]，又名劈柴派读音[4]，为受过教育的女性青少年在声母上的特殊发音，其发音特点是将北京话里应读团音（北京话里表现为腭化音，即汉语拼音之 j-/ q-/ x-）的字的发音位置前移，读成尖音（z-/ c-/ s-），被视为一种社会方言，仅见于特定性别和年龄。另外教育政策往往也使未来的社会语言出现分层的结果。例如：杨璇（1995：63）指出"近年随着广播、电视普及，中小学实施书面语音为主的'语文教子'，使北京语音深入各地，文白分读也以书面语音为主，去除口语读音"。此外，大陆制定"普通话异读词审音表"，台湾有"一字多音审定表"，未来语音将因受教育的时期不同，而产生社会性分层。职业变项方面，对专攻中国文学、文字的中文系所教授或国文科教师而言，虽然语言系统在经朝历代的改变中有所更异，但是各朝的文学作品，却仍是以古音韵作为创作的格律依据。因此在阅读古文时，



[1] 此处 (r) 为原文 (Labov 1972) 的标音方式。

[2] 变体 (variety)：依邹与游 (2004：24) 解释"语言是处在不断变化发展的过程中，其中与社会因素相关的语言变异就成为社会语言学的研究重点。各种语言变异的存现形式就是'语言变体 (variety)'"；变项 (variable)：依邹与游 (2004：24) 解释"语言变体的种类称为'语言变项 (linguistic variable)'"。

[3] 国语创造之初为"尖团合流"。大陆女性口语中分出尖团，为描述这种现象而创出一个新名词："女国音"，尖团音属于北方话系统。

[4] 最早在北京劈柴胡同师大女附中发现，因而又叫做劈柴派读音。尖团音的形成有很多原因，有的是为了将字音说得更圆润，也有的是方言的遗韵。也有认为是由于民国初年京剧在北京非常流行，从而影响了部分青年女性的发音特征。

平时的口语音就不合用，而需要读书音的存在，以保存古读音的音感，在这样的场合下倾向于念古音。例如："谁" 一般（口语音）念作 shéi，而中文教师授课时，仍念为（读书音）shuí。最后，前已述及 "中国好些方言当中，有些读书或咬文时，是一种念法，说话时又是一种念法"（赵元任，1928），点明了文白异读是为 "场合" 服务的原始意义和语用功能。然而，文白混杂的结果随着时代层层叠积，亦使 "文白异读" 一词变得不够精确。这类异读在不同时间、不同空间发展出的不同形式，不再是只因 "场合" 的不同，而各采不同语音（杨秀芳，1993）。

现今的闽南方言音中很多字的文白读音和词汇结合后，都已固化定形而无法有读音的选择。现存少数仍有文白读音选择的字词中，台湾社会的群众会如何选择？文白读音选择除了语域变体之外，是否如文献中所述存在阶级之分或受其他社会变体影响？这些正是我们的研究所要解决的问题。



## 3.3 闽南方言文白异读

### 3.3.1 社会成因的分层：定形（层）、未定形（层）

杨秀芳（1982）认为欲研究 "文白异读"，必须具备以下基本观点：

一、文读系统是一个移借的系统，与其相对的白话系统则为原来的本地系统。二者之间虽可由音韵的对应关系上寻得痕迹，但并非如亲子般地一脉相承。

二、优势语言因时代、地域的不同而产生差异。在官方语言演变的同时，闽南方言的文读音亦因与其不同时空的接触，存在着时间与地域上的特殊性。

三、文白异读的应用本为凸显深具社会性的语用功能。文白历经竞争，有选择、淘汰或调整，当然也有共存的可能。由于语言接触的结果，文读音可能会出现在口语沟通的场合，白话音也可能应用于文读的语域，因此根据语言应用的环境，并不能保证系统的纯粹。

四、文读层与白读层可能因为两者之间的差距呈现不同的相关性。如 "节气名 '大寒' 一定用文读音，读为 tai7[1] han5；白话 '大寒' tua7 kuann5 意指极冷，不指节气"（杨秀芳，1966：162），此时 "两个系统是相

[1] 此处引文内标音保留原文（杨秀芳，1996）形式。

离的"(杨秀芳，1982：5)。另一方面，词汇的文白读音也可能存在交集部分，例如"鼓吹"一词，无论是意指"怂恿"的文读音 ko2 chui1，抑或意指"喇叭"的白读音 ko2 che1，头字"鼓"皆以相同的读音呈现，即两个系统重叠之处只有一读。

闽南方言的文白异读现象本因语域的不同而有着辨义的社会功能（如"大寒"一例），但以目前台湾地区的闽南方言词汇之文白读音选择看来，文读音进入了口语场合，而白话音也渗入了文读语域，但是在文献和语料的分析中仍然存在已然定形固化而尚未历经演变的部分。无论是免于竞争已呈现固定文白选择的"定形层"，还是尚面临文白选择的"未定形层"，其社会成因都是本研究所要关注的重点。



### 3.3.2 闽南方言文白异读之"定形（层）"的社会成因

#### 3.3.2.1 影响闽南方言文白读音选择的可能因素

各成系统对应的文白异读字在闽南方言中存在一定的数量，有些在语用上依旧具有其因地而异的功能，文读与白读有着绝对的搭配使用规则。例如"我"字，"在口语中读为 gua2[1]，但在诗句'天生我材必有用'中读为 ngoo2"(杨秀芳，1996：155)；再如"'命令'一定读 bing7 ling7，'好命'一定读 ho2 miann7，'命'的文白读法不是可以随便改变的"(杨秀芳，1996：159)。文白读音相互竞争之后，得以并存者形成文白异读，经常凝结在固定的词汇中。因此，鉴于如上例中文白选择所显示之高度一致性，本文试图以"词汇"为单位，归纳出以下几点影响文白读音选择之可能因素。

一、词汇的性质：文读音是以配合文字或进行教育习传而产生；而口语音则为一般日常沟通之用。因此在语音系统的搭配上，自然便呈现出文读音与文理词、口语音与土白词的组合。例如："间"于文理词"民间"中发文读音 kan1；在土白词"房间"则以白读音 keng1 呈现。

二、词汇的意义：在闽南方言中存在同一词汇具有文白两种读音的现象，以语音承担辨义的功能。例如：节气名"雨水"以文读音呈现，读为 u2 sui2；白话音 ho7 chui2 则用以表示"下雨的雨水"之口语沟通意义，不指节气。再如"中央"一词有白读音 tiong1 ng1 以及文读音 tiong1 iong1，

[1] 此处引文内标音保留原文（杨秀芳，1996）形式。

分别代表“相对于边缘”的基本义和“相对于地方”的引申义，仅由“央”之韵母选择的不同来显示词义差异，可看出文白读音分工之细腻与严谨。

三、词汇的结构：就数字来说，当表达一总数时，多以文读音呈现，而白读音则多表示数字指称。以“四”为例：四季为春、夏、秋、冬之总称，四方为东、西、南、北之总称，此类“四”读为文读音 su3；另一方面，四楼、四岁、四块钱等表数词，则以白读音 si3 读之。

一直以来，有关文白异读的社会成因的调查文献数量与文白语音层次的本体探讨几乎不成比例，但是从目前可得之语料或可观察到之语言现象来看，文白异读的选择确实存在着社会性。就闽南地名而言，草根性的语言即为白读音，采用白读音来念地名是自然而然的反应。相反地，当闽南方言地名雅化时，尤其是统治阶级自上而下的命名过程，使得地名有偏向采用文读音来念的趋势，且地名位阶相对较高。这应当跟文读音被视为较正式、典雅的闽南方言有关。但不可否认在地名雅化的过程中仍然保留了部分的当地发音（即白读音）。以下我们就以台湾地名为例，深入探讨其文白取舍之社会因素（韦烟灶，2004）。

一、地名雅化时发生音变，偏向以文读音取代白读音。官方二次修改及新定地名有偏向使用文读的习惯，显示地名的雅化具有从草莽社会进入文治社会的象征意义。例如：“草山”本为 chhau2 soa$^{n}$1，后更名为阳明山，“山”即更读为文音 san1。

二、台湾闽南方言旧区更名时，通常具有将地名简省、雅化的思维。例如：花莲旧称“花莲港”，其音得自“洄澜港” hoe1 lian5 kang2，后经雅化将 hoe1 视为“花”之口语音，改以文读音 hua1 代之，成为今名“花”莲 hoa1 lian5，仍可看出旧称之痕迹。

三、将草根性名词以谐音字雅化，或者将普通名词地名化时，有将白读音转文读音的趋势。例如：拳山 kun5-soa$^{n}$1 因形如握拳得名，后以近音雅化而更名为文山 bun5-san1，“山”亦取文读音。

四、转化及音译自其他族群地名的地名读法，偏向文读音，若使用白读音则有另一层语意的意涵。闽南人在翻译其他族群地名时，有以文读音译其音的趋势。以“罗东”为例：平埔族噶玛兰人称呼猿猴为 Ro Ton，汉人根据音译称为“老懂”，后来经过年代长久的转音，便将此地称为“罗东" lo5 tong1[1]。

五、转化并改写其他族群地名时，使用白读音以配合原有发音。例如：大雅昔称为"坝仔"，是一个典型的客式地名。客语称河坝草埔为"坝仔"，与闽南方言之"埔仔"同义。今大雅所在地原为未开垦之大块埔地，客语称为"大坝[2]雅"，1920年更名"大雅[3]"。按照上述之地名雅化法则"雅"应采用文读之nga2，然而客家人将"仔"念成er55[4]（海陆）或e31（四县），"大雅"若念成tai5 a或tai5 nga则不通顺，因此配合原客语发音，以近似音转念成白读的tai5 nge2。

六、地名移植时可透过文、白读的转换来调整其指涉的意义。以"林"为例：白读音na5多含有"树林、森林"的意思。如：树林chhiu7 na5、林口na5 khau2、芎林kiong5 na5、坪林phia$^n$5 na5。而文读音lim5则有较多的引申义，例如：士林su7 lim5取"士子如林"之意；"员林"则为康熙末年之后，移民入垦者激增，到雍正初年已形成村庄，渐渐发展成市街。因为垦民启林辟地，留下圆形林地，创建聚落于此，所以称为"员林仔"，后来删掉"仔"，雅化为"员林"（张义清，1990）。

七、源自人名的地名使用文读音念法。闽南人姓名习惯采用文读的念法，转变成地名之后自然也读为原有之文读音，彰化县员林镇为纪念拓垦者林东山，因而有东山聚落，其中"东山"即以文读音念作tong1 san1。

3.3.2.2　闽南方言文白异读类型

在已然定型的文白异读字中，可将其对应系统分为"声异韵调同""韵异声调同""调异声韵同""声韵异调同""韵调异声同"以及"声韵调俱异"等六大类，其中韵母在白话音和文读音之间的差异多且复杂，语料也非常丰富。本文将取自台湾中山大学台湾语言文学学程张屏生教授之上课讲义的资料整理如表1（每一字例之上排为文读，下排为白读）：

[1] 数据源：罗东镇公所网页。取自：http://www.lotong.gov.tw/TW/default.asp?PageId=F_M02_01_01V。

[2] 数据源：大雅乡公所全球信息网。取自：http://www.taya.gov.tw/index.php?ind=a03&no=2。

[3] 台湾地名中将"仔"雅化成"雅"的例子相当多，如高雄市苓雅区旧称苓仔寮。

[4] 数据源：世界台湾语通用协会之客语通用拼音。取自：http://tw-pinyin.taiwantp.net/main.htm。

**表 1　由声、韵、调看闽南方言文白异读类型一览表**

| 文白异读类型 | 例 1 | 标音 | 词汇 | | 例 2 | 标音 | 词汇 | |
|---|---|---|---|---|---|---|---|---|
| 声异韵调同 | 水 | sui2 | 风水 | hong1 sui2 | 妇 | hu7 | 妇人 | hu7 jin5 |
| | | chui2 | 水塔 | chui2 thah1 | | pu7 | 新妇 | sim1 pu7 |
| 韵异声调同 | 家 | ka1 | 家庭 | ka1 teng5 | 胎 | thai1 | 安胎 | an1 thai1 |
| | | ke1 | 头家 | thau5 ke1 | | the1 | 双胎 | siang1 the1 |
| 调异声韵同 | 腐 | hu2 | 腐败 | hu2 pai7 | 已 | ki2 | 自已 | chu7 ki2 |
| | | hu7 | 豆腐 | tau7 hu7 | | ki7 | 家已 | ka1 ki7 |
| 声韵异调同 | 马 | ma2 | 驸马 | hu7 ma2 | 知 | ti1 | 先知 | sian1 ti1 |
| | | be2 | 马车 | be2 chhia1 | | cai1 | 知影 | cai1 ia$^{n}$2 |
| 韵调异声同 | 想 | siong2 | 思想 | su1 siong2 | 落 | lok8 | 落伍 | lok8 ngo2 |
| | | siu$^{n}$7 | 想起 | siu$^{n}$7 khi2 | | lak1 | 落价 | lak1 ke3 |
| 声韵调俱异 | 瓦 | oa2 | 瓦解 | oa2 kai2 | 远 | uan2 | 遥远 | iau5 uan2 |
| | | hia7 | 厝瓦 | chhu3 hia7 | | hng7 | 远路 | hng7 lo7 |

如上表所示，文读层呈现向优势的标准语靠拢的趋势，如“水”“妇”“远”等字；另一方面，词汇示例也凸显了文读音和白读音所搭配的词汇特质。使用文读音呈现的词汇多半较为书面、文雅，或为新文明外来词汇；而白读音则用于传统、口语以及基本生活词汇之中。

### 3.3.3　闽南方言文白异读之“未定形（层）”的社会成因

本文在进行实际问卷调查之前，在“职业”以及“戏曲”两个方面寻得尚未定形的文白读音选择，以下分述之。

3.3.3.1　职业

台湾传统婚宴主持人需准备吉祥话（四句联）恭贺新人，文白选读以“押韵”为原则。例如：尪某感情糖蜜“甜”，两人牵手出头“天”，合家平安大赚“钱”，子孙富贵万万“年”。在诉求顺口、动听的考虑下，“甜”“天”“钱”以及“年”四字必须押韵，而其中“天”及“年”都明显存在文白异读，因此必须考虑其余两字的韵脚再决定文白的取舍。“甜”读作 ti$^{n}$1，而“钱”读作 chi$^{n}$5，因此“天”则必须选择白读音 thi$^{n}$1，而“年”

也以白读音 ni5 呈现。再如：新娘真美真好“命”，内家外家好名“声”，准备甜茶来相“请”，祝福金银满大“厅”。第二组四句联中，“命”“声”以及“请”都存在文白读音，因此在押韵的要求上考虑就更多了。在四个句末字都必须押韵的前提之下，以一读字“厅”thia$^n$1 的韵脚 -ia$^n$ 为主，因此“命”读作白读音 mia$^n$7，“声”读作 sia$^n$1，而“请”则选择白读音 chhia$^n$2。最后一组：新娘好学“问”，今日配郎“君”，翁姑着孝“顺”，百子传千“孙”，仅“问”为文白异读字，其余“君”“顺”以及“孙”的韵脚皆为 -un，因此“问”在此组四句联中必须选择文读音 bun7 而非白读音 mng7。

3.3.3.2　戏曲

各地方言文读音的传播主要通过两种途径。其一为文教习传；另一种则是通过地方戏曲的巡回演出使得文读音在一般老百姓中间流传。在道白和唱词中都注明用“正音”演出，当然这种所谓的正音即当地的读书音。就台湾而言，歌仔戏可说是闽南方言音保留与传承的重要途径之一，歌仔戏的念白，可分为“土白”及“簧文白”。土白为口语化的说话方式，多为甘草型、或反派角色所使用；簧文白即韵白，为较文言化的话语，属于端庄、正派人物的说话口吻。生角与净角的口白较为文雅，而旦角与丑角则较生活化。以宋朝的包拯一角为例：奉旨出朝，地动山摇；贪官污吏，定斩不饶。在道白与唱词中都显示出人物刚正不阿、公正廉明的形象，用字遣词皆简洁文雅，用以做与一般乡绅和贩夫走卒的阶层与教育程度的区隔。

尽管前人的研究指出目前台湾地区的文白异读之社会成因已不再呈现显著差异，或认为因为文白的夹杂使用而使其社会功能逐渐消失（舒兆民，2002），但是目前仍可观察到文白异读的现象，这就是本文所关注的焦点，亦为本研究之目的。



## 4.　研究方法

### 4.1　研究对象

台湾地区以闽南方言为主、次要语言用户。

### 4.2　研究设计

本文以厦门大学中国语言文学研究所方言研究室所编的文白异读表为

主，设计文白语音使用偏好测试卷（参考附件一：语音测试问卷），选取“同一义项却存在文白读音选择性的闽南方言词汇”计20个，其中除了一般闽南语口语常用词汇之外，还包括新词、外语译词、文雅词及成语词，参考杨秀芳等人论文的文白异读音后，列出此20则词汇的语音选项A（文读音）、B（白读音），并将词汇念出录制成CD，请所有受试者勾选读音。若受试者的惯用音为A（文读音）则勾选A，以此类推。若A、B两者皆非受试者所知之读音，则勾选C（其他）。对不同阶层、性别、年龄、职业、居住地点的受试者进行测试后，对回收的有效问卷进行交叉统计分析。由于游与邹（2004）书中所提之“语域”一项涉及“在不同场合”选择不同文白读音，无法以本语音测试问卷的方式测得，因此本研究暂不讨论此项变因。此外，阶层无法单就教育而论，故将其与职业结合，形成本文统计定义之阶层变项。同时，仍然保留学历教育变项作为对照并进行讨论。



### 4.3 研究问题

当今台湾社会之闽南方言文白异读的社会成因，是否仍然同游汝杰、邹嘉彦《社会语言学教程》（2004）一书中所提之“语言使用的五大类社会成因”一样？其社会成因之间是否仍然形成如本研究所假设之高低关联性的循环？

### 4.4 样本背景

本研究总共发出400份问卷，扣除资料不完整者，及母语非闽南方言且使用度及流利度均甚低者的问卷，总共回收有效样本276份。276份有效问卷中，以性别分男性147人，女性129人；年龄区间从20岁以下至80岁以上，以10岁为单位来划分共分7层，概分为30岁以上73人，30岁以下203人；以教育程度分小学以下至研究所以上共7层，概分为大专以上166人，大专以下110人；以居住地点及其所居城市之人口数分城乡之别，概分居住于城市115人，乡村161人；参考教育程度、职业类别及职称分阶层之别为低层、中层及高层，概分为蓝领（低层）185人，白领（中、高层）91人。总体而言，此样本大致为年轻族群居多，性别及城乡人口分布平均，蓝领人口稍多，大专学历为主体的台湾社会缩影样本。样本中百分之八十五（234 人）以闽南方言为母语，百分之九十（246 人）闽南方言为流利程度。为适应概分样本背景的社会因素已将职业与阶层合并，而将学历（教育程度）独立出来，所以将假说中社会变体的项目略做调整后，画出新的两独立循环，如图 3 所示：

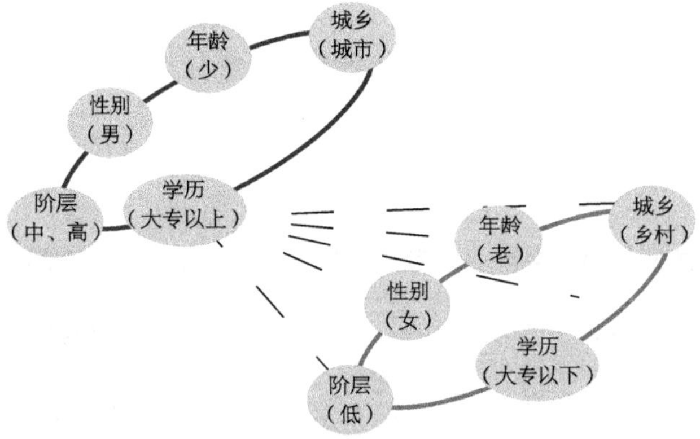


**图 3　文白选择社会因素相关性研究假说示意图**

本文拟运用问卷统计考察并回答下列问题：

（一）阶层高低选择文白读音是否具有显著差异？

（二）教育阶层高低选择文白读音是否具有显著差异？

（三）性别男女选择文白读音是否具有显著差异？

（四）城乡差距中选择文白读音是否具有显著差异？

（五）年龄与选择文白读音是否具有显著差异？

（六）新词汇、用词雅俗等因素，是否在词汇语音选择时，较偏向文读音？

必要时，我们将进一步探究每题之文白分布状况，每题选文读、选白读之受试者的身份、背景属性的分布状况。

## 5.　统计分析与讨论

社会语言学的研究目的一如黄玉梅（2001）于其论文中所提及的："经由语言变迁的研究，观察语言演变中所体现的人文现象。"本文主要量化探讨的课题，即在于检测上述几个造成语言使用分层的社会成因，在现代的台湾社会中，是否仍然是闽南方言文白异读中语言使用分层的重要成因。

## 5.1 整体趋势

### 5.1.1 描述统计

从 20 题的平均分布观之，整体的趋势是选择白读音。而关于 20 题平均偏向选白读与平均偏向选择文读的人[1]，其社会分层之分布状况，如表 2（a）、2（b），整理如下：

**表 2（a） 平均偏向选白读的人社会分层之分布状况**

| 倾向念白读 | 性别 | | 年龄 | | 最高学历 | | 城乡 | | 阶层 | |
|---|---|---|---|---|---|---|---|---|---|---|
| 百分比 % | 女生 0 | 48.2 | ~20 | 21.7 | 小学以下 | 1.6 | 城 | 58.9 | 低层 | 68.4 |
| | 男生 1 | 51.8 | 21~30 | 52.6 | 小学 | .4 | 乡 | 41.1 | 中层 | 22.5 |
| 样本数 | | | 31~40 | 17.0 | 国中 | 2.4 | | | 高层 | 9.1 |
| n=253 | | | 41~50 | 4.3 | 高中职 | 25.7 | | | | |
| | | | 51~60 | 3.6 | 专科 | 8.7 | | | | |
| | | | 71~80 | .4 | 大学 | 50.1 | | | | |
| | | | 80~ | .4 | 研究所以上 | 11.1 | | | | |

**表 2（b） 平均偏向选择文读的人社会分层之分布状况**

| 倾向念文读 | 性别 | | 年龄 | | 最高学历 | | 城乡 | | 阶层 | |
|---|---|---|---|---|---|---|---|---|---|---|
| 百分比 % | 女生 | 30.4 | ~20 | 13.0 | 高中职 | 21.7 | 城 | 52.2 | 低层 | 52.2 |
| | 男生 | 69.6 | 21~30 | 47.8 | 专科 | 30.4 | 乡 | 47.8 | 中层 | 21.7 |
| 样本数 | | | 31~40 | 39.2 | 大学 | 34.8 | | | 高层 | 26.1 |
| n=23 | | | | | 研究所以上 | 13.1 | | | | |

首先从人数比例观之，大部分受试者对于词汇读音倾向选择白读，其

[1] 平均值 > 0.5 表平均偏向白读，其文读、白读的类别变项，转为念读“文读”编码为 0，念读“白读”编码为 1。

人数与倾向选择文读者比例相当悬殊（n=253：23）。性别变项方面，男生倾向选择文读的比例高于其倾向选择白读的比例。年龄层次方面，倾向念文读者集中在青壮年（21~40 岁），而倾向念白读者比例最高的为青年（21~30 岁）。此外，本文以学历作为教育变项的指标，以学历分布来看教育阶层高低的选择差异，可以发现国中以下教育阶层者，倾向选择白读音。城乡之间分布一致性极高，并没有太大区隔。而阶层（包含职业、职位阶级与教育）的差异中，倾向念文读的高阶层者比例较高于选择念白读者。

以上为二十题答题平均趋向之概要。然而，各社会分层之间究竟是否存在显著而稳定的选择趋向之差异？本文接下来将采用推论统计 t-test 进行讨论。

#### 5.1.2　独立性假设：社会分层间文白选择差异统计分析

##### 5.1.2.1　阶层

本文参考教育程度以及职业类别、职称等进行所属阶层之区别，分为基层和中高层，即概分为蓝领（基层，共 185 人）和白领（中、高层，共 91 人）进行统计分析。不同阶层平均选择文白读音的表现是否具有显著差异？不同阶层平均选择文白读音的差异性 t-test 检定[1]如表 3：

**表 3（a）　不同阶层平均选择文白读音差异性 t–test 检定**

| | 阶层高低 | 个数 N | 平均 | 标准偏差 | 平均数的标准误 |
|---|---|---|---|---|---|
| 20 题选择白读音比例 | 基层 | 185 | .6899 | .11220 | .00827 |
| | 中高层 | 91 | .6577 | .11351 | .01190 |

其中 Levene 的检定 F 值未达显著水平（F = .039，p = .843 > .05），

[1] 问卷上原变项为文读音编码（1）、白读音编码（2）、另外，部分受试者所勾选的习惯念读音，既不属于文读，也不属于白读（参见附件问卷 p.45），虽不在此次统计考察之中而不列入统计，但亦不可以忽略。在进行平均数差异检定的编码时，将类别变项转为虚拟变项，有两个变项：念读 1、念读 2。原来的变项【文读】编码 10、【白读】编码为 01、【不属文白读音】为 00。即：其中【念读 1】代表念文读音与其他读音的对比；【念读 2】则代表念白读音与其他读音的对比。本研究进行平均数差异 t 检定，其中依变项取用变项【念读 2】，且当变项平均值 > 0.5 时，代表所有受试样本中针对受测的 20 题闽南方言词汇，念白读音较之非白读音的题项比例超过一半。

应接受虚无假设，表示两个母群体变异数相等，$t = 2.234$，$p = .026 < .05$。阶层变项中，基层（平均 =0.69 > 0.5）和中高层（平均 =0.66 > 0.5）虽然平均都趋向选择白读，但对于白读的选择，基层的倾向性更明显，在统计上具有显著差异。

本文进一步针对阶层的基层和中高阶层的文读音的选择情况进行了检测，以判定二者之间是否存在显著差异[1]。

**表 3（b） 不同阶层平均选择文读音 t–test 检定**

| | 阶层高低 | 个数 N | 平均 | 标准偏差 | 平均数的标准误 |
|---|---|---|---|---|---|
| 20 题选择文读音比例 | 基层 | 185 | .2986 | .10882 | .00802 |
| | 中高层 | 91 | .3330 | .11672 | .01224 |

其中 Levene 的检定 F 值未达显著水平（$F = 0.730$，$p = .394 > .05$），应接受虚无假设，表示两个母群体变异数相等，$t = -2.402$，$p = .017 < .05$，达到显著水平。基层（平均= 0.298 < 0.5）和中高层（平均= 0.333 < 0.5）两个阶层平均选择文读的倾向都不明显，但中高层选念文读音的倾向较基层明显，其对于文读的选择偏向与否也具有显著差异。由上可知在统计上，不同阶层在选择文读或白读上确实存在显著差异。

由上可知，现今台湾社会蓝领与白领两种阶层，虽然平均都趋向选择白读，但对于白读的选择，蓝领的倾向性更明显，而对于文读的选择，白领的倾向性更明显一些，在统计上不同阶层在其文白异读的选择上具有显著差异。

5.1.2.2　教育

不同教育程度（以专科学历为界）选择文白读音的表现是否具有显著差异？二者平均选择文白读音的差异性 t-test 检定如表 4：

**表 4　不同教育程度平均选择白读音的 t–test 检定**

| | 最高学历 | 个数 N | 平均 | 标准偏差 | 平均数的标准误 |
|---|---|---|---|---|---|
| 20 题选择白读音比例 | 专科以下 | 110 | 0.6831 | .11361 | .01270 |
| | 专科以上 | 166 | 0.6777 | .11364 | .00814 |

[1]　改以虚拟变项念读 1（代表念读时采念文读相对于非文读）的平均值作为比较值。

其中 Levene 的检定 F 值未达显著水平（$F = .025$，$p = .874 > .05$），应接受虚无假设，表示两个母群体变异数相等，$t = .360$，$p = .719 > .05$。教育阶层变项，不论教育程度为专科以上或以下，其白读选择之平均趋向（平均 =0.68 > 0.5）并无显著差异。

5.1.2.3　性别

不同性别男女平均选择文白读音的表现是否具有显著差异？男女平均选择文白读音的差异性 t-test 检定，如表 5：

**表 5　男女平均选择白读音的 t–test 检定**

| | 性别 | 个数 N | 平均 | 标准偏差 | 平均数的标准误 |
|---|---|---|---|---|---|
| 20 题选择白读音比例 | 男性 | 147 | .6753 | .12363 | .01023 |
| | 女性 | 129 | .6837 | .10100 | .00889 |

其中 Levene 的检定 F 值达显著水平（$F = 7.501$，$p = .007 < .05$），应拒绝虚无假设，表示两个母群体变异数不同质，$t = -.618$，$p = .537 > .05$。男女性别变项在白读的选择偏向上并不具显著差异（$p > .05$）。男性（平均 =0.675 > 0.5）女性（平均 =0.683 > 0.5）针对各题的选读趋向并无差异。

5.1.2.4　城乡

城市和乡村平均选择文白读音的表现是否具有显著差异？二者平均选择文白读音的差异性 t-test 检定如表 6：

**表 6　城乡平均选择白读音的 t–test 检定**

| | 城乡 | 个数 N | 平均 | 标准偏差 | 平均数的标准误 |
|---|---|---|---|---|---|
| 20 题选择白读音比例 | 城市 | 115 | .6674 | .11680 | .01089 |
| | 乡村 | 161 | .6878 | .11057 | .00874 |

本文以居住地点及其所居城市之人口数区分城乡，居住于城市者计 115 人、乡村者计 161 人，其中 $t = .591$，$p = .555 > .05$，城乡差距之间针对 20 题具文白异读的词汇的念读是否偏向白读，城市（平均=0.67 > 0.5）与乡村（平均 =0.69 > 0.5）平均都稍趋向选择白读。

其中 Levene 的检定 F 值未达显著水平（$F = .075$，$p = .784 > .05$），

应接受虚无假设，表示两个母群体变异数相等，t = 1.475，p = .141 > .05。显示平均趋向之间实不具有显著差异。

5.1.2.5　年龄

本文概分年龄为 30 岁以上（73 人），30 岁以下（203 人），针对两个阶层关于总体 20 题平均选择白读的差异进行 t-test 分析，如表 7（a）：

**表 7（a） 不同年龄平均选择白读音的 t–test 检定**

| | 城乡 | 个数 N | 平均 | 标准偏差 | 平均数的标准误 |
|---|---|---|---|---|---|
| 20 题选择白读音比例 | 30 岁以下 | 203 | .6903 | .11008 | .00776 |
| | 30 岁以上 | 73 | .6493 | .11777 | .01369 |

其中 Levene 的检定 F 值未达显著水平（F = .341，p = .560 > .05），应接受虚无假设，表示两个母群体变异数相等，t = 2.686，p = .008 < .05，达到显著水平。两个年龄层平均都稍趋向选择白读（平均= 0.69, 0.65 > 0.5），虽然平均都趋向选择白读，但对于白读的选择偏向，30 岁以下者的倾向性更明显，且具有统计上的显著差异。

本文进一步针对年龄的两个阶层进行了文读音选择的差异性检测 [1]，如表 7（b）。

**表 7（b） 不同年龄平均选择文读音的 t–test 检定**

| | 城乡 | 个数 N | 平均 | 标准偏差 | 平均数的标准误 |
|---|---|---|---|---|---|
| 20 题选择文读音比例 | 30 岁以下 | 203 | .2970 | .10708 | .00755 |
| | 30 岁以上 | 73 | .3453 | .11969 | .01391 |

其中 Levene 的检定 F 值未达显著水平（F = 2.309，p = .130 > .05），应接受虚无假设，表示两个母群体变异数相等，t=−3.209，p=.001 <.05，达到显著水平。30 岁以下（平均= 0.297 < 0.5）和 30 岁以上（平均= 0.345 < 0.5）两个年龄层平均都未趋向选择文读，但 30 岁以上族群平均较 30 岁以下多选念文读音，且对于文读的选择偏向也具有显著差异。由上可知在统计上，年龄变项在族群选择文读或白读上确实存在显著差异。

[1]　改以虚拟变项念读 1（代表念读时采念文读相对于非文读）的平均值作为比较值。

### 5.1.3 多元回归分析：各变项对文白选择差异之解释力统计分析

本文继续进行全部变项之回归分析，以了解各变项对于白读音选择的预测解释量。预测变量为五项社会分层以及问卷中加设之“使用频率”与“流利程度”，依变量为 20 题偏向选念白读音之平均值。结果如表 8：

**表 8　回归分析模式摘要（白读偏向）**

| 模式 | R | R 平方 | 调过 R 平方 | 估计标准误 |
| --- | --- | --- | --- | --- |
| 1 | .266（a） | .071 | .046 | .11079 |
| a. 预测变量：阶层，性别，城乡，年龄，学历，使用频率，流利程度 | | | | |

此回归采用“强迫进入变量法”( Enter )，由上摘要表 8 中可以得知，五大社会分层自变项与“使用频率”“流利程度”自变项的多元相关系数为 .266、决定系数为 .071、调整后的决定系数为 .046，回归模式的误差均方和之估计标准误为 .111。可见所有变项可以有效解释偏向选择白读 7.1% 的解释变异量。F 值等于 2.904，p ＝ .006 ＜ .05，达显著水平，表示整体回归模式效果显著。选择白读音趋势公式＝ −.078【阶层】＋ −.048【性别】＋ −.053【城乡】＋ −.221【年龄】＋ −.038【教育】＋ .54【使用频率】＋ .117【流利程度】。由 Beta 系数来看，显示社会分层变项中越高层，越倾向不念白读（Beta ＝ −.079）；相较于女性，男生倾向不念白读（Beta ＝ −.048）；相较于乡村，城市倾向不念白读（Beta ＝ −.053）；年龄越大，越倾向选择不念白读（Beta ＝ −.221）；教育程度越高，越倾向不念白读（Beta ＝ −.038）；使用频率越高，越倾向念白读（Beta ＝ .54）；越流利，越倾向念白读（Beta ＝ .117）。我们将社会分层各变项对于偏向选念白读音的解释力大小整理如下表 9：

**表 9　社会分层对偏向选念白读音的解释力之回归分析**

| 社会分层变项 | F 值 | 显著性 p | 个别 $R^2$ |
| --- | --- | --- | --- |
| 阶层 | 8.051 | .005 * | 2.9% |
| 性别 | .373 | .542 | 0.1% |
| 城乡 | 2.177 | .141 | 0.8% |
| 年龄 | 8.085 | .005 * | 2.9% |

续表

| 社会分层变项 | F 值 | 显著性 p | 个别 $R^2$ |
|---|---|---|---|
| 教育 | .030 | .863 | 0% |
| 使用频率 | 2.554 | 0.111 | 0.9% |
| 流利程度 | 1.205 | 0.273 | 0.4% |

$* p < .05$

若从个别预测解释量值来看，阶层和年龄对于念白读的趋势最具预测力，且回归效果显著（$p = .005 < .05$），但解释量仍然偏低。从总体 Beta 系数来看各社会变项对于是否趋向选择念白读的预测力依序为：使用频率＞年龄＞流利程度＞阶层＞城乡＞性别＞教育。由此可见，现在台湾社会，城乡、性别与教育在闽南方言文白异读的读音选择上，几乎不具有推估文白读音的功能，比不上使用习惯（使用频率）和语文能力（流利程度）的预测力。

此外，从上述预测量可以发现在文白读音的选择上，“使用频率”与“流利程度”较之五项社会分层更具有预测力。预测的主力应为“流利程度”和“使用频率”。因此，本文进一步以“使用频率”与“流利程度”作为变项，并以推论统计 ANOVA 进行检测。

## 5.2 使用频率与流利度分析：ANOVA 分析

### 5.2.1 使用频率

既然“使用频率”程度的差异对于文白读音选择的解释力较之其他社会分项更强，那么本研究将进一步探讨受试者“使用频率”的差异在平均选择文白读音的趋向上是否具有显著差异？以下为不同“使用频率”平均选择文白读音的差异性 ANOVA 检定，如表 10：

**表 10 不同“使用频率”平均选择文白读音差异性 ANOVA 检定**

| | 个数 N | 平均 | 标准偏差 | 标准误 |
|---|---|---|---|---|
| 极少 | 38 | 0.625 | .2983 | .0484 |
| 有时 | 107 | 0.692 | .1205 | .0116 |

续表

| | 个数 N | 平均 | 标准偏差 | 标准误 |
|---|---|---|---|---|
| 经常 | 101 | 0.694 | .1219 | .0121 |
| 总是 | 30 | 0.693 | .1271 | .0232 |
| Total | 276 | 0.683 | .1588 | .0095 |

其中p＝.110＞.05，可知“使用频率”间之差距对于文白异读的选择，虽然在预测力上较其他因素强，但整体仍不具显著差异。从 20 题题项总平均来看，各级“使用频率”总平均都稍趋向于选择白读（＞0.5）。但若进一步对“使用频率”的各级平均进行比较，可以看出平均最趋向选择白读的为“经常”使用闽南方言的受试者；而“极少”使用闽南方言的受试者，对于文白读音选择的平均数（平均＝0.625）低于所有的平均值（平均=0.683），即相较于其他使用频率的受试者，“较少”使用闽南方言者，选择白读的趋向较不明显。

再从各题的分布来看，题项1头一胎（p＝.000＜.05）、6合用（p＝.015＜.05）、12 果子 / 水果（p＝.040＜.05）、20 月内（p＝.009＜.05）等题，不同使用频率之间，选用文白的趋向呈现显著的差异。且这些题项都不是问卷中预设的新词、文雅词（共计六题：8 生龙活虎、9 光泉（品牌名）、15 风雨、16 蜜月旅行、17 贫血、18 明月）。可见生活用词中，在不同使用频率下，用户之选用文白趋向有显著差异。如图 4 所示：

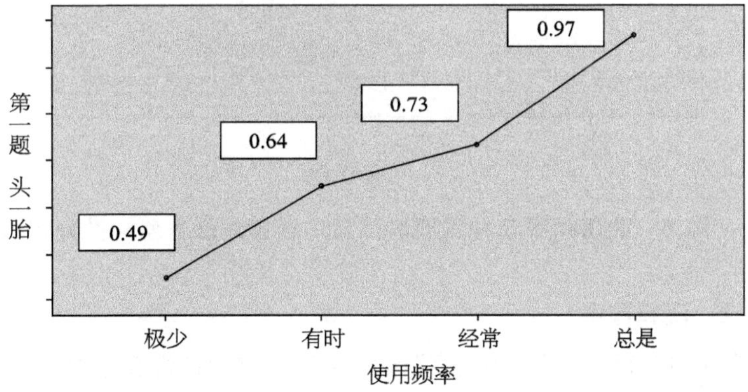

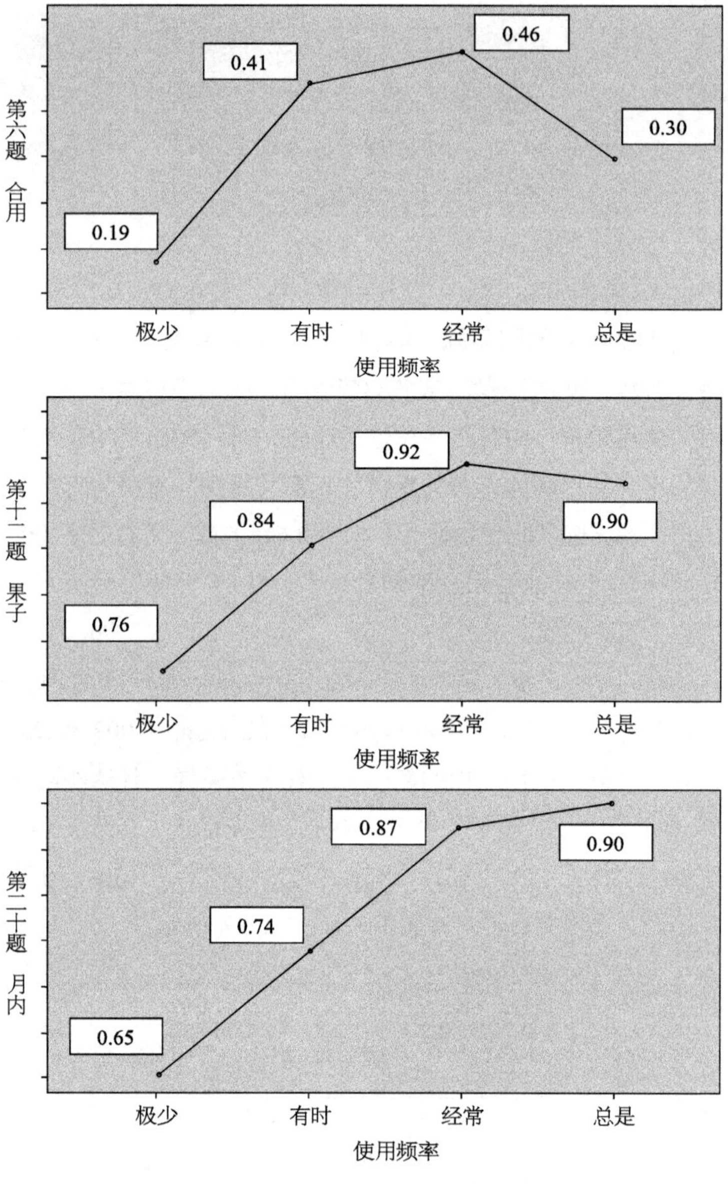


**图 4　使用频率单题题项选择文白读音具显著差异性分布图**

#### 5.2.2　流利程度

由前文分析已知，“流利程度”的差异对于文白读音选择的解释力较之其他社会分项更强。本研究同样进一步探讨受试者“流利程度”的差异在平均选择文白读音的趋向上是否具有显著差异？以下为不同“流利程度”

平均选择文白读音的差异性 ANOVA 检定，如表 11 所示：

**表 11　不同“流利程度”平均选择文白读音差异性 ANOVA 检定**

| | 个数 N | 平均 | 标准偏差 | 标准误 |
|---|---|---|---|---|
| 很流利 | 61 | 0.68 | .1225 | .0156 |
| 流利 | 70 | 0.70 | .1246 | .0149 |
| 普通 | 115 | 0.69 | .1182 | .0110 |
| 不太流利 | 28 | 0.62 | .3460 | .0653 |
| 很不流利 | 2 | 0.60 | .0707 | .0500 |
| Total | 276 | 0.68 | .1588 | .0095 |

其中 $p = .245 > .05$，可知“流利程度”虽然在预测力上较其他因素强，但是不同流利程度文白选择之差距，就整体 20 题平均而言仍不具显著差异。20 题平均来看，各“流利程度”平均都趋向于选择白读（平均> 0.5）。

从“流利程度”的各级平均中可以看出总体大致的趋向为：闽南方言越流利的受试者，选择白读的趋势越高；而“不太流利”“很不流利”的受试者，对于白读音选择的平均数（平均= 0.62、0.60）低于所有的平均值（平均 =0.68）。意即相较于其他流利度的受试者，“不太流利”“很不流利”两个群体选择白读的趋向较不明显。

再从各题的分布来看，题项 1 头一胎（$p = .000 < .05$）、10 向天（$p = .005 < .05$）、12 果子 / 水果（$p = .016 < .05$）、16 蜜月旅行（$p = .030 < .05$）、20 月内（$p = .000 < .05$）等题，不同流利度之间，选用文白的趋向呈现显著的差异。其中题项 1 头一胎、12 果子 / 水果、20 月内这三题在“使用频率”的变项中同样具有显著差异[1]。而这些题项中除题项 16 蜜月旅行之外，其余也都不是问卷中预设的新词、文雅词（共计 6 题：8、9、15、16、17、18）。可见生活用词中，在不同的流利度下，使用者之选用文白趋向有显著差异（如图 5）。

观察统计之结果，本文推估台湾社会现今闽南词汇文白读音选择整体趋向白读音的可能原因如下：

[1] 唯“很不流利”之受测者仅 2 人，故结果仅供参酌。

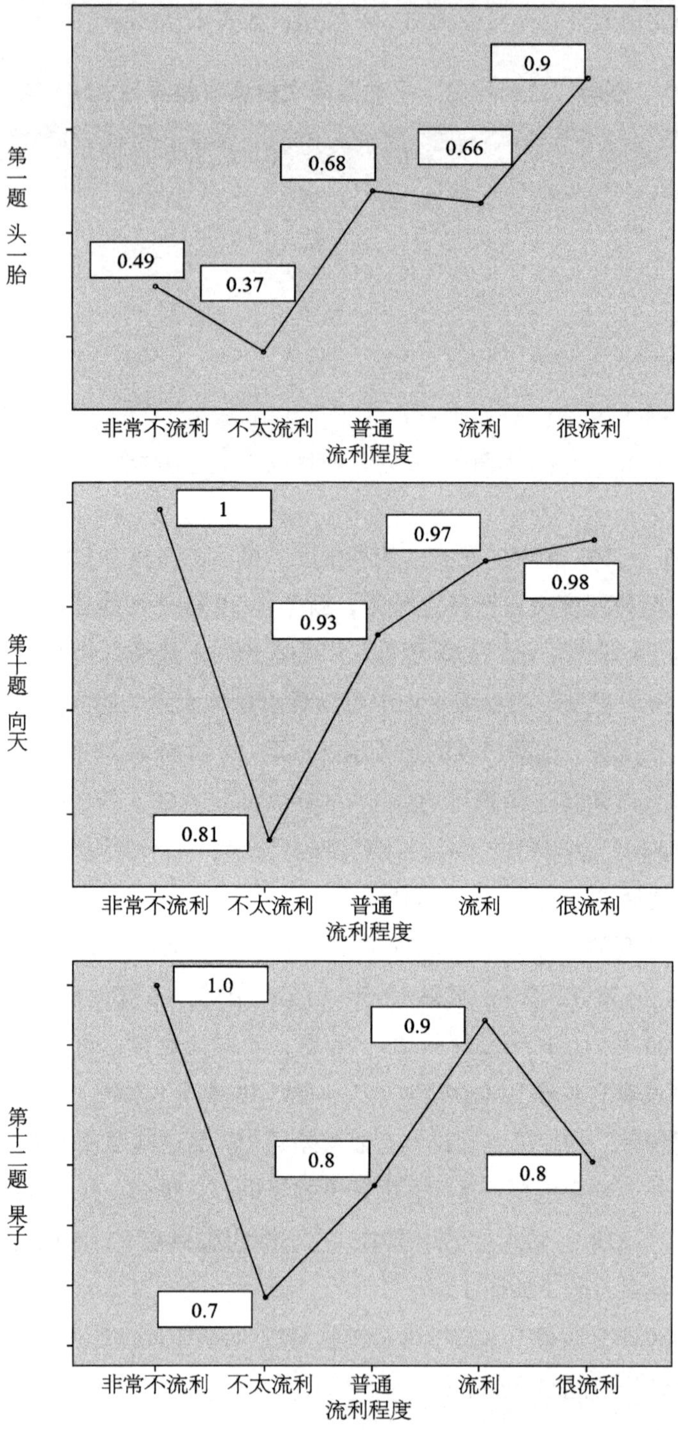


**图 5　流利程度单题题项选择文白读音具显著差异分布图**

一、原本闽南方言中的文白读音之异，始于语域之异，文读音是用于读书的语音，而一般日常用语则使用白读音。在台湾早期社会中，文读音应政治、文化、科举考试的需要，仰赖学校、地方戏曲推广而存在；而白读音是日常生活家庭沟通的语音，以口耳相传的方式流传民间。现在闽南词汇文读音的社会功能及需求已渐被华语所取代，在华语为政治强势语言的主导下，语音的阶层性及语域性皆可体现于华语使用中，因此台湾社会的闽南方言音传承不再以文读音及白读音双轨并行方式流传，而以日常生活沟通为主的白读音词汇居多，因此台湾社会现今闽南词汇文白读音选择整体趋向白读音。

二、在台湾为社会强势语言的闽南方言，在政治上实为弱势语言。由于学校的义务教育以华语为主，大众传播的主要语言亦为华语，因此大部分年轻人使用闽南方言的机会仅止于家庭日常沟通，其闽南方言流利度普遍不佳，可能导致闽南方言文读音的使用度偏低。

综观社会变项对闽南方言的文白读音选择的影响，除阶层与年龄外，多已没有显著差异。而各变项对于语言选择的趋势的预测解释力都不强，说明现在社会因素对文白异读的影响力已然不强。文白选择的差异已经逐渐表现为语文熟悉度的差异，而非社会分层。且整体平均都趋向选择白读多于文读，可知现在闽南方言使用上，白读已然成为主流。这可能是由于台湾地区“国语运动”行之有年，教育语言为“国语”，使得文读保存优势丧失，因而比例日衰而式微。基于此总体考察结果，下文将尝试从各题项文白选读情形，进一步探索其文白选择的差异，及差异之间社会分层的趋势与情形。



## 5.3 各题题项分析

### 5.3.1 选择文读多于白读的题目

#### 5.3.1.1 整体分析

回收的问卷中，20 题的文白读音选择里，其中有 6 题（6、8、9、16、18、19）是选择文读音的比例明显高于选择白读音者[1]。事实上，本研究在设计语音问卷 20 个题项时，即有意测试台湾民众面对闽南方言词汇中的新词、译词、文雅词及成语，在文白读音上如何选择，希望探讨其背后之成因。除了书面用语倾向文读音，民间日常用语倾向白读音外，郑良伟（1998）研究亦指出古典词语、外语译语、学术、科技、官方用语倾向于文

[1] 题号为：6 合用、8 生龙活虎、9 光泉、16 蜜月旅行、18 明月、19 向东。

读音。因此8生“龙”活虎、18明“月”、16蜜“月”旅行等古典词语或外语译词的读音选择，大部分偏向文读音是在本研究的预期之中。而黄玉梅（2001）亦提及面对新兴词汇时，由于没有历史的牵制，年轻人会以较常出现的读音、自己熟悉的读音或由华语类推，因此新词9“光”泉的读音选择偏向文读音kong1，可能是因为“光”的文读音kong1比白读音kng1更接近华语读音guang1。这一观点亦可对6合“用”、19“向”东两题选择文读音做出解释。“用”与“向”的文读音皆含有元音-iong，白读音则分别为ing7及ng3，可以看出两者之文读音与华语发音yòng和xiàng的差距较白读音小。因而此两题虽为口语常用词，但台湾民众选择其文读音的比例很高，原因可能较不具社会性，而必须回归本体性的语音类推（analogy）。

另外，由新词、译词、文雅词及成语等文读音选择比例很高的样本观之，高阶层、年龄大的人趋向选择文读音的比例较高。其中阶层越高的人，选择文读比例越高十分符合文读音选择的社会性。然而，本问卷样本中年纪较大者普遍具有教育程度较低的属性，此群体在整体趋势中倾向选择白读音，但在面对新词、译词、文雅词及成语等闽南方言词汇时，选择文读音的比例却是较高的。此即印证了本文针对目前“文白异读未定形（层）”之观察结果：在台湾闽南方言中的文读音流传，不仅仅是经由念读书面文字的教育管道，在当时歌仔戏、布袋戏等传统戏曲或歌谣的口耳传承下，文读音亦能够经由生活的渗透自然而然获得相当程度的留存，因此即使未曾受过中、高等教育的老年人对于闽南方言的新词、译词、文雅词及成语等，依然有偏向文读音的选择倾向。

5.3.1.2　有显著差异的单题题项

本文采取t-test以及ANOVA等统计方式，检测各题选择文读或白读音的趋向是否因不同社会背景变项而存在显著差异。在此以“性别”为例，将具显著差异者之详细统计数据结果摘要如表12：

**表12　文白读音选择具有显著差异之词汇列表**

| 社会背景分项 | 有显著差异题目 | 组别 | 平均 | 标准偏差 | t |
|---|---|---|---|---|---|
| 性别 | 16蜜“月”旅行 | 男生 | 0.38 | .565 | -2.331* |
| | | 女生 | 0.23 | .492 | |
| | 18明“月” | 男生 | 0.44 | .551 | -2.259* |
| | | 女生 | 0.30 | .478 | |

* p ＜ .05（two-tailed）文读code=0、白读code ＝ 1

以性别而言，具有显著差异的题项是 16 蜜“月”旅行与 18 明“月”，这两题两性平均都倾向选白读音，但也都呈现男生更趋向选择白读音的趋势与差异。施玉惠（1984）的研究中曾提出女性偏爱使用正确和标准的语言；黄宣范（1993）及曹逢甫、连金发（1996）的调查结果亦相同，都是女性较男性更偏爱于使用标准语。此处亦印证在闽南方言的文白异读音中，女性趋向选择接近标准语的文读音，而男性趋向选择口语为主白读音的趋势。虽然黄玉梅（2001）的研究中文白异读在性别变项的选择上无差别，但本研究之问卷中，此二题项的确存在性别变项上的显著差异。

5.3.1.3　无显著差异但仍能看出其社会背景的分布特色

从此六题单题选择文读音多于白读音的题目分析，除了“性别”一项，观察到“男性选择白读音较多”的结果并呈现显著差异，再由选择白读音者的其他背景项目进行检视，尚有阶层越低以及年龄层低的人大多选择白读音的趋势，此与二十题平均文白异读所呈现的趋势一致。当然，阶层越低使用日常用语较多的白读音比例越高，是符合本研究的假说的。但年龄越轻使用闽南方言白读音比例越高的趋势则否，或许这点可以由曹逢甫、连金发的调查结果解释。曹逢甫、连金发（1996）的社会方言学调查结果显示，年龄是影响语言能力和语言使用的重大社会变量，年纪越轻其闽南方言所受华语的影响也越大。综观台湾目前语言使用的状况，原本闽南方言中应政治、文化、科举考试之需并仰赖学校、地方戏曲推广而存在的文读音，其社会地位和语用功能已被华语所取代；而白读音因是日常生活家庭沟通的语音，仍被口耳相传地保留。因此年轻人大部分皆倾向选择白读音的原因，可能是因为在其母语中，关于文白异读音的可选择性空间已十分有限。所以虽然本研究的假说中，原认为年轻人可能因多到城市发展或受教育的机会大等关系，可能选择文读音较多，但宥于台湾目前的社会状况，现今年轻人大部分选择白读音也就不足为奇。

### 5.3.2　选择白读多于文读的题目[1]

5.3.2.1　整体分析

诚如前面整体的趋势之探究所言，由于现在台湾教育语言是华语，再加上现今闽南方言的习得多为口语流传，因此文读音已无赖以延续之管道，

[1]　1 头一“胎”、2“骂”人、3 歌“手”、4 希“望”、5.“作”主、7 怨“天”、10 向“天”、11“无”奈、12“果”子、13“姊”夫、14 回“头”、15 风“雨”、17 贫“血”、20“月”内等共 14 题。

白读音已经具有分布上的压倒性优势。过去文白读音的社会分层，已然逐步走向解体。尽管总体文白异读选择已经趋向白读，然而文白异读现象依然存在于某些社会分层变项中。为进一步推究影响残存的文白读音选择之社会变项，我们将从白读多于文读的题目中，观察哪些社会背景的人仍然趋向文读，希冀藉由观察残存的差异，能够找出过去曾有的社会选择分层的表征。

故以下的研究重点为：在观察到白读音已然在选择中获得压到性优势之后，进一步具体观察社会分布关系之意义。

5.3.2.2　具有显著差异的单题题项

由全面性统计的结果观之，性别、年龄、学历、城乡、阶层等各社会变项中皆有部分词汇受到社会分层的影响，在读音选择上呈现稳定而显著的差异（统计显著性达 95%）。我们将具有显著差异的项次之统计数据结果摘要如表 13 所示：

**表 13　选择白读多于文读的题目中具有显著差异之题项**

| 社会背景分项 | 有显著差异题目 | 语音选择 | 平均 | 标准偏差 | t |
|---|---|---|---|---|---|
| 性别 | 15 风“雨” | 男生 | 0.78 | .430 | 2.233 * |
| | | 女生 | 0.88 | .322 | |
| 年龄 | 1 头一“胎” | ＜ 30 | 0.65 | .518 | −2.147 * |
| | | ＞ 30 | 0.78 | .417 | |
| | 11“无”奈 | ＜ 30 | 0.96 | .229 | 2.125 * |
| | | ＞ 30 | 0.86 | .346 | |
| | 13“姊”夫 | ＜ 30 | 0.80 | .426 | 3.400 * |
| | | ＞ 30 | 0.58 | .498 | |
| | 17 贫“血” | ＜ 30 | 0.89 | .400 | 2.562 * |
| | | ＞ 30 | 0.73 | .479 | |
| | 20“月”内 | ＜ 30 | 0.82 | .479 | −2.966 * |
| | | ＞ 30 | 0.95 | .229 | |
| 学历 | 20“月”内 | 专科以上 | 0.90 | .514 | −2.055 * |
| | | 专科以下 | 0.78 | .359 | |

续表

| 社会背景分项 | 有显著差异题目 | 语音选择 | 平均 | 标准偏差 | t |
|---|---|---|---|---|---|
| 城乡差距 | 5“作”主 | 城 | 0.57 | .548 | 2.005 * |
| | | 乡 | 0.43 | .522 | |
| | 15风“雨” | 城 | 0.90 | .307 | 2.553 * |
| | | 乡 | 0.78 | .429 | |
| 阶层 | 11“无”奈 | 低 | 0.95 | .250 | F = 7.201 * |
| | | 中 | 0.97 | .178 | |
| | | 高 | 0.76 | .435 | |
| | 15风“雨” | 低 | 0.84 | .384 | F = 5.595 * |
| | | 中 | 0.90 | .298 | |
| | | 高 | 0.62 | .494 | |

* $p < .05$（two-tailed）文读 code=0、白读 code = 1

就性别而言，具有显著差异的题项是15风“雨”，女生明显更偏向选择白读音。就年龄来看，若以30岁做为年龄分层，其中：1头一“胎”、11“无”奈、13“姊”夫、17贫“血”、20“月”内，两个年龄层之间的选择具有显著差异。其中1头一“胎”与20“月”内，这两题30岁以上的人更趋向白读音；30岁以下的人更趋向选择白读音。就学历来看几乎没有显著差异，只有第20题“月”内，专科以上的人平均而言更常选择白读。就城乡来看，5“作”主一题存在显著差异，平均来看，城市更趋向于选择白读，而乡村则趋向选择文读；15风“雨”有显著差异，平均来看城乡都趋向选择白读，但城市选择白读音趋向更明显。以阶层作为社会分层区隔时，11“无”奈、15风“雨”两题有显著差异。其中都为中层最靠近白读，低层其次，高层白读倾向性最弱。总体来看，15风“雨”在许多社会分层中都有显著差异，例如：性别、城乡、阶层等因素都影响其文白读音选择之趋向；而11“无”奈，同时受年龄以及阶层因素的影响而有选择文读之差异；20“月”内，明显因年龄、学历等因素而有选择文白读音的差异；1头一“胎”、13“姊”夫、17贫“血”，则明显因年龄而有选择文读之差异；18 明“月”则受性别因素影响呈现分层。

虽然在不同的社会变项上，并非所有词汇都具有显著差异，且具有差异的词汇不尽相同，但从其分布的不一致性，仍然可以看出早前文白异读分层残存的分层差异，在各题中不同程度地保留当初曾有的分层轨迹。本文将具体观察各题的分布趋势，并探讨选择白读多于文读的题目中，仍然念文读的人的社会性分布状况，以了解过去残存下来的社会分布趋势。

5.3.2.3 无显著差异，但仍能看出分布特色

在白读群远大于文读群的 14 个子题中，仍旧选择文读的样本，依各社会分项将其百分比列于表 14（阴影部分为各子题于该社会要项中百分比较高者）：

**表 14 选择文读之样本百分比一览表**

| 分项<br>题号 | 性别（%） | | 教育（%） | | 城乡（%） | | 年龄（%） | | 阶层（%） | |
|---|---|---|---|---|---|---|---|---|---|---|
| | 女 | 男 | 专↓ | 专↑ | 城 | 乡 | 30↓ | 30↑ | 低 | 高 |
| 1 | 39.2 | 60.8 | 35.4 | 64.6 | 49.4 | 50.6 | 79.7 | 20.3 | 62.0 | 38.0 |
| 2 | 44.0 | 56.0 | 36.0 | 64.0 | 52.0 | 48.0 | 64.0 | 36.0 | 62.0 | 38.0 |
| 3 | 46.2 | 53.8 | 38.5 | 61.5 | 53.8 | 46.2 | 65.4 | 34.6 | 38.5 | 61.5 |
| 4 | 50.0 | 50.0 | 33.3 | 66.7 | 58.3 | 41.7 | 50.0 | 50.0 | 58.3 | 41.7 |
| 5 | 50.4 | 49.6 | 42.3 | 57.7 | 53.7 | 46.3 | 68.6 | 31.4 | 65.0 | 35.0 |
| 7 | 0 | 100.0 | 50.0 | 50.0 | 50.0 | 50.0 | 50.0 | 50.0 | 50.0 | 50.0 |
| 10 | 50.0 | 50.0 | 33.3 | 66.7 | 41.7 | 58.3 | 66.7 | 33.3 | 58.3 | 41.7 |
| 11 | 29.4 | 70.6 | 29.4 | 70.6 | 52.9 | 47.1 | 41.2 | 58.8 | 47.1 | 52.9 |
| 12 | 41.4 | 58.6 | 48.3 | 51.7 | 58.6 | 41.4 | 69.0 | 31.0 | 65.6 | 34.4 |
| 13 | 43.4 | 56.3 | 40.8 | 59.2 | 63.3 | 36.7 | 56.3 | 43.7 | 59.1 | 40.9 |
| 14 | 28.6 | 71.4 | 42.9 | 57.1 | 42.9 | 57.1 | 57.1 | 42.9 | 71.4 | 28.6 |
| 15 | 33.3 | 66.7 | 33.3 | 66.7 | 26.7 | 73.3 | 60.0 | 40.0 | 62.3 | 37.7 |
| 17 | 48.9 | 51.1 | 53.2 | 46.8 | 44.7 | 55.3 | 55.3 | 44.7 | 63.8 | 36.2 |
| 20 | 37.2 | 62.8 | 53.5 | 46.5 | 41.9 | 58.1 | 90.7 | 9.3 | 72.1 | 27.9 |

文读层和白读层分立是闽南方言的特色之一，由历史的演变来看，文读层以固定的教育系统与民间戏曲作为传播工具与途径，因此是相当稳固而强势的，和白读层可说是井水不犯河水。后起词（非汉语固有词汇或新词，如品牌商标名称或地名）大体上也沿用既定的原则：书面、教育、政治、经济等属于上层知识分子的词汇多用文读音；弱势下层庶民日常基本生活词汇多用白话音。然而在台湾地区教育普及与语言政策推行，以及阶层、城乡的流通频繁的状况之下，以文读音与白读音的选择所建立的社会结构未能于本研究的数据结果中显示出来，白读音取得跨性别、跨阶层、跨城乡的高度流通。过去文献中大多赋予白读音“弱势”“土白”的特质，纵然是基本生活上必备的语言，但仅凭借口耳相传而无教育或记录等方式赖以传续，面对标准语的强势入侵与对官方语言的靠拢，白读音逐渐丧失归属与传承途径。有趣的是，本研究所显现的结果并未完全否定文读音于现今台湾社会的存在。本研究共 20 题样本中，虽由数据显示民众对文白异读词汇的选择高度倾向白读，却无任何一题呈现纯然的结果。高比例的白读群中却仍存在着少数选择“文读”的样本，以下进一步针对此少数文读群进行各项社会成因分析。

一、性别

根据社会语言学的研究，女性由于社会以及自我的要求，语言的掌握能力要比男性更强，有高度倾向强势语言与标准语音的特质（施玉惠，1984）。但以本研究数据观之，在无显著差异的子题中，文读群却以男性居多。虽然女性对于语言的学习敏感度较高，但因其对强势语言的靠拢，闽南方言使用频率不高或非在正式场合使用，因此多以口语音达成日常沟通之目的。反观男性对于文读音的保留较女性来得高，原因并非对语言的操弄能力较强，而是以闽南方言作为展现个性或寻求认同的工具，因而保持接触并留存文白读音选择之意识。

二、教育

文教习传是以往文读音的传播途径之一，在旧时的私塾、学堂里，读书音透过老师与学生之间的口耳代代相传。而学子赋诗为文以求中举为官，必须学习“正音”以通晓协韵之理；官员在官场上交际必须会“打官腔”。这些都使得读书音在士族间广泛流传。然而就现今台湾地区而言，义务教育以及“华语推行运动”可说相当成功，“华语”已经取代以往闽南方言读书音的教育地位，学习闽南方言的目的便单纯地成为家庭沟通或接收视听信息的媒介，为体现亲民或考虑内容合宜性，以白读音呈现的比例要高于文读音，文读音也就逐渐趋于下风了。尽管如此在选择文读音的样本中，在比例上仍以专科以上的高教育程度者为多。

三、城乡

旧时城乡的差距几乎可与阶层和教育程度的区隔划上等号，居于省城、县城，更别说是京城者，往往是书香传家的官宦士族，即使是四民之末的富贾殷商，也能以累积的财富积极教育下一代以求社会阶级的提升，在语言的使用上自然与乡野之人有着天壤之别，因此文读音与白读音的选择也因城乡因素明显地呈现出差异。但是今日的台湾以缩小城乡差距为己任，注重城乡之间资源的分配，政令虽也有鞭长莫及之处，但城乡差距已不若以往。以华语为教育强势语言导致文读层流失，民间使用仅为沟通之口语用途而造成白读音的高度流通。但值得注意的是在文读群样本之中，尽管居于城市者以一题高出，但城乡之间比例已十分接近，也间接证明城乡差距无法在文白异读的选择上有所体现。

四、年龄

旧时的台湾社会，年轻人多离乡背井至大都市求学或找寻机会发展，拥有稳定工作，经济许可之后便在异乡立地生根，因此年轻人在都市里接触官方语言或文读音的机会大过于居于乡间的父执辈，对于语言的驾驭能力较强，也存在较高的文白异读选择意识。但是，就目前的台湾社会来看，闽南方言虽经由相关政策得到大力推广，但因华语长久以来为教育、媒体的主要传播语言，部分闽南族群已流失其母语意识与能力而造成传承上的不利因素，仅藉由每周几小时的闽南方言教学尚不足以满足日常口语沟通，更遑论拥有依据语域而选择文白读音的能力。尽管如此，在仅存的文读群中，30 岁以下的人还是占有较高的比例，极可能是由于年轻一辈遇有不熟悉之闽南方言词语，即尝试以华语语音进行类推而有此选择。此现象或可看作另一波地方语言向官方语言靠拢的力量，部分文读音便可获致留存与应用。

五、阶层

一般说来，教育为社会阶层流动的主要管道，自古以来士子多冀望以功名求得仕宦之途，藉以晋升上流。这批官宦雅士在言行举止上，时时以社会菁英分子自居，在语音上自然以官话或方言文读音为选择，因此几乎可将高阶层族群与文读群划上等号。由于本研究取样中存在无生产力之学生族群，在阶层划分上归入基层，因此影响了此项目的数据结果。在多数选择白读音的样本中，依旧以文读为选择的族群特色为：男性、年轻人（30 岁以下）、高学历（专科以上）、居住地区以城多于乡。因此，除阶层一项，这些仅存的文读样本之特质仍然呈现前文所述过去研究所述及的社会分层状况。

## 6. 结论与未来展望



本研究以台湾师范大学华语文教学研究所之“方言教材教法网[1]”所列“台语文白异读”资料为依据，并参考诸位学者（杨秀芳，1982、1993；何大安，2000；黄玉梅，2001）论文的文白异读音，进行文白语音使用选择测试卷的设计。首先选取“同一义项却存在文白读音选择性的闽南方言词汇”计 20 个，并将 20 个词汇之文白读音逐一念出制成 CD，请所有受访者听音勾选，以选项 1 表文读音，选项 2 和 3 表白读音。受访者有效样本数 276 份，其男女之比约为 53：47，与现今实际人口分配比例相当，故性别之取样具有相当程度之合理性。然而在年龄分布上 30 岁以下者高达 74%，显示本研究访问样本稍集中于年轻或壮年族群。学历之取样则以专科以上学历居多，约占 60%，也与台湾社会学历人口比例存有些许落差。至于以出生地、居住地及城市人口数为判断基准的城乡背景比例为 42：58，则颇符合台湾地区人口分布。以此观之，本论文之研究条件，宥于方便取样之故而有其局限性，因此建议未来相关的研究，应以更大样本数，并能以符合台湾实际社会现况之分布为前提，以期能更真实反映实际社会因素之变项分析。

尽管如此，本研究仍发现一些闽南方言文白读音选择的社会成因可供大家参考。在语音问卷中所列的 20 则题目中，有第 3、4、7、10、11、14 等 6 题，90% 以上的受访者倾向于同一的读音。第 2、12、15、17、19、20 等 6 题，80% 以上的受访者倾向于同一的读音。第 1、8、13、16 等 4

[1] 取自：http://www.ntnu.edu.tw/tcsl/Holo/holo.htm。

题，70% 以上的受访者倾向于同一的读音。换言之，20 则题目中，有高达 16 题（亦即 80%）并不存在文白异读音的选择机制，尤可印证文献探讨时所言，大部分闽南方言的词汇读音已然固化，并不存在文白选择的社会语用功能，即便是文献中所列仍应存有选择性的词汇亦然。诚如本研究的假说：以五个社会因素（阶层变项、性别变项、城乡变项、年龄变项及职业变项）为主的两个同构性高、关联性高的独立循环，但两者之间仍有代表低相关性的虚线交错。此假说可能已不存在，取而代之的是两个循环中皆应以具有高度相关性的实线连结之。究其原因，则可由下列数项观点解释：



一、相关历史文献之探讨，均以大陆为主，关于台湾社会闽南方言文白异读之语音选择的社会性因素的讨论几乎付之阙如，因此本研究的假说并不建立于台湾的社会时空背景下，较契合于大陆。文献探讨一节中多数为大陆社会语言学的背景分析，对于建构台湾社会语言学的研究关联性不够高，参考价值相对地稍嫌不足。台湾社会有其独特性，其闽南方言文白读音的演变，就如李如龙（1999）所言，任何一种方言的语音演变都是在独特的社会条件下开展的，都有特定的内外动因，都是历时演变的规律和共时结构规律相互制约、相互竞争、相互作用的结果。而共同语的普及情况、周边方言的强弱、乃至该地区的行政属辖人口迁移变更的过程、文化教育的普及状况以及地方戏曲歌谣的流行程度等等，都会直接或间接地影响方言语音演变的方向和速度。台湾的传统华人社会的价值体系已逐渐解体，取而代之的则为一新兴移民社会，而这移民社会所产生的社会因素变迁，俨然成为一新颖的研究题材，因此如何建构台湾本土社会语言学之研究体系，也就成为一项值得挑战的工作。

二、如前所述，台湾已成为一新兴移民社会，而这个社会的基本特色，就在于地域性模糊，社会阶层淡化，男尊女卑封建价值消失，不同族群的人通婚比例快速增加，因而更增强了语言的流动性。谢雨生、陈怡蒨（2007）利用中研院“社会变迁基本调查”数据，选取大样本进行男女婴嫁的族群社会学研究分析百年来台湾各族群婚配分布，亦呼应了这种论点。研究显示，台湾社会各世代普遍存在跨族通婚现象，且随世代年轻化及教育普及，比例逐渐升高，显示台湾四大族群已融合在一起。社会族群既已融合，语言之读音差异性也必然淡化，遂造成问卷样本之读音选择一致性偏高的结果。

三、本研究问卷中关于受访者的背景资料部分，其中一项为闽南方言的接触媒介调查，结果显示，“传播媒体”为大部分受访者接触闽南方言的一个重要媒介。因为语言是人际沟通的工具，因此大部分的受访者将“家人及亲友”列为闽南方言接触媒介的首选，但除了日常生活人际之间的使用外，电视广播媒体则为最大的闽南方言接触媒介，勾选其为第三顺位的占受访者的百分之四十七，远高于“流行歌曲”及“传统戏曲”等选项。电视广播媒体节目中，新闻及评论等相关知识性节目使用闽南语文读音的机率或许较高，但是一般乡土连续剧或综艺娱乐节目为了拉近和群众的距离，使用闽南语白读音机会或许更大。换言之，电视广播媒体大量的单向语言输入即问卷受访者接触闽南方言的重要管道。因此对于闽南语腔调较少南腔北调的特点，甚至如问卷统计结果所示闽南方言整体读音较倾向白读音的趋势，自然具有相当程度的影响。

四、在样本分析过程中，本文认为“闽南方言”已脱去地方色彩逐渐成为台湾地区兼具社会与政治力量的强势语言。强势语言为利于教化、流通，往往具有规范化倾向，而由高度偏向白读音选择的研究结果即可看出闽南方言正朝着理想结构演变的趋势。而客家语、原住民语等弱势语言，缺乏流通性与传播优势，便可能因地域的不同而产生读音的差异，因而存在较多南腔北调的情况。

在实验结果显示高度趋向白读音的前提下，本文尝试从另一个角度来思考研究假说是否成立，因此本文针对“选择白读多于文读的题目”具体考察其中仍然念文读的人，了解其社会性分布状况，以探讨过去残存下来的分层轨迹中社会分布趋势，而这部分的考察结果与本文假设的循环分布状况隐然呼应，显示本文的假设仍有所本、有所依。然而由于台湾社会变迁与阶层间高度流动，旧社会体系逐渐解体，加上闽南方言的角色、地位的变迁，因而使文白异读走向另一种社会演变趋势，所呈现出来的便是白读压倒性独占的结果。

本研究尝试对台湾闽南语词汇文白读音选择之社会因素进行探讨，因受限于时间、经费与研究人力，无法进行更大样本之语音问卷调查，因此报告结果有其局限性，例如：本研究样本之年龄 30 岁以下者达 74%，而学历之取样也以专科以上学历者居多。因此建议未来相关的研究，应以更大样本数，更能符合台湾实际社会现况之分布为前提，以期能更真实反映实际社会因素之变项分析。然而由小窥大，本文仍发现了部分重要社会因素，确认台湾已成为一新兴移民社会体系。因此当旧社会体系解体，新价值构成要素成立之时，建造台湾社会语言学之本土研究数据库，亦成为社会语言学学者无可回避的重责大任。建议今后必须结合台湾社会变迁与阶层流动之研究数据库，以大样本之田野调查，重新发现闽南方言之文白读音与社会群体之关系。

# 参考文献



北京大学中国语言文学系语言学教研室 1980《汉语方音字汇》，北京：语文出版社。

曹逢甫、郑　萦、王本瑛 1996　新竹市区语法结构分布调查，曹逢甫、连金发（主持）新竹地区语言分布和语言互动的调查（期末报告），31-134，新竹市立文化中心委托计划。

曹先擢 2007　也谈“恪”的音读问题，《光明日报》，2007 年 8 月 16 日。

何大安 2000　语言史研究中的层次问题，《汉学研究第十八卷特刊》，261-271。

洪惟仁 1988　谈鹤佬语的正字与语源，载于《现代台湾话研究论文集》，台北：文鹤出版有限公司。

黄宣范 1993《语言、社会与族群意识——台湾语言社会学的研究》，台北：文鹤出版社。

黄玉梅 2001　台湾闽南方言语音层次竞争演变之研究，新竹师范学院台湾语言与语文教育研究所硕士论文。

李如龙 1999　论汉语方言语音的演变，《语言研究》，第 1 期：102-113。

林华东 1995　试谈闽南方言史的研究，《泉州师专学报（社科版）》，第三期：17-20，10。

林语堂 1967《语言学论丛》，台北：文星书局。

罗国莹 1994　社会方言研究管窥，《广西师院学报》，第 2 期：78-83。

施玉惠 1983　从社会语言学观点探讨男女两性语言的差异，《教学与研究》，第 6 期：207-228。

舒兆民 2002　台语文白异读现象浅析及教学建议，《台湾风物》，52 卷第 2 期：139-

170，台北：台湾风物杂志社。
王育德 2002《王育德全集 9 福建话研究卷》，林彦伶等译，台北：前卫出版社。
韦烟灶 2004 闽南方言之文白异读、腔调、声调差异与台湾闽南方言地名的关系，《环境与世界》，第 9 期 : 55-81。
吴安其 2004 语言接触对语言演变的影响，《民族语文》，第 1 期：1-9。
厦门大学中国语言文学研究所汉语研究室 1993 《普通话闽南语词典》，台北：台笠出版社。
谢雨生、陈怡蒨 2007 族群婚配的代间影响与变迁：嫁娶有别吗？发表于“台湾的社会变迁 1985 — 2005”台湾社会变迁调查计划第十一次研讨会，台北：中研院社会学研究所。
徐通锵 1996《历史语言学》，北京：商务印书馆。
许极炖 1988《台湾话流浪记》，台北：台湾语文研究发展基金会。
许极炖 1992《台语文字化的方向》，台北：自立晚报社文化出版部。
许极炖 1998《台湾语概论》，台北：前卫出版社。
许极炖 2003《台语学讲座》，台北：开拓出版有限公司。
杨　璇 1995 谈多音字的成因及规范，《贵阳师专学报》，第 3 期 : 60-64。
杨秀芳 1982 闽南语文白系统的研究，台湾大学中文研究所博士论文。
杨秀芳 1993 论文白异读，载《王叔岷先生八十寿庆论文集》，823-849，台北：大安出版社。
杨秀芳 1996“闽南语的文白异读”研讨大纲，董忠司主编《台湾闽南语概论讲授资料汇编》，台北：台湾语文学会。
殷树林 2005 也论文白异读与语音层次，《福建师范大学学报》，第 4 期：97-101。
游汝杰、邹嘉彦 2004《社会语言学教程》，上海：复旦大学出版社。
袁家骅 1989《汉语方言概要》，北京：文字改革出版社。
张光宇 1992 汉语方言见系二等文白读的几种类型，《清华学报》，新 22 卷第 4 期 : 351-366。
张义清编 1990《员林镇志》，彰化：员林镇公所。
赵　峰 1995 试论汉语方言的文白异读，《宁德师专学报（哲学社会科学版）》，第 4 期：94-98。
赵元任 1928《现代吴语的研究》，北京：清华学校研究院。
郑良伟 1998《从国语看台语的发音》，台北：台湾学生书局。

Hymes, D.（1974）. *Foundations in Sociolinguistics: An Ethnographic Approach.* Philadelphia: University of Pennsylvania Press.

Labov, W.（1972）. *Sociolinguistic Patterns.* Philadelphia: University of Pennsylvania Press.

Trudgill, P.（1974）. *The Social Differentiation of English in Norwich.* Cambridge: Cambridge University Press.

网络部分

大雅乡历史沿革：取自大雅乡公所全球信息网网页
http://www.taya.gov.tw/index.php?ind=a03&no=2

台文华文线顶字典：
http://203.64.42.112/iug/Ungian/soannteng/chil/taihoa.asp

古雅台语人：
http://staff.whsh.tc.edu.tw/~huanyin/index.php

客语通用拼音：取自世界台湾语通用协会网页
http://tw-pinyin.taiwantp.net/main.htm

台语文白异读：取自台湾师范大学华语文教学研究所之方言教材教法网网页
http://www.ntnu.edu.tw/tcsl/Holo/holo.htm

台湾闽南话中的“文白异读”：取自台湾中山大学台湾语言文学学程网页
http://www.chinese.nsysu.edu.tw/taiwenese/3.pdf

罗东镇发展沿革：取自罗东镇公所网页
http://www.lotong.gov.tw/TW/default.asp?PageId=F_M02_01_01V

# Social Factors in Taiwan Influencing the Usage of Literary and Colloquial Readings in the Southern Min Dialect

TE-FEN OU　Chung Yuan Christian University
CHING-CHING LI　New Taipei Municipal Hsin-Tien Senior High School
YEN-JU PU　Taipei Municipal Xingya Junior High School

**Abstract:** Literary and colloquial readings in the Southern Min dialect are rich and complex. Previous studies have suggested that different usage in literary and colloquial readings correspond to different registers, namely largely situational: literary readings are found in formal situations and colloquial readings occur in daily conversation. This paper considers other factors that potentially influence the usage of literary and colloquial readings. Drawing on random questionnaires collected from 267 Southern Min people in Taiwan, it investigates the impact of age, sex, social class, educational background, and region of residence with respect to the usage of literary and colloquial readings. The results of this study show little significant connection among these social factors with respect to these two kinds of readings although there is an overall preference for colloquial readings over literary readings. Nevertheless, these results point towards significant findings and suggest that both the Southern Min dialect is rapidly changing, that the social boundaries have been broken in modern Taiwan, and that the usage of different readings is therefore not significantly affected by the social factors examined.

**Keywords:** literary reading, colloquial reading, social factors, Southern Min dialect, sociolinguistics

## 附件：文白异读调查问卷

### 闽南方言词汇文白读音选择之社会性成因探讨
### ——以现代台湾地区为例

调查问卷

> 敬启者：
>
> 由衷感激您在百忙之中抽空填答本问卷。
>
> 本问卷调查目的系为探讨闽南方言词汇读音选择之社会性因素，以及各因素之间的相互关系。
>
> 填答前，请您详细阅读说明并仔细聆听施测者的指示完成本问卷。您的填答将使本研究结果更完善。填答内容仅供研究参考之用，绝不外流，恳请惠予协助。
>
> 敬祝
>
> 顺心如意

第一部分：背景资料

1. 性　别：□男　　□女

2. 年　龄：□ 20 岁以下　　□ 21-30 岁　　□ 31-40 岁　　□ 41-50 岁
　　□ 51-60 岁　　□ 61-70 岁　　□ 71-80 岁　　□ 80 岁以上

3. 教育程度：□小学以下　　□小学 ______学校 肄／毕业
　　□国（初）中 ______学校 肄／毕业
　　□高中职）______学校 肄／毕业
　　□专科______学校 肄／毕业
　　□大学______学校 肄／毕业
　　□研究所以上______学校 肄／毕业

4. 出 生 地：______县（市）______乡（镇）______区______路（街）______村，居住期间自 ______年 ______月 至 ______年 ______月

5. 目前居住地：□同上
______县（市）______乡（镇）______区______路（街）______村

6. 职业（若已退休，请勾选退休前之职业）：
　　□学生　□军公教　□农林渔牧矿　□金融保险　□科技
　　□制造业　□家管　□专业人员（律师、医师、会计师……）
　　□传播广告　□通信　□自由（出租车司机、摊贩零售……）
　　□其他 ________________

7. 职称：□自营商　□高层决策主管　□中层主管　□顾问

☐基层员工（作业员）　☐兼职人员　☐其他

8. 语言使用（请以数字标出主要以及次要使用之语言，主要用户为 1，次要为 2）：

☐国语　☐闽南方言　☐客语　☐原住民语　☐其他 ______

9. 闽南方言为母语：☐是

☐否，______岁以后始接触闽南方言

10. 闽南方言使用频率：☐极少 (30% 以下）　☐有时 (30%~50%)　☐经常 (50%~80%)

☐总是 (80% 以上）

11. 闽南方言流利程度：☐很流利　☐流利　☐普通　☐不太流利　☐很不流利

12. 闽南方言接触媒介（可复选，至多三项）：

☐家人　☐同学、朋友　☐传播媒体（广播、电视等）　☐流行歌曲

☐传统戏曲（歌仔戏、布袋戏等）

13. 闽南方言接触原因（可复选，至多三项）：

☐家庭沟通　☐学校课程　☐融入同侪　☐工作环境

☐学术研究　☐个人兴趣　☐其他 ______

第二部分：问卷内容

作答说明：

请根据本研究提供的语音样本，依序选出各题与您发音习惯相同的读音选项。

**范例一**

相会　1. ☐　2. ☐　3. ☐

若您的发音习惯为“siong1 hue7”，则勾选 1；

相会　1. ☑　2. ☐　3. ☐

若您的发音习惯为“siang1 hue7”，则勾选 2；

相会　1. ☐　2. ☑　3. ☐

若语音样本皆非您的发音习惯，则勾选 3。

相会　1. ☐　2. ☐　3. ☑

**范例二**

“百子”千孙　1. ☐　2. ☐　3. ☐　4. ☐

若您的发音习惯为“pik4 chu2”，则勾选 1；

“百子”千孙　1. ☑　2. ☐　3. ☐　4. ☐

若您的发音习惯为“pah4 chu2”，则勾选 2；

“百子”千孙　1. ☐　2. ☑　3. ☐　4. ☐

若您的发音习惯为“peh4 chu2”，则勾选 3。

“百子”千孙　1. ☐　2. ☐　3. ☑　4. ☐

若语音样本皆非您的发音习惯，则勾选 4。

“百子”千孙　1. ☐　2. ☐　3. ☐　4. ☑

请开始作答：

| | | | | | |
|---|---|---|---|---|---|
| 1. | 头一胎 | 1. □ | 2. □ | 3. □ | |
| 2. | 骂人 | 1. □ | 2. □ | 3. □ | |
| 3. | 歌手 | 1. □ | 2. □ | 3. □ | |
| 4. | 希望 | 1. □ | 2. □ | 3. □ | |
| 5. | 作主（做主） | 1. □ | 2. □ | 3. □ | |
| 6. | 合用（合适） | 1. □ | 2. □ | 3. □ | |
| 7. | 怨天 | 1. □ | 2. □ | 3. □ | |
| 8. | 生龙活虎 | 1. □ | 2. □ | 3. □ | |
| 9. | 光泉（品牌名） | 1. □ | 2. □ | 3. □ | |
| 10. | 向天（仰天） | 1. □ | 2. □ | 3. □ | |
| 11. | 无奈 | 1. □ | 2. □ | 3. □ | |
| 12. | 果子（水果） | 1. □ | 2. □ | 3. □ | |
| 13. | 姊夫 | 1. □ | 2. □ | 3. □ | |
| 14. | 回头 | 1. □ | 2. □ | 3. □ | |
| 15. | 风雨 | 1. □ | 2. □ | 3. □ | |
| 16. | 蜜月旅行 | 1. □ | 2. □ | 3. □ | 4. □ |
| 17. | 贫血 | 1. □ | 2. □ | 3. □ | 4. □ |
| 18. | 明月 | 1. □ | 2. □ | 3. □ | 4. □ |
| 19. | 向东 | 1. □ | 2. □ | 3. □ | 4. □ |
| 20. | 月内 | 1. □ | 2. □ | 3. □ | 4. □ |

本问卷结束

感谢您拨冗填答，若您愿意进一步协助本研究的进行，烦请您留下联络信息：

姓名：________________

联络电话：（日）________________________（夜）________________________

E-mail：______________________________________________________________

# 谢 辞

韩国国立全北大学中文系教授朴庸镇先生自台湾学成返韩后，便期盼有朝一日能将师承邓守信教授的研究成果集结成册，于是于2013年初积极促成本论文集出版。筹备初期本论文集发起人朴庸镇先生委请韩国国立济州大学中文系讲师程珮玲女士广邀海内外校友共襄盛举，其间也获得许多师长的支持和协助，本论文集才得以付梓。

首先，感谢四位师长为论文集题写贺词。感谢北京语言大学校长崔希亮先生为本论文集题字，给予论文集别具意义的书名。感谢北京语言大学教授吕必松先生为本论文集增添光彩，让读者感受两位大师的真挚情谊和学者风范。感谢台湾师范大学华语文教学系暨研究所教授陈俊光先生为本论文集道出宝贵经验，引领读者身历邓教授的课堂。感谢台湾师范大学华语文教学系暨研究所教授曾金金女士为本论文集献上祝福，图文并茂的贺词使本论文集更加生动。

其次，感谢本论文集的投稿者，在教学繁忙之余，历经一年的撰稿、修稿直至定稿，无私地分享了各自在工作岗位上的学术成果。最后，感谢北京语言大学出版社的专业团队、总编辑张健女士协助本书的出版事宜，并在此向所有热情协助以及关注、参与本论文集的师长朋友们，一并致上诚挚的深深谢意。

编　　者

2014春分于韩国